ACULTÉ DE DROIT DE PARIS

ÉTUDE

sur la Condition Résolutoire en Droit Romain, l'Histoire du Retrait Lignager et la Vente à Réméré

THÈSE

POUR LE DOCTORAT

PAR

EMILE JOBBÉ-DUVAL

Avocat à la Cour d'Appel

« Tout homme de bon entendement, sans voir une histoire accomplie, peut presque imaginer de quelle humeur fut un peuple, lorsqu'il lit ses anciens Statuts et Ordonnances, et d'un même jugement peut tirer en conjecture quelles furent ses lois, voyant sa manière de vivre. »

Etienne PASQUIER (RECHERCHES DE LA FRANCE, l. IV, ch. 1).

PARIS
ERNEST THORIN, ÉDITEUR
Libraire du Collége de France et de l'Ecole normale supérieure
7, RUE DE MÉDICIS, 7

1874

FACULTÉ DE DROIT DE PARIS

ÉTUDE

sur la Condition Résolutoire en Droit Romain, l'Histoire du Retrait Lignager et la Vente à Réméré

THÈSE POUR LE DOCTORAT

PAR

EMILE JOBBÉ-DUVAL

Avocat à la Cour d'Appel

L'acte public sur les matières ci-après sera présenté et soutenu le mercredi 16 décembre 1874, à midi

Président : M. GIDE, professeur.

Suffragants { MM. RATAUD, professeur
CHAMBELLAN, id.
COLMET DE SANTERRE, id.
RENAULT, agrégé.

« Tout homme de bon entendement, sans voir une histoire accomplie, peut presque imaginer de quelle humeur fut un peuple, lorsqu'il lit ses anciens Statuts et Ordonnances, et d'un même jugement peut tirer en conjecture quelles furent ses lois, voyant sa manière de vivre. »

Etienne PASQUIER (RECHERCHES DE LA FRANCE, l. IV, ch. 1.).

PARIS

ERNEST THORIN, ÉDITEUR

Libraire du Collége de France et de l'Ecole normale supérieure

7, RUE DE MÉDICIS, 7

1874

PRÉFACE

La théorie de la condition résolutoire, en droit romain, est d'un intérêt capital pour l'histoire de la prédominance successive, dans les actes juridiques, de la volonté des parties, sur la formule. On ne l'a cependant compris que dans ces dernières années. La vente à réméré en fournit une application peu pratique, j'en conviens, mais fort curieuse au point de vue doctrinal. Le retrait lignager a, avec celle-ci, des rapports historiques étroits. Ces deux institutions se sont rattachées toutes deux à des degrés divers à la copropriété primitive de la famille. Le même chapitre XXV du *Lévitique* les consacre. Nos vieux légistes les classent côte à côte parmi les retraits. Et au seizième siècle, André Tiraqueau, « le bon, le docte, le sage, le tant humain, tant débonnaire et équitable André Tiraqueau, » comme l'appelle Rabelais (Nouv. Prol. du IVe l. de *Pantagruel*), les décrit toutes deux dans un seul ouvrage. C'est son célèbre traité « *De utroque retractu* », de l'un et l'autre retrait.

Ceci dit, on m'excuse peut-être déjà du manque d'unité encore plus apparent que réel de mon sujet.

J'ajoute qu'en le choisissant j'ai eu surtout pour but l'étude partielle de la faculté pour le propriétaire de disposer de son bien, à titre onéreux. Notre première partie nous montrera les restrictions résultant pour celle-ci de la nature de la propriété romaine et de ses modes de transfert; la seconde, celles qui dépendent de « ce droit des parents, qui est un mystère de notre ancienne jurisprudence française (1). » La troisième enfin nous fournira l'occasion de mentionner la dérogation de l'article 1660 du code civ. à nos principes modernes, et d'exposer les conséquences de l'aliénation du bien sous condition résolutoire. Voilà bien un objet commun à toutes les trois.

---

(1) Montesquieu, Esprit des Lois, l. XXXI, ch. 34.

PREMIÈRE PARTIE.

De la Condition Résolutoire en Droit Romain (1).

NOTIONS PRÉLIMINAIRES.

1. — Une opération juridique quelconque a été consentie. L'accord des parties s'est fait sur ces deux points : Exécution immédiate de cette opération; mais, si tel événement futur et incertain se réalise, règlement de leurs relations, comme si elle n'était pas intervenue.

(1) Sources principales. Dig., l. 18, t. 2, *de in diem addictione* ; t. 3. *de Lege commissaria*. Code, l. 4, t. 54, *de Pactis inter empt. et vendit.* — Bibliographie. 1° Auteurs de traités complets sur la matière : M. Léveillé, De la Résolution pour inexécution des charges, Thèse de doctorat, 1858. M. Bufnoir, Théorie de la condition, 1866. M. Czhylarz, professeur à Pragues, Die Resolutivbedingung, 1871; 2° Auteurs qui ont étudié quelques points seulement du sujet : M. Pellat, La Propriété chez les Romains, 1841. M. Machelard, Textes de Droit Romain sur la Possession, les Hypothèques et les Donations entre époux, 1850. M. Glasson, De la Donation à cause de mort, 1870. M. Scheurl, Zur Lehre von den Nebenbestimmungen bei Rechtsgeschaften. Erlangen, 1871. M Ihering. Passive Wirkungen der Rechte, dans le t. x de la revue qu'il dirige avec son collègue de l'Université de Vienne. M. Unger, (Iahrbücher für die Dogmatik des heutigen romischen und deutschen Privatrechts), 1871. M. Koeppen. Der obligatorische vertrag dans le t. xi de la même revue 1871.

2. — Par suite de l'état encore peu avancé de son développement historique ou de considérations d'intérêt social, la législation peut s'opposer à l'accomplissement intégral de cette convention. Le permet-elle au contraire, la doctrine expliquera suivant les cas, le résultat obtenu par l'arrivée de la condition, de trois façons différentes. Elle considérera comme définitifs l'acte et les rapports de droit qui en résultent ou, au contraire, elle tiendra pour incertains soit le premier soit les seconds. Dans la première hypothèse, elle devra faire intervenir la toute-puissance de la loi. Elle aura recours à une fiction légale. La condition sera rétroactive. Dans les deux autres, l'acte ou les rapports de droit auront été modifiés dès l'origine. Le vendeur et l'acheteur n'auront, pour prendre un exemple, consenti à la vente que si l'évènement déterminé n'arrive pas; — ou bien, un droit de propriété sous condition résolutoire aura seul été transféré. Perpétuel selon sa nature, le droit aura été, pour ainsi dire, créé par les parties, à leur usage.

3. — Ce n'est pas le lieu de décider lequel de ces trois procédés a été choisi par le législateur français. Selon l'opinion dominante, c'est le premier. On m'accordera tout au moins que le second n'est en rien contraire à nos principes généraux. La volonté des contractants est en effet aujourd'hui la *base* et la *mesure* de la force obligatoire des actes. Si l'un des contractants est contraint d'accomplir telle prestation, si un devoir positif existe à sa charge, c'est que son cocontractant compte sur la parole donnée. Et, dans les limites de ce qui n'est pas contraire à l'ordre public et aux bonnes mœurs, la liberté des parties est entière. Je serais tenté de donner la même solution pour le troisième. Mais ici la question est plus délicate.

4. — Je vais rechercher si ces trois justifications doctrinales des effets de la condition résolutoire ou l'une d'entre elles sont conciliables avec les règles du droit romain à ses diverses époques. Nous suivrons donc la méthode historique. Si nous ajoutons que nous étudierons séparément d'une part les contrats, ou plus généralement les actes productifs de droits per-

sonnels et d'autre part, les actes translatifs de droits réels, on aura ainsi le plan de notre exposition.

—

PREMIÈRE PÉRIODE.

5. — Le caractère des actes juridiques primitifs est d'être solennels. Leur naissance et leurs effets dépendent de la formule. Si toutes les cérémonies exigées ont été accomplies, si les paroles sacramentelles ont toutes été prononcées, le lien obligatoire existe. — Toute considération étrangère à elles doit être écartée.

Notre proposition vérifiée par de nombreuses observations s'explique très-bien. La cause de la naissance des droits et des devoirs réside en général dans la consécration donnée à la convention par la religion. Il faut et il suffit que les rites aient été accomplis. La nécessité du reste conduisait à notre règle. La puissance sociale est ou nulle ou très-faible. S'il y a des difficultés d'interprétation, ce n'est pas un arrêt qui les tranchera, mais une guerre privée. Il est indispensable que la constatation de l'acte et de sa portée soit très-simple, soit matérielle en quelque sorte. J'ajoute enfin, que d'une part il a une très-grande importance, en raison de sa rareté et du nombre en général considérable de personnes qu'il intéresse, ce qui l'a fait ingénieusement comparer au traité international des modernes, et que d'autre part les besoins sont peu complexes et sont ainsi suffisamment satisfaits. Tout concourt donc à justifier notre affirmation.

6. — Elle est également vraie dans le Droit Romain. Le *Nexum* est connu de tout le monde. Ce fut la première forme solennelle en usage chez les Romains. Il s'applique à tous les actes juridiques. Bientôt l'unité disparut et deux formules furent en usage, l'une spéciale à la constitution des droits réels, l'autre à celle des droits personnels. Dans tout le cours de cette

étude, nous distinguerons, ai-je dit, avec soin ces deux séries de formalités. Nous verrons que leur avenir fut différent.

7 — Les conséquences de ce que nous avons énoncé plus haut sont nombreuses. Les effets produits par l'acte solennel ne peuvent être effacés que par un acte solennel en sens inverse. La formule a été prononcée. Il doit nécessairement être tenu compte de ce fait. La fiction légale de la rétroactivité n'est pas admissible.

8. — L'intention des parties joue un rôle sans importance. La mesure des droits et des obligations est déterminée par les paroles prononcées et non par la volonté des contractants. Le consentement de ceux-ci n'a peut-être pas été absolu. Il a été restreint par la vue d'un but à atteindre. L'engagement a été pris, mais pour obtenir un équivalent. Même si l'équivalent n'est pas fourni, l'engagement tiendra. La restriction de volonté sera quelquefois d'une autre sorte. Je consens à m'obliger vis-à-vis de vous ou à vous transférer la propriété de tel bien ; mais j'y consens uniquement parce qu'il est convenu, que si tel événement futur et incertain se réalise, tout sera remis en l'état, je cesserai d'être débiteur, je redeviendrai propriétaire *ipso facto*. Eh bien les effets produits subsisteront, quoiqu'il arrive. Si j'observe maintenant que la formule n'est pas flexible, que son texte primitif doit être rigoureusement conservé, j'arrive à cette conclusion que l'acte juridique, dans notre période, n'est pas susceptible d'être modifié.

9. — Le rapport de droit créé par lui l'est-il davantage ? Les parties auront-elles la faculté de transmettre un droit tel que, si la condition déterminée se réalise, il soit rétroactivement anéanti ? Je ne le pense pas. L'intention des parties n'a aucune influence sur l'effet des formules. Pourquoi en aurait-elle sur le droit lui-même ? Le nombre et la forme des actes juridiques est fixé avec rigueur et minutie. Comment les droits seraient-ils laissés à la discrétion des particuliers ? Il est vraisemblable qu'à une classification limitative des premiers correspondait une classification également limitative des seconds. — Bien

loin d'être parvenus à cette conception métaphysique d'un droit de propriété non perpétuel et dont la nature varie au gré de simples particuliers, les jurisconsultes romains, même d'une époque bien postérieure, ne distinguent pas encore nettement le droit de propriété de son objet.

10. — On objecte qu'on voit de très-bonne heure la mancipation ne transférer que des droits de propriété limités par des charges réelles, par des droits de servitude. Je réponds qu'il y a, dans ce cas, création de deux droits appartenant à la classification légale. Le droit de propriété et le droit de servitude concourant sur le même bien, le premier est limité en fait par le second. Je nie donc qu'il faille voir là un droit unique d'une nature spéciale. Le faudrait-il, celui-ci serait au moins légal, puisqu'il serait la combinaison de deux droits reconnus comme tels, la différence en quelque sorte du droit de propriété et du droit de servitude. Il ne dépendrait pas du caprice des contractants. La doctrine adverse est enfin contredite par le mouvement général de la théorie romaine sur le transfert de propriété, sur la *datio rei*. — Comment expliquer avec elle qu'après la translation de propriété à la charge de la restituer dans une hypothèse donnée, l'ancien propriétaire n'ait d'abord conservé aucun droit et n'ait obtenu plus tard qu'un droit personnel tout à fait insuffisant.

11. — Je me résume. L'idée de la rétroactivité n'est pas admissible. Ni l'acte juridique, ni les rapports de droit produits par lui ne peuvent être modifiés par les parties. Aucune des trois explications indiquées par nous plus haut n'est conciliable avec les principes romains primitifs. Je conclus donc que la condition résolutoire n'est pas connue dans notre Période.

DEUXIÈME PÉRIODE.

CHAPITRE I.

CONTRATS.

§ 1. *Naissance de la condition résolutoire.*

12. — Les besoins se multiplient. La variété des opérations juridiques augmente. Dès lors les anciennes formes ne suffisent plus. Toute une série de contrats sont soustraits à la formule. Ce sont les contrats consensuels. Leur base est comme celle de nos conventions modernes, la volonté des parties. Il n'y avait plus d'obstacles. Les contrats solennels avaient habitué à voir détruire un acte juridique, de la façon même dont il avait été créé. La validité du simple *consensus* dans certains actes juridiques entrainait celle du *contrarius consensus* dans ces mêmes actes. C'était là une conséquence tellement immédiate, qu'elle dut être aussitôt aperçue. On connaissait déjà la condition suspensive. Du *contrarius consensus* pur et simple on dut rapidement passer au *contrarius consensus* conditionnel. Dès que le besoin s'en fit sentir, on le combina avec la théorie des pactes adjoints, et l'on arriva à des contrats conventionnels purs et simples, mais soumis à une résolution conditionnelle. On avait ainsi atteint par un détour un résultat pratique, identique à celui de notre condition résolutoire.

13. — Que la doctrine romaine ait suivi cette marche, je puis en donner plusieurs preuves. Les clauses, qui contiennent des applications de la condition résolutoire, l'*addictio in diem*, la *lex commissoria* sont en effet considérées comme des pactes distincts conclus entre le vendeur et l'acheteur, comme des pactes adjoints (Aug. Rubr., du l. 18. t. 1. D. et du l. 4. t. 54. C.) La formule de ces clauses est en outre composée de deux formules soudées ensemble. « *Ille fundus centum esto tibi*

emptus NISI SI QUIS *intra kalendas Januarias proximas meliorem conditionem fecerit, qua res a domino abeat.* » Enfin un fragment de Paul, qui a fort embarrassé les commentateurs, est très-caratéristique. C'est la loi 44, § 2. D. *de oblig., et Act.*, 44. 7. Il s'agit de stipulation. Selon le Jurisconsulte, la condition, qui fait corps avec l'obligation elle-même, est la seule qui produise son effet au point de vue du Droit Civil. Celle qui est convenue, *quæ ponitur*, seulement après la création complète et définitive de l'obligation verbale, lorsqu'elle est déjà parfaite, *post perfectam obligationem*, ne peut avoir aucune influence civile sur le rapport de droit ainsi créé. Elle n'a pas modifié la formule ni par conséquent l'obligation. Elle n'avait pas la puissance civile nécessaire pour la changer, après sa naissance. Car elle est renfermée dans un simple pacte. Voilà comment j'interprète ce § 2 de la loi 44. Il me semble que je puis invoquer l'ordre des idées du Jurisconsulte, qui appelle nécessairement une comparaison entre la condition suspensive et la condition résolutoire dans la stipulation, la formule même de l'exemple choisi et enfin l'impossibilité d'expliquer d'une autre façon, d'une manière satisfaisante et applicable à toutes les hypothèses, le « *ponitur* » du texte (1).

14. — Si nous avons réellement affaire à un pacte adjoint, quel peut-il être, si ce n'est un *mutuus dissensus* conditionnel? Cette idée rend d'abord très-bien compte de l'introduction en premier lieu dans la vente et les autres contrats consensuels de la condition résolutoire. Elle concorde parfaitement avec

(1) M. Czhylarz (§ 12 p. 76) et M. Scheurl (p. 120) pensent, eux aussi, que notre § 2 contient une comparaison entre la condition suspensive et la condition résolutoire. Le motif du « *quæ post perfectam obligationem ponitur* » est, selon ces auteurs, cette considération qu'en général la condition résolutoire ne produit son effet qu'après l'exécution du contrat. Le « *ponitur* » du texte est alors absolument défectueux. C'est de plus une singulière manière de caractériser notre modalité que de choisir une qualité, qui très-souvent n'existera pas en fait.

les textes. A propos d'*addictio in diem* par exemple, les l. 2 pr. et 4. § 5. D. 18. 2. nous parlent d'un *recedere, discedere ab contractu.* Que le contrat soit exécuté ou ne le soit pas encore, cette notion de *mutuus dissensus* conditionnel est enfin parfaitement suffisante. Pourquoi en effet le *mutuus dissensus* indépendant ne peut-il tout seul, après exécution totale ou partielle, rétablir les parties dans leur situation antérieure au contrat? Parce que le *mutuus dissensus* est un simple pacte qui peut bien dissoudre des obligations créées par le simple consentement, mais qui est incapable d'en créer en dehors d'un certain nombre rigoureusement déterminées. — Que ce soit là le véritable motif, un texte de Neratius, très-remarquable à mon avis, l'établit (l. 58. D. *de Pactis.* 2. 14.). — Or en cas de *mutuus dissensus* conditionnel convenu en même temps que le contrat, le même obstacle ne se rencontre plus. Le pacte ici n'est plus nu. Il fait partie du contrat. Il est garanti par l'action de celui-ci (Conf. M. Czhylarz op. cit. § 5. p. 35 et M. Accarias, Contrats innommés, p. 114.).

15. — On a présenté une autre explication de cette différence entre le *mutuus dissensus* indépendant et la condition résolutoire. Au moment où le pacte est intervenu, la *res* était *integra.* A ce moment, le *mutuus dissensus* pur et simple était possible. Le *mutuus dissensus* sous condition doit donc l'être.

16. — Je crois avoir rendu compte de l'introduction de la condition résolutoire en droit romain. Pouvons-nous dire à quelle époque elle eut lieu? Nous ne pouvons évidemment pas le faire d'une façon précise. — Mais nous avons le droit d'affirmer qu'elle existait déjà au milieu du septième siècle de Rome, plus d'un siècle avant notre ère. C'est en effet à cette époque que vivaient les jurisconsultes Publius Mucius et Brutus, dont Ulpien nous a conservé l'opinion sur une question d'*addictio in diem* (l. 13. D. *de in diem,* 18. 2. — Comp. l. 2. § 30. D. *de orig. Juris,* 1. 2.). C'est là une antiquité assez considérable. On pourrait être disposé à l'invoquer contre l'origine que nous avons donnée à la condition résolutoire. Car, je le reconnais, anté-

rieurement à Ariston, nous ne trouvons plus de traces indiscutables de l'existence du *mutuus dissensus* (1) (L. 59. D. 2. 14. cit.). Je ne considère cependant pas ceci comme une remarque décisive contre notre doctrine. J'observe qu'Ariston semble développer un principe depuis longtemps admis.

§ 2. — *Nature de la condition résolutoire.*

17. — De ce que nous venons de dire, il semble bien résulter qu'une condition résolutoire distincte de la condition suspensive n'existe pas en droit romain. Que l'on lise au D. les l. 2 pr. (18. 2) 3. (18. 1) 1. (18. 3). L'on y verra une seule condition. L'opposition n'existe qu'entre les effets produits par elle suivant les circonstances. La volonté de créer l'obligation et celle d'annuler les effets produits, si tel événement futur et incertain se réalise, forment un contrat et un pacte unis ensemble, mais ayant chacun son individualité. L'obligation créée est pure et simple. Ce qui est conditionnel, ce n'est ni la volonté de créer l'obligation (2) ni même la durée de celle-ci (3), c'est sa résolution (4).

(1) M. Czhylarz (§ 5. p. 37.) croit que le premier Quintus Mucius, et plus tard Sabinus, connaissaient le *mutuus dissensus.* Il invoque la l. 80. D. *de solut.* 46. 3 et la l. 35. D. *de R. J.* 50. 17. Je ne crois pas qu'il y ait là un indice suffisant.

(2) En sens opposé, M. Unger, cité par M. Czhylarz (§ 3, p. 24), et par M. le professeur Goudsmit, de Leyde, qui dans son cours de Pandectes récemment traduit p. 144, donne un bon résumé des idées émises sur ce point. Selon M. Unger, dans notre hypothèse, les parties veulent que l'obligation existe dans tous les cas, sauf dans tel cas déterminé, au lieu de vouloir qu'elle existe seulement dans tel cas déterminé. — Les textes cités par moi plus haut contredisent cette idée. — Nous en rencontrerons beaucoup d'autres qui sont en formelle opposition avec elle. L'introduction indirecte de la condition résolutoire dans la doctrine romaine est surtout probante pour moi.

(3) En sens contraire, M. Scheurl, page 110 et suiv. Il se fonde

18. — Comparons maintenant en quelques mots la condition résolutoire avec le terme extinctif et avec la condition *juris* résolutoire. — Nous aurons par là caractérisé sa nature d'une façon encore plus nette.

19. — Il y a terme extinctif, lorsque les parties, en contractant, stipulent que le droit ou l'obligation ne durera qu'un certain temps. — D'après ce que nous avons dit de la condition résolutoire, on devine qu'en droit civil romain cette convention ne sera que rarement obligatoire. — Elle ne le sera que lorsque l'acte de droit ou le droit lui-même dépendra de la volonté des contractants ou lorsqu'un droit étant temporaire de sa nature, périssant par le laps de temps, la loi a concédé aux parties la faculté de modifier, dans d'étroites limites d'ailleurs, ce laps de temps. — C'est ainsi que l'usufruit, droit temporaire, et qui en outre dépend de la volonté des parties, puisque celles-ci peuvent le constituer sur la tête d'une personne quelconque, pourra être créé de façon à ne durer qu'un temps moindre que sa durée normale (l. 16, § 2. D., fam. ercisc. 10, 2. Fr. Vat., § 48 et 58).

Ici, c'est le droit lui-même qui est modifié dans sa nature par les parties. — Il est donc absolument indifférent qu'il soit constitué par un acte entre-vifs ou à cause de mort, par un acte indépendant ou par voie de déduction. — Si au contraire c'est un droit perpétuel qui a été consenti seulement jusqu'à une époque déterminée, le droit acquis sera perpétuel,

sur ce que c'est la durée du rapport de droit qui est restreinte par la condition. Il y aurait donc selon lui une clause principale non conditionnelle de création et une clause conditionnelle de durée.

Mais alors, si l'évènement n'arrivait pas, il y aurait, dans la théorie de M. Scheurl, non pas défaillance, mais accomplissement de la condition.

(4 *de la page précédente)* M. R. Ihering pense que le pacte adjoint à l'opération principale est une convention de restitution, sous la condition suspensive inverse (Geist des romischen Rechts. 2me éd., 1871, § 53, note 210, p. 165.

et la limitation sera considérée comme un pacte par lequel les parties se sont obligées à rétablir, à l'expiration du temps, la situation antérieure. Le terme ne produira donc que des effets indirects prétoriens.

Tout ceci est justifié pour les droits personnels par la loi 44, § 1. D. de O. et A. (44. 7.) « *Placet etiam ad tempus obligationem constitui non posse non magis quam legatum.* » (Vieg. l. 16, § 1. D. de V. O. 45. 1 et l. 55. D. *de Leg.* 1.) Et pour les droits réels par le § 283 des Fr. Vat « *Ad tempus proprietas transferi nequiverit.* »

20. — Le terme extinctif se divise d'ailleurs comme le terme suspensif, en terme certain et en terme incertain. On admet en général que le terme incertain consiste dans un événement qui arrivera certainement, mais à une époque indéterminée. Le *an* serait *certum*, le *quando*, *incertum*. Le type d'un pareil terme serait « jusqu'à la mort de telle personne. » La différence entre le terme extinctif et la condition résolutoire serait donc précisément que dans un cas il y a réalisation certaine et dans l'autre réalisation incertaine de l'événement.

21. — M. Czhylarz (Introd., texte et notes 15 et 16) croit au contraire que le *criterium* de cette différence doit être cherché uniquement dans l'intention des parties, que le terme extinctif incertain peut être incertain non-seulement quant à la question « *quando,* » mais encore quant à la question « *an* » et que le « *ad conditionem* » des textes doit être rapporté à ce dernier et non à la condition résolutoire.

22. — Je confesse ma perplexité. On peut invoquer, en faveur de la théorie de M. Czhylarz, les deux ordres d'arguments suivants : 1° On applique les mêmes règles au rapport de droit « *ad conditionem* » qu'au rapport de droit à terme. 2° Il est bien difficile de considérer comme synonimes d'une part les formules « *quamdiu manumittatur* » (l. 15. D. 7. 4), *donec ei totius dotis satisfieret* » (l. 30. D. 33. 2.), « *verbi gratia quamdiu volam* » (l. 4. D. 8. 1.); et d'autre part les formules

suivantes : « *Si res ita distracta sit, ut, si displicuisset, inempta esset* » (l. 3. D. 18. 1.), et celles des l. 2 pr. D. (18. 2.) l. 1. D. 18, 3, l. 2. § 3. D. 41. 4. Enfin on ne comprend guère une constitution d'usufruit considérée rétroactivement comme non avenue. Car l'usage dans l'intervalle subsisterait en tout cas. Mais on ne comprend pas du tout une tutelle sans condition résolutoire. Or la l. 14, § 5, D. *de Tutel.*, 26. 1, s'exprime ainsi : « *Sed et si ad certam conditionem datus sit, æque evenit ut desinat esse tutor, existente conditione.* La l. 8. § 2. D. *de Test. tut.*, 26. 2. parait également inexplicable avec la doctrine dominante.

23. — Je reconnais toutefois qu'il existe une grave présomption contre cette doctrine. Si en effet le § 50, Fr. Vatic., peut être considéré à la rigueur, comme opposant le terme suspensif incertain au terme extinctif incertain (*vel ex conditione, vel ad conditionem*) la l. 4, pr. D. *de serv.*, 8. 1. ne peut comporter cette interprétation (*vel sub conditione... vel ad conditionem*). Ce n'est donc pas sans hésitation, je le répète, que je penche vers la doctrine de M. Czhylarz.

24. — Terminons enfin ce paragraphe en faisant remarquer qu'il ne faut pas confondre la condition résolutoire consentie par des parties avec les deux conditions *juris* résolutoires, que nous trouvons dans nos documents, c'est-à-dire avec les événements qui, lorsqu'ils se produisent, rendent non avenu, par la seule force de la loi, un droit déjà né. Ces deux conditions *juris* résolutoires sont la répudiation du legs *per vindicationem*, au moins d'après la théorie Sabinienne (Gaius. 2. § 195) et la *querela inofficiosi testamenti*, l. 21. § 2. l. 8. § 16. D. *de querela inoff*. 5. 2.

§ 3. — *Actes susceptibles de condition résolutoire.*

25. — Après ce qui précède, nous sommes autorisés à formuler la règle suivante. Tous les actes juridiques qui, basés sur la simple volonté des parties, peuvent également être dissous par celle-ci, sont susceptibles de condition résolutoire. En dehors

d'eux, elle n'est pas admissible. Elle peut donc être adjointe, dans notre période, aux contrats consensuels et à eux seuls.

Les principales applications de la condition résolutoire à la vente sont l'*addictio in diem*, la *lex commissoria* et le *pactum displicentiæ*. Des deux premières, je n'ai rien à dire. La dernière au contraire est fort remarquable. Elle renferme une véritable anomalie, dont je renvoie l'étude à un paragraphe suivant.

26. — La condition résolutoire ne devait pas souvent se rencontrer dans la pratique romaine dans les autres contrats consensuels, sauf peut-être dans la société. Supposer une condition résolutoire produisant son effet dans le mandat, même *rebus non integris*, n'est évidemment pas raisonnable. Pour le louage des maisons, la condition résolutoire ne se comprend qu'à la condition d'être combinée avec un terme suspensif. — Si pour le bail des biens ruraux on peut, à la rigueur, se dispenser de ce terme en disant que le bénéfice, pour ainsi dire unique du locataire, consiste dans la perception des fruits, nous ne concevons guère l'intérêt du bailleur.

27. — Les trois classes de contrats suivantes n'admettent pas la condition résolutoire : contrats verbaux, contrats littéraux, contrats réels. Il y a ici une formule ou une *res*. La puissance de cette cause ne peut être paralysée que par une formule ou une *res* en sens inverse. Pour la stipulation, la l. 44. § 2. D. *de oblig. et act.* 44. 7. déjà citée, est formelle. Comme application de ceci, observons que si les parties ont voulu faire une novation sous condition résolutoire, leur but ne sera pas atteint. L'obligation primitive sera définitivement éteinte. La nouvelle stipulation ne peut pas en effet être, en droit civil, considérée comme non-avenue après la réalisation de la condition.

§ 4. — *Effets de la condition résolutoire dans les contrats, au point de vue du droit civil.*

28. — Je n'ai rien à dire sur la condition résolutoire avant sa réalisation ou après sa défaillance. Je la suppose au con-

traire accomplie. Quels vont être les rapports des deux parties entre elles? Je crois pouvoir les formuler ainsi. Tous les actes qui admettent la condition résolutoire sont, après son arrivée, absolument considérés comme n'ayant jamais eu lieu. La liquidation des droits des parties doit être faite dans ce sens.

29. — Comment démontrer cette affirmation? Le *mutuus dissensus* doit nécessairement selon moi être rétroactif. Il m'est impossible de le concevoir autrement. Il se présente en effet toujours avant l'exécution du contrat. Pour qu'il puisse produire son effet, il est absolument indispensable qu'il détruise le lien obligatoire lui-même, qu'il tarisse, qu'on me permette cette expression, la source des droits, qu'il empêche la naissance postérieure de nouveaux, et qu'en outre, il paralyse ceux déjà formés. — On pourrait citer bien des textes plus ou moins probants. Les deux plus nets sont la l. 2. D. *de rescend. vend.* (18. 5), « *potest enim, dum res integra est, conventione nostra infecta fieri emtio, quasi nulla præcesserit,* » et la l. 95. § 12. D. *de solut.* (463). Le vendeur et l'acheteur ont convenu « *ut ab emtione discedatur.* » *Le fidejusseur sera immédiatement libéré.*

30. — Cette première démonstration faite, on devine notre déduction. — La condition résolutoire n'est en effet qu'un *mutuus dissensus* conditionnel. Je vais faire l'application de ce résultat à la vente.

31. — A. *Quels sont les droits du vendeur après cette réalisation de la Condition?* Quelle action peut-il intenter? Est-ce l'action *venditi* ou l'action *præscriptis verbis?* La convention implicite par laquelle les parties ont consenti à remettre les choses en l'état, est-elle un pacte adjoint à la vente? Est-elle un contrat innommé? Discussion entre les deux Écoles de jurisprudence. Elle se rattache à la vente; voilà l'idée des Sabiniens. Donc action *ex vendito* (l. 6. § 1. D. 18. 1. Loi 6. D. 18. 5). Elle se substitue à elle. Voilà celle des Proculiens. Donc action *præscriptis verbis* (l. 6. § 1. D. 18. 1.).

Les empereurs intervinrent dans la controverse. Septime Sévère et Caracalla consacrèrent la doctrine Sabinienne pour la *lex commissoria* (l. 4. pr. cit. D. 18. 3.). — Alexandre Sévère laissa au vendeur l'option entre les deux actions (l. 2. C., *de pact. inter empt.* 4. 54.). — Cette dernière décision, formulée par l'empereur dans un cas de clause de réméré, se généralisa. Paul donne en effet la même solution dans l'hypothèse d'un *pactum displicentiæ* (l. 6. D. *de rescind. vend.* 18. 5.).

Ainsi, ou l'action *præscriptis verbis* ou l'action *venditi* résolutoire. — Cette coexistence des deux actions ne peut du reste s'expliquer que comme un compromis entre les deux écoles.

32. — Elles sont toutes deux arbitraires et de bonne foi. — Puchta considérait ces deux caractères comme inconciliables. — Je ne reviens pas sur la démonstration définitive, faite par Savigny, de l'idée adverse. Je me borne à observer que l'action *venditi*, lorsqu'elle a pour objet la résolution de la vente, doit être rangée parmi les actions arbitraires. Son but seul le rendrait vraisemblable. Son analogie avec l'*actio rei uxoriæ* et l'*actio redhibitoria* achève la preuve (1).

33. — La réclamation du vendeur comprendra 1° *la restitution de ce qu'il a fourni*, un nouveau transfert de propriété. Que décider si l'objet vendu a péri par cas fortuit, en totalité ou en partie, avant la réalisation de la condition? Selon moi, le vendeur n'aura pas d'indemnité. Le prix entier sera remboursé par lui. En d'autres termes, les risques sont à sa charge, dans tous les cas. Les principes et les textes concourent, pour justifier notre solution. Les principes. — En effet, l'événement futur et incertain s'est réalisé. Le pacte conditionnel adjoint de dissolution produira son effet, s'il a un objet, si certains résultats de la vente subsistent encore. Or, a-t-il un objet dans notre hypothèse? C'est l'évidence même. Car le prix reçu par le vendeur n'est pas périssable. L'utilité du *mutuus dissensus* sera précisé-

(1) Comp. M. Léveillé, p. 48.

ment de le contraindre à le rembourser, conformément à l'intention des parties. Ainsi la vente sera non avenue. Des obligations accessoires résulteront de ce fait. L'exécution de celle du vendeur est possible. Elle aura lieu. Il en est de même de celles de l'acheteur pour ce qui concerne la restitution des accessoires, des profits retirés par lui de la chose vendue avant sa perte, des fruits par exemple ou du legs fait au pécule d'un esclave, avant la mort de celui-ci. Il en est autrement, au contraire, tout naturellement, pour ce qui regarde la retranslation de propriété du bien au vendeur. Les textes enfin achèvent la démonstration de ce point de vue, qui est pour moi incontestable. La l. 2. § 1 et la l. 3. D. *de in diem* 18. 2 et la l. 2. D. *de lege commiss*. 18. 3. mettent les risques même de perte totale à la charge du vendeur, en cas d'*in diem addictio* ou de *lex commissoria*. Et ils ont bien soin de donner le motif suivant. C'est qu'après la perte de la chose, un nouvel acheteur n'offrira pas de nouvelles conditions, et le vendeur ne se prévaudra pas de la loi commissoire.

Si donc la condition résolutoire pouvait se réaliser, la solution serait inverse (Comp. en ce sens M. Bufnoir, p. 453 et suiv. M. Czhylarz, § 6. p. 42.).

34. — Si ce dernier argument de texte est suffisamment probant, il renferme une nouvelle vérification de notre conception de la condition résolutoire en droit romain et une nouvelle condamnation de la théorie de M. Unger et de celle de M. Ihering. — Si le contrat sous condition résolutoire doit être analysé en un contrat sous la condition suspensive inverse ou même en un contrat pur et simple, auquel est ajouté un pacte de restitution, sous la condition suspensive inverse, l'obligation principale dans la doctrine de M. Unger, l'obligation accessoire dans celle de M. Ihering ne prend naissance que si, à l'arrivée de l'événement, l'objet existe encore. Dans le premier système, le vendeur supporte donc les risques de perte totale, mais non ceux de perte partielle; dans le second, les risques de perte partielle, mais non ceux de perte totale.

35. — Ainsi, 1° le vendeur rentrera en possession de sa chose.

Il est évident d'ailleurs que même si l'acquéreur a usucapé *dans l'intervalle*, il n'en sera pas moins tenu de retransférer la propriété au vendeur (Arg., l. 13. pr. D. *de mort. c. donat.* 39. 6.). Il pourra donc se faire que le vendeur reçoive plus qu'il n'a donné.

36. — 2° Le vendeur peut en outre réclamer les fruits recueillis par l'acquéreur dans l'intervalle (l. 6. pr. l. 16. D. *de in diem* 18. 2. etc.), ou d'une façon plus générale, tous les profits retirés par lui de la chose, comme le produit du pécule d'un esclave, les legs laissés à ce pécule, les hérédités et ainsi de suite (Arg. par anal. tiré de la rédhibition, l. 1. § 1. l. 23. § 9. D. par *ex. de ædil. ed.* 21. 1.).

37. — 3° Il peut enfin demander la différence entre la valeur obtenue par lui, en vertu des deux premières réclamations et celle qu'il eût obtenue, sans la faute de l'acquéreur. En d'autres termes, si celui-ci a détérioré le bien ou a constitué sur lui des droits réels que le vendeur est contraint de respecter, il devra une indemnité. — Il en devra également s'il a négligé de retirer de l'objet, pendant sa gestion, toute l'utilité possible, si par exemple il n'a pas perçu tous les fruits.

38. — B. *Passons maintenant aux droits de l'acheteur.* En cas d'*in diem addicto* ou de *lex commissoria,* la situation de l'acheteur sera purement défensive. A ce point de vue, il est certain qu'il pourra se faire payer les améliorations faites par lui au bien.

39. — Il est en outre une variété de condition résolutoire qui sera jointe à la vente dans l'intérêt de l'acheteur. C'est la condition résolutoire très-fréquente encore aujourd'hui et qui consiste dans le changement de volonté de ce dernier. C'est le *pactum displicentiæ.* Cette clause est très-intéressante, comme nous l'avons déjà dit. Elle fut peut-être introduite dans l'usage, par extension de la théorie édilitienne de la rédhibition ; jusque dans le dernier état du droit romain, nous la voyons au moins soumise aux mêmes règles que celle-ci. Elle avait pour utilité d'épargner à l'acquéreur la preuve du vice rédhibitoire s'il exis-

tait ou, si les caractères exigés par les édiles ne se retrouvaient pas, de se débarrasser cependant d'une chose ne répondant pas au but que l'acheteur s'était proposé. La l. 31. § 22. D. *de ædil. edict.* 21. 1 et la l. 4. C. eod. IV. 58 justifient notre affirmation (1). Ainsi, en cas de *pactum displicentiæ*, si l'acheteur veut user de la faculté qu'il s'est réservée, il emploiera l'*actio redhibitoria*. Toutes les règles de cette action devront-elles cependant être transportées ici sans aucune exception? M. Bufnoir (p. 461-463) ne le pense pas. Il croit que le *pactum displicentiæ* ne pouvait plus être invoqué, lorsque l'objet de la vente avait péri. La l. 20. § 1. D. *de præscr. verb.* (XIX. 5) ne lui paraît pas autrement explicable. Il remarque d'ailleurs très-finement que cette solution n'a rien qui puisse étonner. — L'intention des parties a été que le dédit de l'acheteur fût inspiré par l'inutilité partielle ou totale de l'objet pour lui, par le désir de sauvegarder ses intérêts dans l'avenir. Or il est évident que désormais ce mobile ne peut pas exister pour l'acheteur. La réalisation de la condition n'est plus possible.

40. — Je préfère l'opinion opposée. Je crois que, même après la perte de l'objet vendu, l'acheteur pourra se prévaloir du *pactum displicentiæ*. — La l. 21. § 24. D. *de ædil. ed.* 21. 1. me

(1) MM. Goldschmidt Zeitschrift für Handelsrecht, t. 1. p. 112-113 et Windscheid (Lehrbuch t. 2. § 387. note 7), cités par M. Czhylarz, croient que deux variétés du *pactum displicentiæ* existaient dans la pratique romaine. L'un de ces pactes aurait eu pour but la dissolution du contrat. On lui aurait appliqué les règles de la condition résolutoire. L'autre aurait simplement tendu à donner naissance à un droit de reprise. Il aurait été régi par les principes de la rédhibition. Bien des raisons me feraient repousser cette doctrine. Je me borne à remarquer que dans la l. 4. C. *de ædil. edict.* IV. 58 citée au texte, la formule indique bien l'intention de résoudre le contrat « *ut si displicuerit, inemptum sit,* » ce qui est confirmé par le « *id utpote sub conditione venditum resolvi* » et que cependant on donne à l'acquéreur la *même* action rédhibitoire que si le fonds vendu était pestilentiel (Voir la fin du texte.). Dans le même sens, M. Bufnoir, p. 460, et M. Czhylarz, *loc. cit.*

paraît entraîner cette conclusion (1). J'avoue en outre que l'explication de M. Bufnoir ne me satisfait pas complètement. Nous avons en effet constaté les deux raisons d'être du *pactum displicentiæ* dans la doctrine romaine. Je veux bien que l'une d'entre elles n'existe plus ; mais il n'en est pas de même de l'autre. L'objet vendu était affecté d'un vice rédhibitoire fort difficile à démontrer. Il périt. Si moi, acheteur, je veux établir devant l'édile ce vice rédhibitoire, j'échouerai, faute de preuves. J'ai eu la précaution de conclure un *pactum displicentiæ*. Pourquoi ne m'autoriserait-on pas à en user?

41. — La loi 20. § 1. D. *de prescript. verb.* XIX. 5. doit être entendue, à mon sens, de cette façon. Nous avons fait ensemble la convention suivante : Je vous livre des mules à l'essai. Si elles vous plaisent, dans un certain délai, vous les achèterez. Si elles ne vous plaisent pas, vous me les rendrez et vous me paierez un loyer de tant par jour pour la jouissance que vous en aurez eue. Il y a là un contrat de vente sous la condition suspensive de votre agrément et un contrat de louage sous la condition suspensive que les mules ne vous satisferont pas. Les mules sont enlevées par des brigands, avant que le délai fixé pour l'expérience ne soit achevé, *intra dies experimenti*. Qui suppportera les risques de cette perte? Sera-ce vous ou moi? Le jurisconsulte Mela distingue. La vente peut ou être déjà ou ne pas être définitivement contractée. La perte portera dans le premier cas sur vous; dans le second cas sur moi. Un examen attentif de la loi confirme notre interprétation. « *Si placuissent emeres,* » n'est-ce pas notre contrat de vente conditionnel. « *Si displicuissent, ut in dies singulos aliquid præstares,* » n'est-ce pas notre contrat de louage? Si, comme le veut M. Bufnoir, il s'agissait ici d'une opposition entre la vente à l'essai sous condition suspensive et la vente à l'essai sous condi-

(1) *In his autem actionibus eadem erunt observanda, quæ de partu, fructibus, accessionibus, quæque de mortuo redhibendo dicta sunt.*

tion résolutoire et non d'une antithèse entre l'hypothèse où la vente à l'essai sans condition suspensive est déjà devenue définitive et celle où elle ne l'est pas encore, il eût été plus exact de remplacer *emptio futura* par *emptio conditionalis*. Ceci est un détail sans grande importance, soit; mais ce qui est très-sérieux, c'est que le fragment que j'étudie est placé entre deux paragraphes, qui traitent tous les deux sans contestation possible d'une vente à l'essai sous condition suspensive et non sous condition résolutoire. Ce n'est pas tout. Notre § 2 m'accorde, si la vente n'a pas été conclue, la même action *præscriptis verbis* qu'elle donne dans le § 1 contre l'homme qui a couru avec les chevaux à lui livrés à l'essai. On a vu plus haut comment je comprends le « *intra dies experimenti*. » M. Bufnoir voit dans ces trois mots, l'écueil de la théorie que j'ai adoptée. Selon lui cette expression implique nécessairement que le posseseur des mules n'a pas encore pris de décision au moment où elles sont enlevées. — Je me permets de faire observer qu'il serait étrange que les parties n'eussent pas fixé un terme à l'essai, et qu'en outre la manière dont je comprends le « *intra dies experimenti*, » donne au texte un sens parfaitement raisonnable. Le jurisconsulte s'occupe de vente à l'essai. Une fois le délai écoulé, la vente à l'essai a *certainement* disparu. Au contraire, dans le délai, il y a deux hypothèses possibles. Il les examine toutes les deux. (M. Accarias, Contr. Innommés, et M. Czhylarz § 7. p. 48.)

CHAPITRE II

ACTES PRODUCTIFS DE DROITS RÉELS

§ 1 — *Actes entre-vifs.*

42. — Pour les actes translatifs de propriété, la doctrine romaine n'a pas suivi la même voie que les contrats. — Il n'a jamais existé à Rome des modes de translation de propriété

pouvant s'accomplir par le simple consentement. Les solennités ont toujours subsisté. Elles ont seulement été simplifiées et se sont ainsi conservées dans notre Droit, alors que depuis longtemps la formule avait disparu dans les contrats. Je n'ai pas à insister sur le motif de cette différence. Elle s'aperçoit facilement.

43. — Ceci posé, la solution déjà donnée pour la stipulation doit être étendue à notre question. Une fois la cérémonie accomplie, *mancipatio, in jure cessio, adjudicatio,* ou simple *traditio* le *dominium* est acquis. Le simple consentement des parties intervenu conditionnellement au moment même du transfert ou plus tard est impuissant à restituer son droit à l'ancien propriétaire. Il n'y avait pas en effet de raisons pour ne pas appliquer ici le droit commun.

44. — La mutation de propriété, au surplus, ne doit pas, après la réalisation de l'évenement futur et incertain, être réputée non avenue. L'accomplissement des formalités prescrites est en effet suffisant, je l'ai dit. A la différence de notre droit actuel, une cause n'est pas nécessaire. Nous en avons à notre époque des preuves nombreuses (V. par ex. l. 36. D. *de acquis. rer. domin.* 41. 1.).

45. — J'observe en terminant que plus tard des pactes ont été adjoints aux actes constitutifs de droits réels comme aux contracts solennels. La *datio ob causam* est bien connue. Le *tradens* exprime formellement le but qu'il poursuit. Si celui-ci n'est pas atteint, il aura une action personnelle en restitution. Que la doctrine romaine ait suivi cette marche et que l'on n'ait pas plutôt regardé le droit transmis comme modifié dans son essence, c'est là, nous le savons, une preuve décisive de la nature perpétuelle du droit de propriété.

46. — Je ne crois pas, d'ailleurs, qu'il faille confondre, au moins *au point de vue théorique,* la *datio ob causam,* la *donatio mortis causa,* par exemple, dans l'hypothèse où la propriété est transférée immédiatement, avec la *datio* opérée en exécution d'une vente sous condition résolutoire.

Ces deux doctrines, ont, à mon sens, une origine différente. Remarquons en effet que la donation à cause de mort romaine ne se décompose pas, en une convention et en un acte translatif de propriété servant d'exécution à la première. Ce pacte n'eût eu en effet aucune valeur en pur droit civil. Et cette différence avec la vente est à noter, si on veut comprendre notre point de vue. Tandis que le caractère obligatoire de celle-ci produisait le *mutuus dissensus* conditionnel, on fut obligé de modifier dans l'hypothèse de la donation à cause de mort l'acte translatif lui-même. Il ne fut en réalité consenti que pour tel cas; mais le caractère solennel de l'opération principale eut pour résultat ici encore de n'accorder à la volonté des parties qu'une satisfaction incomplète. Emploi de l'action du contrat, au moins suivant les Sabiniens, dans l'hypothèse de la vente sous condition résolutoire, Emploi de la *condictio causa data causa non secuta*, ou de l'action *præscriptis verbis*, dans celle de la donation à cause de mort, c'est là du reste la seule différence pratique entre nos deux institutions. Séparation de leur domaine, voilà cependant ma conclusion. Cette idée est de M. Czhylarz (§. 16. p. 96.) et elle a une sérieuse portée scientifique.

§ 2. *Dispositions testamentaires.*

47. — Le testateur peut-il instituer un héritier sous condition résolutoire? La négative est certaine. Le citoyen romain est chef de sa famille. Il en est tellement le maître qu'il peut choisir le chef qui lui succédera. Ce chef sera peut-être un étranger. Il lui donnera cette qualité ou par adoption ou par testament. Mais lorsque ce nouveau chef aura fait les sacrifices domestiques en cette qualité, la volonté du *pater familias* décédé ne pourra lui enlever ses droits ni pour l'avenir, ni à plus forte raison pour le passé. — Cette conception est justifiée par les textes. « *Semel heres, semper heres.* » est une maxime bien connue (l. 88. *de hered. inst.* 28. 5. par ex.). La qualité de représentant de la famille chargé du culte des ancêtres, une

fois acquise, est indélébile. — Ce résultat ne concorde-t-il pas complétement avec ce qui précède ? La volonté exprimée solennellement du *pater familias* a un effet perpétuel. Les droits transmis par lui sont nécessairement perpétuels. On n'a pas la conception de droits ayant une constitution telle qu'ils doivent périr, si tel évènement se réalise.

48. — Le testateur peut-il laisser un legs sous condition résolutoire ?

La négative résulte implicitement des textes, mais comment la justifier ?

Notre notion de la condition résolutoire suffira encore complétement ici. Le testateur a lié son héritier *per æs et libram*. L'obligation de celui-ci ne pourra être éteinte que par le procédé inverse. La l. 44. § 1, de O., et A., (44. 7.) justifie déjà cette explication. La l. 55. D. *de leg.*, 1, est complètement décicive.

« Personne ne peut prendre dans son testament des mesures pour que les lois ne s'appliquent pas à son testament : parce que l'obligation de l'héritier du chef des legs ne peut être restreinte ni à un certain temps ni à un certain lieu ni par une condition. » — Le motif que je viens de donner est sous une autre forme celui qui est exposé plus haut pour les institutions d'héritiers. Jusqu'à la mort, la volonté du testateur est souveraine. Après sa mort elle ne peut plus modifier les rapports déjà créés. (M. Czhylarz donne ce motif sous cette forme pour les deux cas).

49. — Mais ne nous sommes nous pas trompés sur le point de vue romain ? L'inadmissibilité de la condition résolutoire dans les legs n'aurait-elle pas plutôt pour base le caractère contradictoire pour un jurisconsulte romain de ces dispositions dont l'une reprend ce que l'autre donne ? C'est l'avis de M. Ihering (*Iahrbücher*, t. x, p. 503.) Selon lui, on ne considérerait pas dans ce cas la volonté de libéralité comme sérieuse chez le testateur, pas plus que s'il avait constitué un *legatum pœnæ nomine*. On explique alors très-bien la disparition simultanée de notre

règle et de la prohibition du *legatum pœnæ nomine* sous Justinien.

50. — Je repousse l'idée de M. Ihering. — Les textes cités me paraissent formels. Il est en outre possible que je me trompe. Mais j'avoue ne pas comprendre très-bien comment la volonté de léguer sous une condition suspensive pourrait être considérée comme sérieuse, tandis que celle de léguer sous une condition résolutoire ne le serait pas.

51. — Remarquons, en terminant ce sujet, que la validité de l'*ademptio legati* conditionnelle rapprochée de l'inutilité de la condition résolutoire ajoutée au legs, ne doit pas nous étonner. Un legs a été fait avec les solennités requises purement et simplement. Par un acte solennel postérieur, le testateur a révoqué son premier legs sous une condition. Ce second acte solennel a complétement détruit le premier et les jurisconsultes lui donnant une individualité propre, indépendante, interprètent cette révocation conditionelle du legs comme la création d'un autre legs de la même teneur que le premier, mais sous la condition suspensive inverse. Si on lit les textes suivants (l. 10. pr., l. 14. pr., D. *de adim.*, 34. 4. l. 6. pr. D. *quando dies* 36. 2. l. 40. § 2. l. 10. 7. D. *de condit.* 35. 1. (1) on sera convaincu de la vérité de ce point de vue. Dans le cas actuel, l'obligation de l'héritier naît accompagnée d'une modalité. La condition est intervenue *in constituenda obligatione* comme le demande la l. 44. § 2. de O. et A. (44. 7.). Elle produit son effet, même en droit civil. Dans l'hypothèse de la condition résolutoire, au contraire, nous avons réunies dans un même acte deux volontés distinctes du testateur. La première doit opérer au moment de la mort : elle sera efficace ; l'autre seulement après : elle ne le sera pas.

(1) C'est en se fondant sur ces textes que Zimmern et Mayer (Erbrecht 1. § 20. Rem., 5. ont soutenu que même en droit civil la condition résolutoire produit son effet dans l'institution d'héritiers et de legs. On peut voir dans M. de Vangerow (Lehrb. 7me édit., tome 2. § 434.) un exposé et une réfutation de leur doctrine.

§ 3. — *Conséquences de l'adjonction de la condition résolutoire à un acte translatif de propriété.*

53. Supposons un acte translatif de droits réels, sous condition résolutoire. Nous avons dit qu'à l'arrivée de la condition, la force de la *datio* ou de la loi insérée par le testateur dans son testament, ne pourrait pas être paralysée par la simple réalisation de l'événement futur et incertain, qu'elle subsisterait. Cela implique que la seule addition d'une condition résolutoire n'a pas annulé l'acte juridique. Pour la *datio* ce n'est pas contesté. — Au contraire on admet à peu près unanimement que les legs sous condition résolutoire étaient dans le droit classique, absolument non avenus. On se fonde sur un rescrit de Justinien, qui semble en effet très-net à la première lecture. C'est la l. 26. C. *de legatis* (6. 37.).

53. — Je crois cependant plus probable qu'on ne distinguait pas à ce point de vue entre les actes entre-vifs et les legs. Le legs n'était pas nul. En droit civil, il était réputé pur et simple. Je pourrais opposer, au besoin, au témoignage de Justinien, le témoignage de jurisconsultes classiques. (l. 55. D. *de legatis,* 1. l. 44. § 1. D. de O. et A. 44. 7.). Mais je vais plus loin. L'esprit du rescrit est incontestablement de ramener à une même législation les legs et les contrats un moment régis par des principes différents. Nous savons que le terme même adjoint à un droit perpétuel ou à une obligation ne les rendait pas nuls. Et cependant cela semblerait bien résulter des expressions employées par l'empereur, « comme on a déjà décidé par des constitutions que des donations et des contrats à temps *pourraient être faits.* » La portée de cette constitution fut simplement pour les contrats de faire produire au terme extinctif un effet direct et immédiat. La constitution de Justinien a exclusivement pour but d'étendre aux legs la même règle. Ce que la première phrase veut dire, c'est que, dans le droit classique, les legs temporaires n'étaient pas efficaces

comme tels. (En ce sens M. Czhylarz § 2. p., 19. Mais ce romaniste gêné par une doctrine que je combattrai plus loin, omet les arguments qui, à mon avis, sont les meilleurs).

—

TROISIÈME PÉRIODE.

54. — J'ai exposé les règles de la condition résolutoire, après sa naissance, suivant le droit civil. Je passe maintenant aux modifications apportées à notre théorie par le préteur, les constitutions impériales et la doctrine des jurisconsultes.

CHAPITRE I

CONTRATS

55. — L'action du préteur sur notre sujet a été double. En créant le pacte de constitut, il a étendu le domaine de la condition résolutoire. Un *mutuus dissensus* conditionnel pourra très-bien, en effet, être ajouté à ce pacte. L'arrivée de la condition produira un effet immédiat, si le paiement n'a pas encore eu lieu. Dans le cas contraire, pas de voie de recours. Le paiement n'a pas été fait sans cause. Il y avait un *debitum*.

C'est surtout, du reste, en inventant l'exception *pacti conventi* que le préteur a atténué la rigueur primitive du droit civil. Désormais la condition résolutoire, jointe à une stipulation, produira, d'une façon indirecte, son effet dans la pratique.

56. — Terminons en observant que, depuis Antonin, la simple convention de donation entre-vifs, entre parents, produit des obligations civiles (Fr. Vat. § 314. Paul IV. I. § II.). Ce pacte légitime sera dès lors traité comme la vente, même en ce qui concerne notre matière. Cela est évident.

CHAPITRE II

ACTES PRODUCTIFS DE DROITS RÉELS

§ 1. — *Modifications apportées au droit civil par le préteur.*

57. — Un point est certain. D'après l'édit, certaines constitutions de droits réels s'opérèrent par le simple consentement des parties. Et la conséquence nécessaire fut encore ici qu'une condition résolutoire y fût efficace. Je cite les actes établissant le droit de superficie, le droit sur l'*ager vectigalis,* le droit de gage (Arg., l. 1. pr. D. *de superf.* 43. 18. l. 31. D. *de pign.* 20. 1. l. 6. pr. *Quib. mod. pign.* 20. 6.).

58. — Faut-il appliquer la même solution à la servitude prédiale sur les fonds provinciaux? La solution de cette convention dépend d'une controverse fort connue. La servitude prédiale sur les fonds provinciaux naît-elle du simple pacte ou de la stipulation? Une quasi-tradition n'est-elle pas en outre indispensable? Je le crois. La l. 136. § 1. D. *de verb. oblig.* 45. 1. me semble un argument décisif. (En ce sens, M. Accarias. Précis 1. nº 278. note 1.) Selon nous donc la condition résolutoire ne produit pas ici d'effet direct.

59. — M. Czhylarz (§ 14. p. 84 et 85.) et M. Ihering (Jahrbücher x. p. 555.) pensent au contraire que cette quasi-tradition ne sera pas nécessaire. Le seul effet du pacte constituera le droit réel. M. Ihering rattache sa solution à une théorie nouvelle et ingénieuse de l'histoire de l'exécution des obligations imposées par l'aliénateur à l'acquéreur, à ce qu'il nomme la théorie de la *dictio legis.* J'exposerai en quelques mots sa doctrine un peu plus loin. Les principaux textes qu'il invoque sont les suivants (Gaius II, § 31. § 3. I. *de serv.* 2. 3. l. 27. § 4. D. *de usufr.* 7. 1. l. 3. C. *de serv.* 3. 34. l. 13. pr. D. 8. 4. l. 7. pr. D. 8. 5.).

60. — Le texte de Gaius me paraît expliqué dans notre sens

par la l. 3. pr. *de usuf. et quemad.* 7. 1. du même auteur. La loi 27. § 4. *de usufr.* est spécieuse. Mais l'usufruitier doit jouir de la chose, comme le propriétaire en aurait joui. De là la nécessité pour lui de se soumettre à la servitude et de ne pas faire payer des dommages-intérêts au nu-propriétaire. C'est là une explication suffisante. Au contraire, en présence du passage suivant d'Ulpien : « *personæ possidentium aut in jus eorum succedentium per stipulationis vel venditionis legem obligantur* » (l. 13. pr. D. 8. 4.), il est difficile de ne pas considérer les successeurs, même à titre particulier, de l'acquéreur du « *fundus geronianus* » comme tenus de ne pas pêcher sur les bords du « *fundus botroianus.* » J'en suis réduit à voir là une décision spéciale à Ulpien, toujours disposé à faire exécuter, malgré tout, la volonté des parties. La l. 3. C. *de serv.* 3. 34. et la l. 7. pr. D. 8. 5. ne sont pas enfin le moins du monde probantes. La première ne détermine pas quels sont les modes de constitution de servitudes sur les fonds provinciaux, « *si ea præcesserint, quæ servitutes constituunt.* » La caution, dont parle la seconde, aura tout bonnement pour résultat de contraindre le promettant à indemniser, le cas échéant, le propriétaire du fonds dominant.

61. — Entrons maintenant dans les conjectures. Si une *res mancipi* était vendue sous condition résolutoire et simplement livrée, le préteur donnait à l'acheteur l'exception *rei venditæ et traditæ,* pour paralyser la revendication du vendeur intentée dans les deux ans.

Il me semble très-probable, pour ne pas dire certain, que si l'arrivée de la condition s'est produite antérieurement, celui-ci aura à son tour une *replicatio doli.* Je n'ai aucun texte à invoquer. Mais l'*exceptio rei venditæ et traditæ* a été introduite dans le but de faire respecter les conventions des parties. Il est impossible qu'elle ait eu le résultat directement inverse. La même solution sera exacte du reste, même si la *rei vindicatio* du vendeur est intentée contre les ayant-cause de l'acheteur. Les droits de ceux-ci sont basés uniquement sur la première vente. Invoquant ce contrat, ils doivent se soumettre à toutes les stipulations qu'il renferme. La condition aura donc ici un certain effet réel (1 et 2).

§ 2. — *Modifications proposées par les jurisconsultes.*

62. — L'effet réel ne tarda pas à être admis, même dans l'hypothèse où l'objet vendu et livré est *nec mancipi*. La tradition est translative de propriété uniquement si elle a une juste cause, « *si venditio aut aliqua justa causa præcesserit, propter quam traditio sequeretur,* » dit Paul, l. 31. D. *de acq. rer. domin.* 41. 1. Après l'arrivée de la condition, le *mutuus dissensus* produit son effet. L'*emptio venditio* n'a pas eu lieu. Les jurisconsultes en déduisirent cette conséquence toute naturelle, que la tradition a été translative, non pas de la propriété, mais simplement de la possession. Le vendeur eut donc ici encore la *rei vindicatio*.

63. — Lorsque l'objet de la vente enfin est une *res mancipi* et que la *mancipatio* intervenue a conféré à l'acheteur le *dominium*

(1) Dans l'hypothèse de la vente d'une *res mancipi* sous condition résolutoire, on dut rarement faire la *mancipatio*. (Arg., l. 50. D. *de Jure fisci* (49. 14.) L. 2. 8. 12. D. *quod si* 43. 24. l. 20. D. *de prec.* 43. 26. l. 3. C. *de pact.* 4. 54.

(2) Il est certain que le testateur pouvait, en grevant formellement l'héritier ou le légataire d'un *fideicommis* conditionnel, suppléer à l'impossibilité de l'institution ou du legs sous condition résolutoire. Je ne pense pas que ce *fideicommis* ait jamais été sous-entendu. En sens inverse, M. Windscheid, t. 3. § 554. note 19. qui cite comme autorités Mühlenbruch, t. 40. p. 192. t. 41. p. 267. et Ihering (Jahrbücher t. 1. p. 36.). Il s'appuie sur la similitude de notre situation avec celle de l'héritier *ex certa parte* ou *ex certa re*. Un testateur a disposé complètement de son hérédité. Puis il institue un nouvel héritier *ex certa re* ou *ex certa parte*. Ce dernier sera seul héritier, mais il devra restituer, à titre de legs, toute l'hérédité, moins la *certa res* ou la *certa pars*, aux premiers héritiers institués. Des nombreux textes cités par M. Windscheid, les plus importants me semblent être le § 3. J. *quib. mod.* 2. 17. et la l. 29. D. *ad Sc. Treb.* 36. 1.

ex jure quiritium, l'hésitation des « prudents » fut probablement plus longue. Ils finirent cependant, je crois, par enseigner qu'après la réalisation de l'événement futur et incertain, la mancipation elle-même est réputée non avenue. Celle-ci est l'exécution de la vente. Le contrat est la raison d'être de l'acte translatif de propriété. L'importance de la formule avait déjà diminué. L'intention des parties était prise de plus en plus en considération. Ici du reste il y avait un intérêt pratique très-important engagé. On proposa donc de déclarer pour notre hypothèse la *mancipatio* non avenue faute de cause.

64.— Tel fut, croyons-nous, le développement de la doctrine sur notre sujet. — Les diverses phases suivies par elle sont des hypothèses ; mais l'existence même de la tentative est pour moi mise hors de doute par les témoignages de Cerbidius Scœvola (l. 8. D. *de lege commiss.* 18. 3. mais non l. 31 D. *de pignor. et hyp.* (20. 1. citée quelquefois), de Javolenus (l. 19. D. *de usurp.* 41. 3.) de Marcellus (l. 4. § 3. D. *de in diem*, 18. 1. et l. 3. D. *Quib modis.* 20. 6.), d'Ulpien (l. 41. D. *de rei vind.* 6. 1.), de Paul enfin (l. 9. D. *de rei aqua* 3, 3.) (1) Ces textes se rapportent, le premier à la vente avec pacte commissoire, les autres à la vente avec *addictio in diem*.

65.— Tentative doctrinale, avons-nous dit. Ce caractère est-il bien réel ? Aucun des jurisconsultes énumérés ne semble avancer une nouveauté. Pas un ne parle d'un système adverse, n'invoque d'arguments à l'appui du sien, ou ne se prononce même d'une façon un peu timide. Je tiens à le constater. — Devons-nous en conclure qu'il y a innovation, mais qu'elle a été consacrée par le préteur ou les constitutions impériales ? Répondre par l'affirmative, au moins sans distinction, serait inexact.

66.— Une constitution d'Alexandre Sévère le démontre. Elle forme le l. 3. C. *de Pact.* 4. 54 et est ainsi conçue.

(1) Marcien et Julien, l. 7. D. 20. 5. enseignent encore l'ancienne doctrine.

« Celui qui a vendu un fonds avec cette convention que si le reste du prix n'était pas restitué dans un certain délai, le bien lui reviendrait, *n'a pas*, s'il n'a pas livré une possession seulement précaire, la *rei vindicatio* mais une action *ex vendito.* »

Cette loi fort claire, comme on le voit, n'est pas en contradiction avec la loi suivante du même empereur. Dans la loi 4, en effet, il n'y a pas opposition entre deux actions, entre deux procédés pour réclamer la même chose. Il y a antithèse entre deux réclamations. Réclamer l'exécution du contrat ou en demander la résiliation, voilà l'option laissée au vendeur après le non-paiement du prix dans le délai. Si on traduisait « *vindicationem rei eligere* » par intenter la *rei vindicatio* de la chose » et non par « préférer la reprise de l'objet » (1) il est certain que le paralèlle serait boiteux. Car personne ne doute que le vendeur n'a jamais été réduit à l'action réelle. Tout le monde lui accorde en outre l'action *ex vendito.* Ainsi nous entendons ici « *rei vindicatio* » dans son sens général et vague et non dans son sens propre. Si nous observons que l'empereur oppose à « *vindicatio rei* » « *petitio ussuarum* » et que l'expression « *petitio* » a elle aussi une signification technique toute différente, notre preuve sera complétée.

67. — L'autorité de la l. 3. C. *de Pactis* 4. 54. ne doit donc pas être complétement écartée. Faut-il restreindre son application à l'hypothèse prévue par elle, celle de la *lex commissoria?* L'innovation a-t-elle été restreinte au moins en premier lieu à l'*addictio in diem?* Sans même invoquer contre cette idée de M. Fitting (M. Bufnoir p. 168), la loi de Scœvola, l. 8. D. 18. 3, je la repousse. Car le but du vendeur est tout aussi bien manqué, l'acheteur a constitué des droits réels sur l'objet vendu dans

(1) M. Léveillé (*loc. cit.* p. 50) traduit « *vindicatio rei* » par « action *venditi* résolutoire arbitraire. » Il arrive d'ailleurs au même résultat que nous. Cette idée est ingénieuse ; mais, en dehors même de sa hardiesse, elle a le tort de ne pas respecter suffisamment l'opposition contenue dans le texte.

le cas de non-paiement du prix dans le délai, comme dans celui où un meilleur acheteur se présente.

68. — Ainsi étant donnée une vente sous condition résolutoire, les jurisconsultes de l'époque classique ont proposé de donner à la réalisation de l'événement futur et incertain un effet réel, et leur doctrine n'avait pas encore passé dans les faits, à l'époque d'Alexandre Sévère.

69. — Parallèlement à cette première tentative, une autre se produisit. Elle est relative aux *dationes certa lege* ou plutôt à la donation à cause de mort et Ulpien en est l'auteur. — Peut-être Ulpien décomposa-t-il la donation à cause de mort en un pacte sous condition résolutoire, productif d'action ou d'exception, suivant les cas, et en une *datio* servant d'exécution à celui-ci, et lui appliqua-t-il les règles déjà admises par beaucoup de jurisconsultes pour les ventes sous condition résolutoire. Peut-être même fut-il plus hardi, et fit-il exécuter en nature, conformément à l'intention des parties, la *lex* insérée dans toute *datio certa lege*.

Mais quel qu'ait été son motif, il faut voir là, je crois, une conception personnelle à Ulpien. Avant lui, Pomponius donne dans la l. 15. D. XII. 4. une solution qui ne se concilie pas avec elle. Son contemporain Paul la repousse nettement, tout en adoptant, comme nous l'avons vu, le nouveau point de vue pour les ventes sous condition résolutoire. C'est là un fait bien significatif, et qui justifiera pleinement, si nous l'établissons, la distinction que nous proposons. Or il nous est facile de le faire. La l. 39 *de mortis causa donat.* 39. 6.' est en effet ainsi conçue : « Si celui auquel un esclave a été donné à cause de mort, l'a affranchi, il est tenu, au moyen de la *condictio*, de rembourser le prix de l'esclave, parce qu'il savait qu'il pouvait être actionné si le donateur revenait à la santé. » La décision est, on le voit, formelle : pas de *rei vindicatio; condictio.* — Ce n'est pas là une exception motivée par la faveur de la liberté. L'héritier ne peut pas en effet affranchir l'esclave légué sous condition. l. 29. § 1. D. 40. 9. Notre texte, au surplus, suppose que la *condictio* eût été intentée, même si le donataire avait conservé la possession de l'esclave.

70. — Repoussée par Paul, cette doctrine nouvelle d'Ulpien le fut également par les empereurs. La l. 1. C. *de donat quæ sub modo*. 8. 55. nous fournit un argument *a contrario* sérieux. Le § 283. Fr. Vat. est en outre invoqué en général. Je ne m'appuierais pas avec confiance sur ce texte incomplet et fort obscur.

§ 3. — *Théories opposées à la nôtre.*

71. — La tentative doctrinale, dont nous avons rendu compte, a été niée par beaucoup de romanistes. Les uns voient dans les textes de Scœvola, Marcellus, Ulpien et Paul, cités par nous, l'application d'une doctrine universellement reconnue depuis longtemps. Après l'arrivée de la condition résolutoire, l'ancien propriétaire le serait redevenu de plein droit, dès les premiers temps du droit romain. Les autres, d'accord avec nous sur la marche du droit romain jusqu'à notre époque, ne croient pas à un effort des jurisconsultes pour changer la législation.

72. — Mes développements antérieurs contiennent une réfutation implicite du premier système. Je me borne à ajouter quelques arguments de textes. — Etant donnée la même espèce, Julien et Marcien d'une part, Ulpien de l'autre, la résolvent de deux façons différentes (Comp. l. 13. D. de *pign. act.*, 13. 7. et l. 7. p. D. *de distr. pign.*, 20. 5.) — Ce dernier, qu'on ne peut certes pas accuser de timidité donne dans la 29. D. *de mort caus. donat.*, 39. 6. son opinion avec une réserve remarquable. Elle était contraire d'ailleurs à celle de Pomponius (l. 15. D. XII. 4.) — La donnée adverse rend inexplicable le § 283. Fr. Vat., et la l. 1. C. *de donat quæ sub modo*. 8. 55. — Enfin elle est expressément contredite par la l. 3. C. 4. 54. Ces raisons me paraissent convaincantes (Comp. M. Bufnoir. p. 160 et suiv.)

73. — Pour justifier le second point de vue, on s'est servi de deux interprétations distinctes des textes cités. L'une explique

chaque texte d'une façon spéciale, l'autre les concilierait tous d'un seul coup.

74. — A. *Interprétation de M. Maynz* (Dr. romain, § 334. n° 38. t. 2. p. 345.) *et de M. Risser* (cité par M. Bufnoir et M. Czhylarz.) La l. 41. D. *de rei vind.*, 6. 1. s'explique par l'obligation incombant à l'acheteur de céder les actions qu'il a pu acquérir par rapport à la chose. Le bien n'est plus entre les mains de ce dernier. La cession est *bono et æquo* réputée faite. Le vendeur a une action utile. — La l. 29. D. *de mort. causa donat.*, 39. 6. est une anomalie qu'il faut restreindre aux donations à cause de mort. — La l. 3. *quib. modis*, 20. 6. prévoit une *in diem addictio* sous condition suspensive. — Dans la première phrase de la l. 4. § 3. D. *de in diem addict.* 18. 2, il faut ajouter une négation. Sans cela, en effet, la dernière phrase, loin d'être une conséquence de la première, est en contradiction avec elle.

75. — La réfutation de cette argumentation a été faite d'une façon définitive. (Comp. M. Bufnoir. p. 173 et suiv.). — La l. 41. ne se contente pas d'accorder la *rei vindicatio* au vendeur, après l'arrivée de la condition résolutoire. Elle la refuse à l'acheteur. Le « *si res distracta fuerit nisi* » de la l. 3. *quibus modis* est parfaitement décisif. Dès lors l'opinion de Marcellus ne peut pas être l'objet d'un doute, et si la l. 4. § 3 *de in diem addict.* telle qu'elle nous est parvenue était réellement inexplicable, je serais plutôt tenté de supprimer la seconde phrase que de modifier la première.

76. — B. *Interprétation de M. Czhylarz.* Cet auteur (§ 8. p. 57 et suiv. et § 15. p. 89.) rapporte tous nos textes à des choses *mancipi* vendues et livrées. L'idée ne lui est pas personnelle. Pothier l'avait déjà mise en avant. M. Scheurl (§ 67. p. 236.) la signale, sans l'adopter. M. Czhylarz l'a développée avec beaucoup de talent. Mais je ne crois pas qu'il ait réussi à l'établir.

77. — Selon lui, il y a encore ici tentative doctrinale. Scævola n'y a pas pris part. Dans la l. 8. *de lege commiss.* 18. 3. l'expression *vindicatio rei* a son sens général et non son sens technique. L'opinion de Marcellus, d'Ulpien et de Paul est que, dans

l'hypothèse supposée, après la réalisation de la condition résolutoire, les droits de l'acheteur et de ses ayants-cause doivent disparaître. Ils ne doivent plus user de l'action publicienne. La formule de celle-ci est en effet : « *Si quem hominem A. A. emit et is ei traditus est...* » Or ici la vente est réputée n'avoir jamais eu lieu. L'acheteur et ses ayants-cause ne peuvent pas davantage, selon ces auteurs, opposer à la *rei vindicatio* du vendeur l'*exceptio rei venditæ et traditæ*. Ulpien étendit cette théorie aux *dationes certa lege*. C'est, on le voit, à M. Czhylarz que j'ai emprunté notre division en deux phases de la tentative des jurisconsultes.

78. — Pour justifier son système, M. Czhylarz traduit *actio in rem* de nos textes par « *actio publiciana in rem.* » Il considère les textes comme lui étant favorables. 1° la l. 3. D. *Quib. mod. pign.* 20. 6. Un immeuble, par conséquent une *res mancipi*, a été vendu. Or la tradition seule a eu lieu. *Si res distracta fuerit... fueritque tradita.* 2° la l. 4. § 3. D. *de in diem* (18. 2.). Car elle prévoit la même espèce que la précédente. 3° la l. 29. D. *de mort. causa donat.* 39. 6. Tout l'indique en effet : 1° l'unité de solution pour les deux variétés de donations à cause de mort. Or, pour la donation sous condition suspensive, il n'y a pas à parler d'une *mancipatio*. 2° l'expression « *haberet* » employée par le jurisconsulte ; ce qui rend présumable la suppression du « *in bonis.* » — Peut-être enfin M. Czhylarz aurait-il pu invoquer l'argument suivant, pour justifier sa façon de comprendre les mots « *in rem actione uti* » de la l. 41. *de rei vindicatione.* 6. 1. D'après Haloander, dans son édition du *Corpus Juris*, la l. 41 est extraite non du livre 17 du traité d'Ulpien sur l'édit du préteur, mais du l. 16 de ce traité. Et il me paraît certain qu'Ulpien s'occupait de l'action publicienne dans ce l. 16. (D. l. 6. t. 1. lois 72 et 75 : l. 6. t. 2. lois 1. 5. 7. 9. 11. 14.) (1).

(1) M. Czhylarz, bien loin de se saisir de cette présomption telle quelle en sa faveur, voit au contraire une menace pour sa doctrine dans la correction proposée par Haloander.

79. — *Réfutation.* Cette interprétation suppose que le délai d'un an ou de deux ans, suivant les cas, est écoulé. Or, les textes ne font aucune réserve. Cette remarque est décisive contre la théorie de M. Czhylarz. En outre celle-ci est insuffisante pour expliquer 1° la l. 8. *de Lege commissoria.* D. 18. 3. *Quæsitum est, an* FUNDI *non sint in ea causa ut...* » dit le jurisconsulte. La construction même de sa phrase n'annonce-t-elle pas une action dont l'objet est l'immeuble lui-même, une action réelle. L'expression « *ex conventione venditionis* » se concilie avec notre théorie. C'est pour faire respecter la convention des parties que cette nouvelle doctrine a été proposée. 2° la l. 9. D. *de aqua.* 39. 3.— Si le vendeur n'a pas consenti à l'établissement de la servitude, elle disparaitra après l'arrivée de la condition. L'événement montrera qui a été propriétaire, *dominus,* dans l'intervalle. Le texte est de Paul. Sa solution est décisive. L'hypothèse de la *traditio* d'une *res mancipi* ne peut d'ailleurs pas être acceptée ici. Sans cela, en effet, le vendeur resterait propriétaire d'après le droit civil, *dominus ex Jure Quiritium,* pendant deux ans, même si auparavant la condition venait à défaillir. 3° la l. 29. D. *de mort. caus. donat.* 39. 6. Les efforts de M. Czhylarz me semblent ici tout-à-fait sans résultat. Il est certain pour moi que la même action est donnée par Ulpien d'abord au donataire puis au donateur, « *in rem competere donatori... interim autem et cui donatum est.* » L'un ne peut avoir l'action publicienne seule, tandis que l'autre userait de la *rei vindicatio.* 4° la l. 13. D. *de pign. act.* 13. 7. Si le débiteur est *dominus ex Jure Quiritium,* on ne comprend pas l'option qui lui est laissée entre la *rei vindicatio* et l'action *præscriptis verbis.*

80. — Je considère dès lors comme démontrée la tentative doctrinale, dont il s'agit, et dans les termes dans lesquels je l'ai exposée. Certains jurisconsultes de l'époque classique ont enseigné le retour immédiat de la propriété à l'ancien propriétaire à l'arrivée de la condition résolutoire. Ulpien a étendu la doctrine aux *dationes certa lege.* Les empereurs ont maintenu l'ancienne idée.

§ 4. — *Effets de la réalisation de la condition résolutoire, dans la doctrine des jurisconsultes.*

81. — Les conséquences du point de vue adopté par nous s'aperçoivent aisément. Les parties devront être dans la situation où elles se trouveraient, si la *datio* n'avait pas eu lieu. Le *tradens* n'aura pas cessé d'être propriétaire. La l. 9. D. *de aqua*. 39. 3. justifie pleinement ce point de vue. Je n'y reviens pas.

82. — La l. 19. D. *de usurp. et usuc.* 41. 3. achève notre démonstration. Le vendeur ajoutera à sa possession le temps pendant lequel l'objet a été entre les mains de l'acheteur. — Ce texte du reste n'est pas, selon moi, comme on le pense en général, une application de la théorie de l'accession des possessions. Tout le démontre à mon sens; d'abord les expressions mêmes du texte. C'est du temps pendant lequel le bien a été entre les mains de l'acheteur, que profite le vendeur. On ne parle pas d'ajouter deux possessions. En outre la règle est générale. Peu importe, semble-t-il, que l'acheteur ait été ou non de bonne foi. Voyez surtout la comparaison faite avec la rédhibition. Dans cette dernière hypothèse, il ne peut être question d'accession de possessions. La vente est absolument nulle. Or la solution est ici la même « *quoniam ea eo genere retroacta venditio esset redhibitioni similis, in qua non dubito tempus ejus, qui redhibuerit, venditori accessurum, quoniam ea venditio proprie dici non potest* (En sens contr., M. Bufnoir, p. 480 et M. Accarias, Précis, p. 510.).

83. — On m'objectera que, dans l'hypothèse de la *redhibitio*, la propriété ne revient pas *de plano* au vendeur, qu'il en doit être de même dans notre cas, que par conséquent Javolenus ne considère pas la *datio* comme non avenue.

84. — Je serais tenté de penser que, même si Javolenus n'était pas un de nos jurisconsultes novateurs, il faudrait maintenir notre solution. Si le vendeur est exposé à voir son con-

tractant constituer des droits réels et n'a pas de recours contre ses ayants-cause, cela tient au formalisme persistant des actes translatifs de propriété. Mais, lorsque le bien vendu se trouvant encore entre les mains de l'acheteur, au moment de l'arrivée de la condition, et n'étant pas grevé de droits réels, a été retransféré par l'acheteur, soit de bon gré soit contraint par « l'*arbitrium judicis,* » je ne serais pas étonné si le vendeur avait la même situation que si le contrat sous condition résolutoire n'avait jamais été conclu.

85. — Ainsi, rétroactivité de la vente, rétroactivité de la *datio*, voilà notre théorie. MM. Glasson (*op. cit.* p. 143), Scheurl (§ 66. p. 232) et Windscheid (Lehrbuch, § 90. 91) arrivent à la même solution que nous. Ce dernier ne la considère comme justifiée par aucun principe. Mais il se croit lié par les textes. Quant à M. Scheurl, il hésite entre les deux justifications suivantes. La première est en partie celle que j'ai adoptée. Le fonds a été *datus* comme *emtus*. Il n'y a plus d'*emtio*. Il ne doit plus y avoir de *datio*. L'autre est moins heureuse, selon moi. La voici. Il y a dissolution de la vente sous condition suspensive. Celle-ci est rétroactive.

86. — Je vais maintenant énumérer les doctrines contraires à la nôtre et les réfuter rapidement.

87. — A. *Opinion de M. Ihering.* — Après l'arrivée de la condition résolutoire, la retranslation de la propriété est réputée exécutée. C'est là le dernier terme du développement de la législation romaine sur les effets de la *dictio legis.* — Une *datio* n'a été faite qu'à la charge de telle prestation actuelle ou éventuelle à fournir par l'*accipiens*. A l'origine, la portée de la *datio* n'est nullement modifiée par là. Puis une obligation est reconnue de la part de l'*accipiens* et de ses successeurs à titre universel. Plus tard elle fait en quelque sorte corps avec le bien qu'elle diminue. Tous les successeurs, même à titre particulier, doivent l'exécuter. Enfin dans certains cas l'exécution est réputée intervenue. Telle a été la marche des idées juridiques.

88. — Les deux dernières innovations signalées, obligation à la charge du successeur même à titre particulier, exécution réputée intervenue, furent d'abord consacrées par les empereurs relativement aux conventions insérées dans les ventes d'esclaves. C'était là en effet que la lacune du droit primitif était le plus palpable. Je tiens à ce que telle femme ne soit pas prostituée. Je ne l'aliène qu'à cette condition. Je vends un esclave; mais mon acheteur me promet de l'affranchir au bout d'un certain temps. L'exécution par équivalent est évidemment ici absolument insuffisante. Mon but ne sera atteint que par la prestation en nature. Aussi Adrien veut-il que si la femme a été prostituée, elle soit libre (l. 1. C. 4. 56). Marc-Aurèle et Commode décident que les formalités de l'affranchissement ne seront pas nécessaires pour que l'esclave cesse de l'être (l. 2 et 3. C. 4. 57). Ainsi l'obligation passait sur la tête de tout possesseur de l'esclave et elle était de plein droit réputée exécutée (Comp. D. l. 18. t. 7. — C. l. 4. t. 55, 56, 57. — L. 9. § 2. D. 40. 9., etc.). — On appliqua la même théorie aux ventes sous condition résolutoire. Le vendeur conserva au point de vue juridique une action personnelle. Mais les effets de cette action furent rendus plus énergiques afin que la convention des parties fût respectée.

89. — Je fais remarquer combien est étrange cette action personnelle produisant des effets réels. C'est l'*actio personalis in rem scripta* de nos anciens auteurs coutumiers. Il faudrait des textes bien formels pour l'admettre en droit romain. L'innovation introduite par Adrien et Marc-Aurèle a une raison d'être toute spéciale. Le but des empereurs est de venir en aide, *dans un intérêt d'humanité*, à l'esclave lui-même, de faire respecter au nouveau maître, sous la sanction de l'affranchissement de plein droit, les clauses insérées dans la vente au profit de l'esclave. Le nom des empereurs et l'espèce de la l. 1. C. 4. 56, où la règle nouvelle est pour la première fois formulée, rendent très-vraisemblable cette explication. Enfin il y a une grande différence entre la vente d'un esclave avec certaines

charges et la vente sous condition résolutoire. Dans le premier cas en effet, la vente subsistera, quoi qu'il arrive. Il me paraît difficile qu'on ait tiré une conclusion d'une hypothèse à l'autre.

90. — B. *Théorie de M. Bufnoir* (p. 479 et suiv.). *Théorie de M. Léveillé* (p. 61.) — Je réunis ces deux théories. La seconde est seulement une atténuation de la première. La propriété peut désormais être transportée *ad tempus*, peut être modifiée dans sa nature par la convention des parties. L'innovation consiste dans une conception différente des droits. On n'exige plus qu'ils soient conformes aux types légaux. Les contractants peuvent en créer à leur usage. Voilà le point de vue commun aux deux systèmes. — Selon M. Bufnoir, il n'y aurait pas à distinguer sur ce point entre les jurisconsultes partisans de la doctrine nouvelle. — D'après M. Léveillé, Paul aurait admis la disparition rétroactive de la *datio* commme conséquence de la disparition de la *justa causa*. — Ce droit du reste, sera simplement révoqué *ex nunc* à l'arrivée de la condition. Il aura, quoi qu'il arrive, existé dans l'intervalle « *finiri pignus,* » dit la l. 3. D. *quib. mod.* 20. 6. « *Ex quo colligitur quad emptor medio tempore dominus esset,* » ajoute la l. 4. § 3. D. *de in diem* 18. 2.

91. — Mon argumentation précédente a répondu par avance à cette doctrine. Je rappelle la l. 9. D. *de aqua* 39. 3 et la l. 19. D. *de usurp.* 41. 3. J'ajoute que, il y eût-il doute, je préférerais voir dans l'opinion des jurisconsultes, le résultat de la diminution progressive de l'importance des formes solennelles et de la formule plutôt que d'un changement brusque, sans préparation aucune, de la conception des droits. Or en présence des textes formels, que je citerai, il est impossible de ne pas admettre notre doctrine sous Justinien. N'est-ce pas même pour notre époque, tout à fait décisif ?

92. —Rendre compte des lois 3. *quib. mod.* et 4. § 3. *de in diem* n'est pas au surplus totalement impossible. Dans la première le « *finiri pignus* » s'explique soit par l'antithèse qu'elle contient; dans tel cas le gage finit, dans tel autre il ne finit pas ; soit par cette considération, que si le délai de remboursement

n'est pas expiré, si la vente du bien engagé n'a pas eu lieu, la rétroactivité du gage n'est pas en effet concevable. Le créancier aura détenu l'objet de celui-ci. La protection aura existé pour lui dans l'intervalle, quoi qu'il arrive. Ce fait ne peut disparaître. Tenons compte de cette dernière conjecture, et la l. 4. § 3. *de indiem*, nous semblera contenir tout bonnement la décision suivante de Marcellus et d'Ulpien. Avant la réalisation de la condition résolutoire, le créancier gagiste possède légalement le bien. Après celle-ci, il n'en est pas de même.

93. — C. *Système de M. Kœppen* (op. cit. p., 190. et suiv.). Ce romaniste arrive au même résultat pratique que la doctrine précédente. Mais comme il n'accepte pas la propriété sous condition résolutoire, la propriété modifiée, il soutient la théorie suivante. Au moment de la *datio*, le *tradens* peut retenir un droit réel quelconque. Le vendeur, avec clause d'*addictio in diem*, se réservera un droit éventuel, un droit de propriété à terme incertain. Il stipulera en outre de l'acheteur que, si l'événement arrive, les fruits recueillis dans l'intervalle et les autres accessoires lui seront restitués. Il obtient ainsi un droit de créance conditionnel. Avant la réalisation de la condition, l'acheteur est plein propriétaire. Après celle-ci, ses droits et ceux de ses ayants-cause finissent. Il n'y a pas de rétroactivité.

94.—Deux objections. 1° Si l'acheteur est plein propriétaire dansl'intervalle, le vendeur n'a pas de droit réel, même à terme incertain, sur le même objet. 2° Les droits réels constitués par l'acheteur plein propriétaire doivent durer, même après l'arrivée de l'événement futur et incertain.

QUATRIÈME PÉRIODE.

95. — Cette dernière période, celle de la législation de Justinien, est caractérisée 1° par l'extension du domaine de la condition résolutoire, 2° par la consécration légale de la théorie de Javolenus, Scœvola, Marcellus, Ulpien et Paul.

CHAPITRE I.

CONTRATS.

95. — Le formalisme primitif a perdu en grande partie son importance. L'intention des parties joue un rôle de plus en plus prédominant. Il est donc certain que, l'obstacle ayant disparu, la condition résolutoire peut désormais être admise sans distinction dans la constitution des obligations.

CHAPITRE II.

ACTES PRODUCTIFS DE DROITS RÉELS.

96. — Je crois, ai-je dit, que désormais la propriété revint de plein droit, après la réalisation de la condition, à l'ancien propriétaire. Pour démontrer cette affirmation, on invoque en général la comparaison du § 283. Fr. Vat., et de la l. 2. C. *de donat. quæ sub modo.* 8. 55. C'est là un argument célèbre. La l. 2. a, selon moi, une assez grande force probante, malgré l'avis contraire de M. Czhylarz (op. cit. § 2. note 21.). La propriété a été transférée *ita ut.* La *lex* imposée à la *datio* sera observée. La *datio* n'aura eu de force que pour un temps déterminé. La propriété reviendra *de plano* sur la tête de l'ancien propriétaire. Voilà comment je comprends la loi. Le côté faible de cette interprétation, c'est que je suis obligé de traduire « *donatio valet* » par ces mots : « la donation produit l'effet convenu. » Le § 283 est en outre fort obscur pour moi, je le répète, La l. 26. *in fine*. C. *de leg.* 6. 37, n'est pas non plus tout à fait décisive en notre sens. Les présomptions que M. Ihering (Jahrbücher, x. p. 577) fait valoir ne sont cependant pas sans valeur. « *Ad heredem iisdem legatis vel fideicommissis* REMEANTIBUS, » dit le texte. La propriété parait acquise *de plano*

à l'héritier. Cette expression ne suppose pas un transfert en sens inverse. La préoccupation constante de Justinien a été en outre de garantir les droits des légataires. Il voulut sans doute également protéger l'héritier dans notre espèce. (En sens contraire, M. Czhylarz, § 3. note 21. p. 18.).

97. — Jusqu'à présent, je n'ai mentionné que des documents prêtant à la discussion et s'occupant non pas de la condition résolutoire mais du terme extinctif. J'en tire un argument *à fortiori* très-sérieux ; mais ce n'est pas un témoignage direct. Or ce témoignage direct est consigné dans deux fragments de Justinien trop peu connus. L'un est la l. 3. § 3. C. 6. 43. L'autre est la Nov. 22. c. 44, § 6.

98. — Le premier, la l. 3. § 3. *communia de leg.* C. 6. 43, suppose une vente consentie dans l'intervalle par un héritier grevé d'un legs sous condition suspensive. Cette vente est sous condition résolutoire. Après l'arrivée de l'événement incertain, le légataire ou le fidei commissaire aura de plein droit la propriété du bien légué. « *Omnis licentia pateat rem vindicare et sibi adsignare, nullo obstaculo ei a detentatoribus opponendo.* » Peut-être voudra-t-on voir dans cette loi une exception motivée par la faveur du légataire. — Je serais moi-même tenté de penser que l'innovation de l'empereur fut d'abord restreinte à cette hypothèse.

99. — L'autorité de la nov. 22. c. 44. § 6 ne peut pas tout au moins être atténuée. Un époux a donné un bien à son conjoint à la condition qu'il ne se remariera pas. A l'époque de Justinien, on analyse sans doute cette donation en une convention sous condition résolutoire, et en une *datio* servant d'exécution. Il y aurait-il là toujours la *datio certa lege*, l'argument n'en serait pas moins probant. Si le second mariage est conclu, la revendication est donnée aux héritiers du donateur. « *Vindicetur, apud quamcumque apparuerit personam.* » Et l'empereur étend expressément cette décision à tous les cas de condition résolutoire. « *Quod in omni restitutionis casu, sive mobile, sive immobile, sit, quod futurum reddi, valere sancimus.* »

101. — Je repousse donc formellement l'opinion des auteurs, qui croient que, même sous Justinien, l'effet réel de la condition résolutoire n'est pas admis. — Parmi ceux-ci, MM. Maynz et Riesser ne font pas de distinction. — Au contraire, M. Czhylarz (§ 8 p. 53) reconnait que la propriété du bien vendu, avec une clause d'*addictio in diem*, repassera immédiatement à l'arrivée de la condition résolutoire, sur la tête du vendeur. Les textes d'Ulpien ne peuvent plus en effet s'interpréter d'une autre façon. Leur reproduction dans le *Corpus Juris* parait à M. Czhylarz lier le commentateur. Mais le même argument montre à son avis qu'il n'en était pas de même de la *lex commissoria*. La Constitution d'Alexandre Sévère que nous avons citée figure en effet au Code, au titre *de Pactis inter empt.* (4. 54) sous le nº 3. Le même auteur repousse, comme nous l'avons déjà dit, l'argument *a simili* tiré par nous des constitutions de Justinien, sur le terme extinctif. — Je crois avoir fait ma preuve sur ce dernier point. Je n'y reviens pas. Je me borne à cette observation. Comme témoignage de la législation Justinienne, doit-on préférer les fragments recueillis par Tribonien aux Constitutions même de l'empereur ? Poser la question, c'est la résoudre. Il serait impossible d'ailleurs d'expliquer rationnellement ou historiquement cette différence de solutions.

102. — Quelle est la base de la doctrine de Justinien ?

Elle est la même que celle de la théorie de Scævola, Marcellus, Ulpien et Paul. Ici, comme je l'ai déjà dit, les textes sont formels. Si la condition résolutoire se réalise, la *datio* sera réputée n'avoir pas eu lieu. « *Tanquam si ab initio neque datum fuisse videretur.* » Nov. 22.c. 44. § 6. « *Ab initio causa in irritum devocetur* », dit la loi 3. § 3. c. 6. 43. L'*usucapio* et la *longi temporis præscriptio*, disparaîtront, ajoute-t-elle. La preuve n'est-elle pas complète ?

CONCLUSION

103. — Telle a été l'évolution historique du droit romain sur notre sujet. — Son étude, comme je l'avais annoncé, est féconde en résultats. L'un des principaux est, sans conteste, de rendre compte de l'existence même et des règles de la condition résolutoire dans la doctrine moderne. Si notre législation ne s'était pas rattachée aussi étroitement à celle de Rome, on se fût sans doute conformé aux principes rationnels. On eût reconnu la nature *unique* de la condition et on eût considéré que, même si l'exécution a lieu immédiatement, même si la possession du bien doit avoir appartenu, quoi qu'il arrive, à l'acheteur, pour prendre un exemple, la condition n'en est pas moins en réalité *suspensive*. — Caractère perpétuel de la propriété. — Nature formaliste des actes constitutifs de droits personnels ou réels. — Introduction progressive et par des voies détournées de la condition résolutoire. C'est dans ces trois notions romaines déjà mises en lumière que je vois l'origine de notre théorie de la rétroactivité.

CONCLUSION

131. — Telle a été l'évolution historique du droit romain sur notre sujet. — Son étude, comme je l'avais annoncé, est [illegible] en passant [illegible] des principes [illegible] [illegible] [illegible]

DEUXIÈME PARTIE

Histoire du Retrait lignager.

> « Le mouvement des sociétés progressives a été uniforme sous un rappport. Pendant toute sa durée, il a été remarquable par la dissolution graduelle de la dépendance de famille, qui a été remplacée peu à peu par les obligations individuelles. L'individu est constamment substitué à la famille comme l'unité sociale dont s'occupe le droit civil. »
>
> (M. Henry Sumner Maine. L'Ancien Droit. Traduction de M. Courcelle-Seneuil, p. 160.)

1. — L'érudition contemporaine a appliqué à l'étude du développement de la législation les méthodes d'investigation en honneur, depuis Bacon, dans les sciences naturelles. Elle a repoussé les raisonnements *a priori*. Mettant à profit la différence de civilisation, à une époque donnée, suivant les diverses races, elle s'est servie des observations faites par des anciens ou des modernes sur des peuples moins avancés que le leur. La linguistique avait fait de merveilleux progrès. On les a utilisés, pour interroger à nouveau les traditions et les vieilles lois et les comparer entre elles. Les résultats sont déjà remarquables. Sous les diversités d'applications produites par la variété des races et des climats, on a discerné les grandes lignes, et envisageant de haut l'évolution du droit civil, on a constaté l'unité de son point de départ et l'unité de sa direction. Dans un autre

domaine, l'archéologie préhistorique avait déjà formulé cette même loi d'unité. Celle-ci ne doit pas nous surprendre. L'homme a eu, dans sa lutte pour l'existence, à combattre partout les mêmes obstacles. Pour en triompher, il avait, à son service, les mêmes facultés. La résultante de ces deux forces semblables a été partout la même.

2. — L'histoire des origines de la propriété foncière a servi tout r[illegible]mment de vérification à notre loi. De remarquables travaux ont mis en lumière les phases successives des relations de l'homme et de la terre (1). — La démonstration faite par eux est définitive. Notre but est également d'étudier ici l'histoire de la propriété. Aussi bien est-ce là « un des plus grands sujets d'étude qui puissent être offerts à la philosophie et à l'érudition (2). » Mais notre tâche ne se confond pas avec celle de MM. Sumner Maine, de Laveleye et Viollet. Elle continue plutôt la leur. — Nous allons, partant du moment où la possession de la tribu fit place à la possession privée, essayer de faire assister à la génération graduelle du droit de propriété *individuelle*. Nous donnerons une idée générale de cette intéressante évolution. Mais nous insisterons surtout sur l'une des deux conséquences du droit de la famille sur les biens immobiliers. Nous laisserons de côté les prohibitions à la faculté de disposer à titre gratuit, soit entre-vifs soit à cause du mort. L'histoire de la réserve a été, il n'y a pas longtemps, faite et bien faite. Nous exposerons les restrictions apportées, dans l'intérêt des parents, aux aliénations à titre onéreux des immeubles. C'est là un sujet qui, du moins à notre connaissance, n'a pas encore été

(1) Village communites in the east and west by Henry Sumner Maine. 1871. Les formes primitives de la propriété. Revue des deux mondes, 1er juillet, 1er août et 1er septembre 1872, par Emile de Laveleye. Ces articles ont été récemment réunis en un volume. Histoire de la propriété. 1874. Caractère collectif des premières propriétés immobilières, par M. Paul Viollet. 1872.

(2) M. Giraud. Le droit de propriété chez les Romains. Introd.

traité. Notre titre est donc un peu trop restreint. Mais, pour s'expliquer la naissance du retrait lignager, c'est-à-dire du droit pour le parent, soit le plus proche, soit le plus diligent, de reprendre, dans un délai déterminé, le bien patrimonial ou quelquefois même acquis par le vendeur, moyennant remboursement du prix à l'acheteur, il est nécessaire de connaître les premiers termes de la série dont notre institution est le dernier. L'extension que nous avons donnée à notre matière était donc indispensable.

3. — Nous commencerons par exposer rapidement les caractères de la famille primitive et par en tirer comme conséquences ses relations avec la terre. Nous ferons l'application de ces principes à quelques législations antiques. Puis nous montrerons ce que devinrent les coutumes germaniques, au contact de la civilisation romaine, à partir de l'invasion jusqu'à la décadence carlovingienne. Ceci nous mènera jusqu'au milieu du neuvième siècle. Nous continuerons notre étude par un exposé le moins incomplet qu'il nous sera possible, du droit des parents, en cas d'aliénation à titre onéreux, par leur parent, suivant les diverses législations européennes autres que la nôtre. — Nous serons alors préparés, pour analyser les divers éléments qui ont contribué à la formation de notre institution coutumière. L'histoire de notre droit français sur ce point sera divisée en plusieurs périodes. Période féodale. Période de réaction et de transition. Période monarchique. Période contemporaine. Enfin, dans un dernier chapitre, nous nous efforcerons de dégager quelques conclusions de notre travail.

TITRE PREMIER

Famille primitive. Ses formes diverses et ses droits sur la terre. Applications.

4. — La famille primitive a eu deux aspects; ou plutôt ses règles ont, dans certains pays, pris pour base un ensemble de croyances que je désigne sous le nom de religion domestique. Cette observation va me fournir une division pour ces indispensables préliminaires.

CHAPITRE I.

FORME NON RELIGIEUSE DE LA FAMILLE PRIMITIVE.

5. — La forme primitive de la famille ou forme patriarcale s'est maintenue, même de nos jours, chez plusieurs peuples de race Sémitique ou Berbère et en Europe chez les Slaves. L'association de famille Serbe, la zadruga, a en particulier été très-bien étudiée et à plusieurs reprises (1). Elle nous fournira, pour le rapide exposé que nous commençons, des éléments de comparaison précieux.

6. — Le caractère distinctif de la famille primitive, c'est son individualité nettement accusée. — Aussi l'appelle-t-on souvent famille-corporation. Nous insisterons surtout sur cette forte unité et nous allons la montrer persistant dans le domaine politique comme dans le domaine religieux ou le domaine civil;

(1) M. Ewers. Das alteste Recht der Russen, in seiner geschichtlichen Entwickelung dargestellt. Dorpat. 1826. p. 262. M. Csaplovics, Slavonien und zum Theil Croatien. Pesth, 1819, p. 105-107. M. Ewers en reproduit un passage. M. de Laveleye. Revue des deux mondes. 1er septembre 1872, p. 38.

même après que la famille agrandie eut formé la tribu, même après la naissance de l'Etat.

7. — Au point de vue politique, l'unité primitive a laissé longtemps après sa disparition deux traces principales de son existence, la solidarité étroite de tous les membres de la famille et l'esprit de défiance et de haine contre les étrangers. La solidarité produite d'abord par la nature des choses, a été réglée plus tard. Le meurtre d'un parent fait naître entre la famille du coupable et celle de la victime une relation de débiteur à créancier. Les Kabyles contemporains du Jurjura appellent thamegueret ou rekba cette dette de sang (1). Les Hébreux ont également connu cette figure, s'il est vrai que le mot goel, nom donné par la Bible au parent chargé de la vengeance, vient bien de gaial *(redemit, repetiit)* (2). — La dette sera acquittée ou en nature indifféremment soit sur le meurtrier lui-même, soit sur les siens, ou en argent par tous les parents. L'individualité du coupable n'est pas encore dégagée de celle de sa famille, même au point de vue de la responsabilité pénale. — Cette obligation de vengeance pour le parent du mort subsiste encore chez beaucoup de peuples, et cette persistance s'explique par l'insuffisance de la puissance sociale.

8. — Il serait intéressant d'insister sur les singulières idées que les peuples enfants se font des autres races. Il est certain que si tous les hommes ont eu le même père, ils ne s'en sont guère souvenus. Les incapacités civiles prononcées encore aujourd'hui contre les étrangers, dans plusieurs Etats européens, sont les derniers vestiges de l'isolement originel de la famille et de ces passions haineuses contre tout autre que le parent réel ou supposé, passions qui, selon l'éloquente expression de Turgot, « sont les lisières avec lesquelles la nature et

(1) MM. le général Hanoteau et Le Tourneux. La Kabylie et les coutumes kabyles. 1873. t. 3. p. 60 et suiv.

(2) M. Thonissen. Etudes sur l'histoire du droit criminel. Louvain, 1869.

son auteur ont conduit l'enfance du genre humain (1). » (2e discours sur l'histoire universelle.)

9. — Le père est évidemment le premier prêtre. En outre l'homme a été frappé d'abord par le fait de la génération et par le fait de la mort, et il semble avoir adoré partout ses ancêtres. Il n'est donc pas inexact de parler d'unité religieuse de la famille, même pour les nations qui n'ont pas pris le culte domestique pour base du droit civil.

10. — Celui-ci va enfin nous montrer l'indivisibilité de droit et de fait de notre famille patriarcale. Vis-à-vis de l'Etat, elle forme une personne morale. Elle est l'unité administrative en quelque sorte. L'Etat n'a de relations avec les individus, qui la composent, que par l'intermédiaire de leur officier public. Cette corporation est, bien entendu, perpétuelle. La mort de son magistrat actuel n'aura pas d'importance, au point de vue légal. Elle n'en aura pas davantage en fait. La famille restera groupée, comme par le passé, sous l'autorité d'un nouveau chef. Celui-ci sera le plus souvent le fils aîné (2), quelquefois le frère du défunt (3), tantôt enfin l'élu du groupe comme le Gozpodar de la zadruga serbe et le Mayor de nos communautés agricoles de famille au moyen-âge.

---

(1) Une curieuse trace de l'unité politique primitive de la famille s'est conservée chez les Scandinaves. Dans leur vieille langue, un seul mot exprime nos deux idées de patrie et de maison (Wilda, das Strafrecht der Germanen. Halle, 1842. 243, cité par M. Gide. Etude sur la condition privée de la femme, p. 32, note 2.).

(2) Mais l'aîné, lorsqu'il est éminemment vertueux, peut prendre possession du patrimoine en totalité et les autres frères doivent vivre sous sa tutelle, comme ils vivaient sous celle du père. Lois de Manou, IX. 105. Traduct. Loiseleur Delongchamps.

(3) Comme dans le clan des Highlands, mais avec certaines nuances (M. Sumner Maine, Anc. Droit, p. 227.), ou comme dans la famille russe primitive (M. Ewers, p. 17.). Ce dernier auteur s'appuie sur un passage de la Chronique Nestorienne, d'après lequel Rurik aurait succédé à ses deux frères Sinens et Truwor, au détriment de leurs enfants.

11. — Continuité de la vie en commun. Ce caractère de la famille primitive a joué un grand rôle, nous le verrons ; et il s'est difficilement effacé. Dans l'Inde contemporaine, l'indivision est encore l'état général, bien qu'elle ne soit pas impérativement ordonnée. — Un vieux chant national tchèque, qui remonte vraisemblablement au septième siècle de notre ère, le Jugement de la reine Libusa (Libusin sud), nous parle de la réprobation publique encourue par les deux frères Staglar et Hrudos, qui demandaient le partage d'un héritage (V. M. Ewers et M. de Lavelaye, *op. et loc. cit.*). La reine Libusa, ce dernier écrivain l'a finement remarqué, condamnerait encore aujourd'hui Staglar et Hrudos, aux applaudissements de tous les Slaves méridionaux. Enfin, tout près de nous, dans la majeure partie de la province néerlandaise d'Over-Yssel, la vie en commun a résisté à l'importation française de la réserve. Le père laisse par testament ses meubles et ses immeubles, en toute propriété, à son fils aîné, à la charge de donner à ses frères et sœurs le logement ainsi que la place au foyer et à la table. Ainsi les enfants vivent tous « au même pain et au même pot. » Et les produits du travail de tous sont communs. L'opinion publique est, paraît-il, assez puissante pour que les réclamations de légitimes devant les tribunaux soient rares (1). Je ne sais si la disposition des biens, ou tout au moins des immeubles, reste, dans la pratique, entière pour l'aîné. Je ne le suppose pas. Voilà, certes, une

(1) M. Geffroy. Etudes sur la Germanie de Tacite (Compte-rendu de l'Académie des sciences morales et politiques. 1872. 2me sem. t. 98. p. 523.). — La thadoukeli boukhkham ou association de famille kabyle est, elle aussi, fort intéressante. La propriété individuelle existe en Kabylie. Le partage des successions y est possible. — Mais la vieille organisation patriarcale a laissé des traces profondes. La dette de sang en est une déjà citée par nous. L'amour de la vie en commun entre parents en est une autre. Fréquemment donc les membres d'une famille mettent en commun leur industrie, leur travail et la jouissance de tous leurs biens, en se réservant la propriété de ceux-ci. L'administration est confiée à l'homme et à la femme les plus âgés, si les associés les en croient capables. La

coutume curieuse et qui aura pour effet de nous faire considérer comme moins étonnant le maintien, à l'heure qu'il est, du retrait lignager ou d'institutions très-analogues, dans une grande partie de l'Europe, peut-être la plus grande partie.

12. — Nous avons ainsi mis en lumière les caractères, en quelque sorte externes, de la famille primitive. Celle-ci, nous le voyons, est la seule unité sociale connue. L'individu n'est pas prévu, pour ainsi dire. Les droits et les devoirs sont exclusivement attachés à la position de la famille. On conçoit dès lors la répugnance des nations, où le régime patriarcal, plus ou moins modifié, existe encore, pour le défaut de parents (1).

13. — Terminons enfin, en signalant les deux règles principales de l'organisation intérieure de notre corporation familiale. Ce sont la grande autorité de son chef et son recrutement uniquement par les mâles (2). Je n'insiste pas sur la première, suffisamment connue. La seconde est le résultat des devoirs de solidarité imposés aux membres de la famille. Ces devoirs, par cela seul qu'ils existent, sont exclusifs de devoirs semblables, qui pourraient s'opposer à leur accomplissement intégral. Il y a

dissolution amiable est possible ; et le partage a lieu au *prorata* des mises. C'est la zadruga des Slaves du sud avec un caractère un peu plus moderne (Cp. MM. Hanoteau et Le Tourneux, La Kabylie, etc. t. 2. p. 469.).

(1) « Le Russe ne saurait vivre sans liens de famille. Ces rapports lui sont aussi nécessaires que l'air ; c'est l'élément qu'il recherche et sans lequel il serait *comme un être incomplet.* » — Baron de Haxthausen. Etudes sur la Russie. Hanovre. 1847. t. 1. p. 90.

(2) Je suppose le régime patriarcal établi. Qu'on le remarque bien. Cette phase du développement de la famille a-t-elle été précédée par une autre dans laquelle la parenté ne viendrait que de la mère? Je n'ai pas ici à me prononcer là-dessus. Comp. Bachofen. Das Mutterrecht. Lubbock. Origin of civilisation (Trad. Barbier), 1873. Giraud-Teulon. Les Origines de la famille. 1874. V. aussi un art. de M. E. Burnet-Tylor (La Société primitive. Rev. scient. du 20 juin 1874).

là la même idée qui, pour un Européen de nos jours, rend contradictoire la pensée qu'un même homme puisse appartenir à la fois à deux nations.

CHAPITRE II

FORME RELIGIEUSE DE LA FAMILLE

14. — Les Grecs, les Romains et les Indous ont une théorie commune et fort précise sur les relations des vivants et des morts, et sur le culte du foyer (1). Chez ces trois peuples, l'obligation morale des sacrifices aux ancêtres, des repas funèbres est consacrée. Tout le monde connait la place considérable qu'ils occupent dans la littérature classique grecque et romaine et l'on peut lire dans le Manava-Dharma-Sastra, ou lois de Manou, des détails intéressants sur le Straddha quotidien, le Nitya, sur le banquet mensuel du premier jour de la lune, le Pindânwâhârya, et sur le sacrifice qui suit la mort d'un parent. (Manou, I. 95. III. 122. 123. 124. 127. 146. 189. 274. 275. 281. 283.) — L'idée qui sert de base à ces sacrifices est la même chez les trois peuples. Elle est précisément l'inverse de notre idée moderne de mérite et de démérite individuel. Si les sacrifices sont régulièrement faits, les ancêtres morts seront heureux. La malédiction divine encourue par l'ancêtre frappe tous ses descendants, et après sa mort, le premier sera puni du défaut de piété des siens. Si les sacrifices ne sont pas régulièrement accomplis, son âme sera errante ou précipitée dans les enfers. La solidarité subsiste. L'individualité ne parvient pas à se dégager, même après la mort. — Plus tard, la conception d'une

(1) C'est M. Fustel de Coulanges, dans son beau livre, La Cité Antique, qui a le premier bien mis en lumière cette théorie et a montré son influence sur la formation du droit civil.

punition ou d'une récompense individuelle se fit jour dans l'Inde, par la théorie de la métempsycose. Mais les notions primitives avaient déjà donné une certaine forme au droit civil, et elle s'est maintenue jusqu'à nos jours. — A côté de ce culte des ancêtres, on trouve également le culte du foyer, dieu protecteur de la famille. Ces deux cultes sont contemporains. Probablement même le second se rattache-t-il au premier. — Une pareille religion ne pouvait être que domestique. Chaque famille eut ses dieux particuliers et son mode spécial d'adoration. Elle fut transformée en association religieuse et les parents furent unis, non comme parents, mais comme coreligionnaires. Ils durent vivre non pour eux et leurs enfants, mais pour leur père. La famille fut constituée non en vue de l'avenir, mais en vue du passé.

15. — La religion domestique a eu pour résultat, d'abord de maintenir fort longtemps les caractères de la famille primitive tels que nous les avons décrits, et en second lieu d'introduire quelques éléments nouveaux. Parmi ces derniers, il nous suffira de citer : 1° l'adoption inventée comme conséquence de l'importance exceptionnelle d'avoir des enfants mâles pour continuer le culte; 2° la règle d'après laquelle la capacité d'hériter est subordonnée à celle d'accomplir les sacrifices funèbres. C'est ainsi que la loi indoue refuse le droit de remplacer le chef de famille mort, non-seulement aux femmes, mais encore aux aveugles, aux muets, aux impuissants, à tous ceux qu'une impossibilité physique ou religieuse empêche de faire les offrandes de riz, de miel et de beurre clarifié.

16. — Nous n'avons jusqu'à présent rapproché l'une de l'autre que l'Inde, la Grèce et Rome. Avons-nous eu tort de ne pas y joindre la Germanie, avant sa conversion au chistianisme? Je ne le crois pas. La famille germanique, du deuxième au cinquième siècle, diffère par deux points de l'organisation primitive décrite par nous. D'abord les parents maternels ou peut-être seulement les frères de la femme en font partie. Ils assistent au conseil et ils ont des droits éventuels à la succession (Tacite.

Germanie, n° 20). En second lieu, tout membre de la corporation peut en sortir quand bon lui semble. Il lui suffit de se rendre à l'assemblée de la tribu et de briser, au-dessus de sa tête, quatre baguettes de bois d'aulne, en prononçant la formule consacrée (Argum. du t. 63 de la loi sal. em.). Or ne voit-on pas que ces deux caractères sont en contradiction absolue avec la notion même de la religion domestique? Si chaque famille a ses dieux, deux personnes qui n'ont pas le même culte ne peuvent être unies par des liens de parenté. Si la raison d'être de la famille est la célébration des sacrifices funèbres, la fantaisie d'un descendant ne peut priver l'ancêtre mort du bonheur céleste. Le sentiment religieux est un obstacle absolu. Dans le chapitre suivant, ma démonstration sera encore fortifiée. Je conclus donc que la forme religieuse de la famille n'a pas été connue par les Germains (1).

17. — L'objection la plus grande qui nous soit faite est tirée du ch. XL de l'Yingliga Saga. Chez les Scandinaves, ce vieux chant nous l'apprend, l'adition d'hérédité avait lieu dans un banquet, et c'était seulement après la libation d'hydromel que l'héritier présomptif, jusque-là assis sur la dernière marche du siége occupé autrefois par le mort, y prenait place. N'y a-t-il pas là, comme chez les Indous, subordination de la capacité de succéder à celle d'accomplir les cérémonies funèbres? Cette scène de l'Yingliga Saga est simplement, pour moi, une prise de possession solennelle du pouvoir domestique, quelque chose comme une fête du couronnement.

(1) En sens contraire, M. Ozanam. Les Germains avant le christianisme (Œuvres complètes, t. III, p. 113 et suiv.), et M. Gide. Etude sur la condition privée de la femme, p. 222 et 223.

CHAPITRE III.

RAPPORTS DE LA FAMILLE PRIMITIVE, DANS SA FORME NON RELIGIEUSE, AVEC LA TERRE. APPLICATION. LÉGISLATION HÉBRAÏQUE.

18. — La terre a été d'abord occupée collectivement par la famille agrandie, la tribu. Celle-ci considère son territoire plutôt « comme théâtre du droit personnel (1) » que comme instrument de production. Plus tard, au début de l'état agricole, elle distribue entre toutes les familles les moissons obtenues par le travail en commun. Puis, à mesure que le rôle du sol est de mieux en mieux compris, elle emploie la méthode de l'assolement annal ou triennal en général. La terre est distribuée aux familles pour une certaine période, au bout de laquelle elle doit changer de mains. Cette évolution, Diodore de Sicile nous la décrivait, il y a dix-huit siècles, à propos des habitants des îles Lipari, et, lorsqu'on retrouve de nos jours les usages de la Germanie, tels que Tacite nous les peint, en Russie et à Java, il est difficile de mettre en doute qu'il y ait là une loi.

19. — Au point où nous sommes arrivés, on ne connaît ni le fait de la possession perpétuelle de la terre, ni le fait de l'aliénation, ni la conception du droit d'une famille, encore moins d'un individu sur la terre, droit préexistant à la possession et distinct d'elle. Tous les éléments de notre notion moderne sont ignorés. — La détention annale, voilà le point de départ du droit de la famille sur le sol. — Dans quel ordre les divers éléments dont nous avons constaté l'absence, apparurent-ils, l'un après l'autre? La solution générale me paraît être celle-ci. Possession devenue peu à peu perpétuelle. — Aliénation. — Développe-

(1) Michelet. Origines du droit français, p. 80.

ment de l'idée de droit.—Ce dernier développement n'eut lieu que fort tard. Pour les Germains, leur langue le témoigne assez haut. Elle ne possède pas de mot répondant à notre « propriétaire. » Elle emploie, à sa place, des participes qui indiquent seulement le fait de la détention, aigands (eikanti, eigandi) ou habands (hâpeuti). Le suédois egare, le danois ejer, l'allemand moderne eigenthümer sont de formation beaucoup plus récente (1).

20. — Plaçons-nous au moment où l'aliénation commença à être connue. La disposition libre des biens ne fut pas laissée au chef de la famille seul. Le motif de cette règle est double. Tantôt elle est fondée sur ce que le chef de la famille est non pas propriétaire individuellement, mais administrateur d'une corporation et que ses pouvoirs doivent par conséquent être restreints. Tantôt elle l'est sur le droit égal de tous les parents vivant « au même pain et au même pot, » comme on dira plus tard, sur le bien cultivé en commun. Cette notion peut nous sembler étrange. On la retrouve cependant chez les anciens Scandinaves (M. K. d'Olivecrona. Rev. his. 1866. p. 391) et chez plusieurs millions de Russes contemporains (M. de Haxthausen. *op. cit.* Introduct. p. 8). Et elle a laissé, dans notre droit français, jusqu'au seizième siècle, des traces indiscutables. En y réfléchissant, du reste, on s'explique très-bien sa génération. Tant qu'il y a seulement possession annale ou même perpétuelle de la terre, chaque membre de la famille en jouit également, en tire le même profit. Le chef n'a évidemment à ce point de vue aucun privilége. Peu à peu, le fait se change en droit. Et quand plus tard la vie commune cesse d'être indéfinie, quand les partages se multiplient, on maintient la situation antérieure et respective des parties, en faisant cesser simplement l'indivision. On attribue à chacune d'elles une portion égale.

(1) Jacob Grimm. Deutsche Rechtsalterthümer. Drittes Buch. Eigenthum. 1re édit. 1828, p. 491.

21. — Je termine ces notions générales, en observant que le défaut de testament existe, partout où l'organisation patriarcale de la famille s'est maintenue. C'est là une déduction toute naturelle des principes développés dans le chap. 1. En effet le père n'a de droits qu'en sa qualité de chef de famille. Or, la magistrature domestique est purement temporaire et ne peut se survivre à elle-même sous aucun rapport. La volonté du chef mort ne peut prévaloir sur celle du chef actuel.

22. — *Je passe à la législation hébraïque.* — Maintien des vieilles coutumes patriarcales, mais avec une physionomie théocratique, voilà la loi de Moïse. — La combinaison de ces deux éléments explique les précautions prises pour la conservation des biens dans les familles et la forme qu'elles ont revêtue. Naboth refuse de vendre sa vigne au roi Achab, parce qu'elle lui vient de ses pères. Mais il semble accomplir un devoir religieux déterminé (1). Et en cela il diffère de son émule moderne, le meunier de Sans-Souci. La possession de la famille ne peut pas être aliénée. Son chef disposera seulement de la jouissance. Mais le Lévitique a soin de donner pour motifs à l'institution célèbre du Jobel ou Jubilé la propriété exclusive du Jehovah créateur (2). Enfin, comme ressource supplémentaire, on accorde aux parents la faculté d'empêcher que la jouissance même soit enlevée à la famille pendant cinquante ans. Un droit de préférence leur est reconnu. Mais, sans doute, dans les idées hébraïques, il y a là simplement une conséquence

(1) Rois, XXI. vers. 3. Naboth dit à Achab : « M'en préserve l'Eternel, que je te donne l'héritage de mes pères ! » Un poëte contemporain, M. Leconte de Lisle, a rendu la même pensée, d'une façon très-exacte, au point de vue de l'histoire du Droit, dans son beau poëme de la vigne de Naboth.

« C'est mon bien paternel. Que je meure
Si je le vends jamais, *fût-ce à ma dernière heure !* »

(2) « Le terrain ne doit pas être vendu d'une manière absolue. Car à moi est la terre. Car vous êtes étrangers et établis auprès de moi. » Levit. XXV. 23.

de la nécessité de maintenir le partage de la terre promise, tel qu'il a été fait par Dieu, par l'intermédiaire de Moïse et de Josué. Voici brièvement formulées les principales règles de ce droit de préférence fort remarquable assurément. Le père de famille veut-il aliéner la jouissance de son bien, il doit s'adresser d'abord à ses plus proches héritiers. En cas de refus de ceux-ci, l'acheteur étranger n'a plus rien à craindre. Peut-être un acte spécial constate-t-il que, conformément à la loi, l'offre a été faite (Arg. de Jérémie. XXXII, 14). Néglige-t-on au contraire d'accomplir cette formalité, le droit de rachat est maintenu aux parents. Dans quel délai doit-il être intenté ? Il faut distinguer. Pour les maisons et les fonds de terre situés hors des villes, le droit de rachat existe d'une façon absolue, c'est-à-dire jusqu'au Jubilé. Il en est de même pour les maisons des villes des Lévites. Au contraire, pour les maisons des villes autres que ces dernières, le délai est seulement d'une année. Tel est le droit que nous révèle la Bible dans deux passages principaux. Le premier de ces passages est le ch. XXV du Lévitique, où l'on trouvera un exposé théorique de la doctrine hébraïque sur ce point. L'autre nous montre la mise en œuvre de ce droit de préférence des parents (Jérémie, XXXII, vers. 15). La scène n'est pas sans grandeur. Les Chaldéens assiégent Jérusalem. Le prophète Jérémie est dans la prison du roi de Juda. Hanameel, fils de Schaloumé son oncle, vient lui dire : « Achète donc mon champ, qui est à Anatoth, dans la terre de Binjamine. Car à toi est l'héritage et à toi le rachat. » Le prophète achète le bien occupé par l'ennemi, comme plus tard le citoyen romain se portera acquéreur aux enchères ouvertes sur le camp d'Annibal. Terminons en faisant remarquer que, même à l'époque du Talmud, c'est-à-dire au cinquième siècle de notre ère, les Hébreux pratiquent encore ce droit de préférence. Mais le rachat ne peut avoir lieu pour les champs, qu'au bout de deux ans (M. Cahen. Note sur le vers. 31 du ch. XXV du Lévitique). On a voulu en somme réserver au père de famille la faculté de consentir un bail à court terme.

CHAPITRE IV

RELATIONS DE LA FAMILLE PRIMITIVE DANS SA FORME RELIGIEUSE AVEC LA TERRE. APPLICATIONS. LÉGISLATIONS INDOUE, GRECQUE ET ROMAINE.

23. — C'est à la religion domestique qu'il faut attribuer la naissance du véritable droit de propriété. En premier lieu, le foyer, qui ne doit pas être déplacé sans un cas d'extrême danger, et le tombeau, qui ne doit jamais l'être, fixent la famille au sol. La possession perpétuelle de celui-ci en résulte. En outre, la famille se compose des générations passées, présentes et futures. Les premières et les dernières ont, comme les secondes, un grand intérêt à ce que le patrimoine soit conservé, afin d'empêcher la cessation des cérémonies funèbres. De là, la conception d'un droit établi sur la terre à leur profit et indépendant par conséquent de la possession. — Evidemment, le chef actuel de la famille ne pourra pas les en priver à sa fantaisie. — Nous allons voir ces idées appliquées dans les législations indoue, grecque et romaine.

24. — A. *Législation indoue*. La conception religieuse de la mort et les nécessités pratiques de la vie, sont en lutte, depuis trois mille ans, dans l'Inde. La force de résistance de la première y a été vraiment surprenante. La famille et la propriété y portent même de nos jours des traces profondes « de la coquille dans laquelle elles se sont formées. » (M. Sumner Maine, Anc. droit. p. 244).

25. — La propriété privée a été connue de bonne heure dans l'Inde (1). A l'origine, elle provint exclusivement des succes-

(1) Cependant les Todas, peuplade de pasteurs, installée sur les hauts plateaux herbeux des Nilghiris (Montagnes Bleues), au sud de la Péninsule et récemment observées par le colonel W. E. Marshall, n'ont aucune notion de la propriété du sol. La jouissance même n'en est pas séparée chez eux (Voir le compte-rendu de l'ouvrage de M. Marshall, dans la Revue scientifique du 28 mars 1874).

sions. La vente ne fut connue que plus tard. Dans cette première période, tout bien est un dépôt entre les mains du chef actuel de la famille et la religion établit des règles sévères, pour en assurer la restitution fidèle. Plus tard, lorsque les objets acquis par l'industrie des chefs de famille devinrent de plus en plus importants, on continua à appliquer la vieille loi dans sa lettre. L'esprit religieux n'était plus assez fort, pour qu'on rompit avec les habitudes des sociétés primitives, et qu'on généralisât les antiques prescriptions pour se conformer à l'esprit du législateur. On trouve déjà dans la loi de Manou (IX. 209) des allusions à cette distiction des biens, selon leur origine, identique comme on le voit, à notre division coutumière des propres et des acquêts. La disposition de ces derniers est elle-même restreinte dans l'Inde, d'abord par le défaut de testament, puis par l'obligation pour le père d'assurer l'existence de sa famille, mais cette dernière idée est toute différente des anciens principes et beaucoup plus moderne, il me semble. Je vais faire brièvement l'histoire de l'aliénation des propres.

26. — Le bien patrimonial est d'abord considéré comme appartenant à la famille entière, c'est-à-dire à ses membres morts, vivants et à naître. Comme conséquence logique, il est absolument inaliénable. « Fondez la propriété sur le droit du travail, l'homme pourra s'en dessaisir, a dit M. Fustel de Coulanges, op. cit. 4e éd. p. 70. Fondez-la sur la religion, il ne le pourra plus. Un lien plus fort que la volonté de l'homme unit la terre à lui. » Je ne pense pas du reste, comme cet écrivain, que cette inaliénabilité absolue existât encore au treizième siècle de notre ère (1). Mais je crois qu'elle était consacrée au mo-

(1) M. Fustel s'appuie sur le Mitacshara, commentataire fait à cette époque par le jurisconsulte Vijnyaeswara d'un code antérieur, le Yajnawalcya. Le verset 9. de la sect. V. (traduct. Orianne p. 84.), peut à la vérité être entendu à la rigueur dans le sens de l'inaliéna-

ment de la rédaction de la loi de Manou. En effet cette loi, dans les rares textes où elle parle de la vente des immeubles, ne fait nullement mention de la nécessité du consentement des fils du vendeur. Or la jurisprudence actuelle, que je vais développer dans un instant, n'est certes pas une innovation moderne. Je conjecture donc que les passages de Manou se rapportent aux acquêts, et que leur rédacteur ne concevait même pas la possibilité d'aliéner les propres. Cela s'harmoniserait très-bien à mon avis, avec la façon dont les Codes des peuples primitifs sont rédigés.

27. — Plus tard, à cette copropriété de la famille, succéda celle de la famille vivante ou plus exactement du père et des fils sur le bien patrimonial (1). A cette copropriété correspond : 1° l'inaliénabilité non plus absolue, mais relative de ce bien ; 2° le droit pour les enfants de mettre fin à la copropriété, de demander la cessation de l'indivision, lorsque le père, administrateur du bien commun, est exposé à remplir mal ses fonctions ou même, lorsque le nombre des copropriétaires est définitivement fixé (2). Notre idée moderne de la copropriété s'applique ici exactement. — Nous allons donner quelques détails sur la première institution, qui rentre plus spécialement dans notre sujet. L'aliénation du bien patrimonial n'est valable que si elle est faite par tous les copropriétaires, c'est-à-dire par le père et les enfants (Mitacshara. l. c.). Si le premier seul a consenti, les

bilité absolue, comme dans le sens de l'inaliénabilité relative. Mais le verset 27 du ch. I. sect. I. p. 47 décide la question dans ce dernier sens.

(1) « Car, si une terre, une rente perpétuelle ou un bien quelconque ont été acquis par le grand-père, le père et le fils ont là-dessus un droit égal de propriété. » Yajnawalcya. l. 2. vers. 121. (traduction du sanscrit en allemand par M. Stenzler. Berlin et Londres. 1849. p. 62. V. également. Mitacshara. ch. I. Sect. v. vers. 5. p. 82.

(2) Mitaschara ch. I. sect. II. vers. 7 (p. 82). — Le père est indifférent aux biens et aux plaisirs du monde, ou adonné au vice, ou affligé d'une maladie incurable. La mère ne peut plus avoir d'enfants.

seconds revendiqueront leur bien. Telle est du moins la doctrine générale. Seule l'Ecole de Jurisprudence du Bengale enseigne qu'une fois accomplie, l'aliénation ne pourra plus être considérée comme non-avenue. « Cent textes, dit-elle, ne peuvent détruire un fait. » Cette bizarre doctrine identique, on le voit, à notre théorie des empêchements prohibitifs ou dirimants est une pure hérésie, et elle est condamnée par les quatre autres grandes Ecoles. Ainsi droit pour le fils non consulté de réclamer non pas seulement sa part, mais le bien entier, de rétablir l'indivision. Le prix devra-t-il être restitué? Non, en principe, l'acheteur a acquis un bien dont le vendeur n'avait pas le droit de disposer. Qu'il en supporte les conséquences. Exception cependant, si le prix a été employé dans l'intérêt de la famille, au paiement de ses dettes par exemple (Arrêt de la Haute Cour du Bengale du 20 avril 1860.) (1). Ajoutons que la prescription n'est pas connue dans le droit indou par suite précisément du caractère religieux de la propriété et que par conséquent aucun délai n'est imposé à la revendication des enfants. C'est là une différence importante entre cette législation et notre droit coutumier. Sans elle il y aurait identité entre la première forme de notre droit des parents en cas de vente d'un propre, forme, qui dans certaines de nos provinces existait encore en 1790, et l'institution que nous venons de décrire.

28. — De nos jours enfin, 1° la seconde des institutions qui découlent de la copropriété du père et du fils est pratiquée seulement dans la présidence de Madras (M. Laude. op. cit. p. 170). 2° la jurisprudence des tribunaux anglais et français chargés d'appliquer le droit indou semble avoir un peu modifié la première. Le consentement des enfants est encore requis en principe pour la vente du bien patrimonial. Le témoignage des magistrats anglais et français, et de nombreux monuments de

(1) M. Laude, procureur général à Pondichéry. Manuel du droit indou. 2me édit. 1869. p. 56 et suiv.

jurisprudence ne nous permettent pas d'en douter (1). Mais, tandis que le droit indou pur ne faisait d'exception qu'en cas de famine. La jurisprudence anglaise et française valide l'aliénation lorsque l'intérêt de la famille l'exigeait (V. M. Laude, *op. et loc. cit*). L'ancienne législation me paraît dès lors sérieusement menacée.

29. — Enfin, dans les possessions françaises, quelques restrictions spéciales ont en outre été apportées aux vieilles prescriptions. A Pondichéry, le père a le pouvoir de disposer de quelques-uns de ses immeubles propres en faveur de sa fille, sans le consentement de ses fils. Ce serait là, d'après l'avis du comité consultatif des affaires indigènes du 30 mars 1833, une coutume locale. En outre, si une dette a été ligitimement consentie par le père de famille, la Cour de Pondichéry considère comme valables les aliénations à titre onéreux qu'il aurait faites pour les acquitter ou les hypothèques qu'il aurait consenties ou qui auraient été prises sur lui pour les garantir (Arrêts du 1er octobre 1864 et du 26 juin 1867). — Enfin un arrêté de l'administration locale du 18 octobre 1838 a déclaré applicable aux Indous le titre du code Nap. relatif à la prescription. Et malgré des résistances de la magistrature coloniale, la Cour de Cassation a considéré cet arrêté comme exécutoire (Arrêt du 7 juillet 1853) (M. Laude. *op. cit.*).

30. — En somme, propriété des parents morts, des parents vivants et des parents à naître. Copropriété du père et de ses enfants. Garantie donnée aux héritiers que les biens patrimoniaux ne seront pas follement dissipés. Voilà les bases succes-

(1) M. Sumner Maine, ancien membre jurisconsulte du gouvernement de l'Inde anglaise, Anc. droit p. 204. M. Boscheron Desportes, ancien président de la cour de Pondichéry, Aperçu historique et analytique du droit indou (Revue historique, t. I. 1855. p. 303 et suiv.). M. Laude op. cit. ch. III. § 2. p. 50. et suiv. Ce dernier cite, en ce sens, deux arrêts de la Haute Cour du Bengale, l'un de 1864, l'autre du 26 septembre 1866.

sives de la législation indoue. Ce sont là les trois idées qui la résument tout entière.

31. — B. *Législation grecque.* Les documents me font défaut. Je me borne à constater que les villes, où l'inaliénabilité des immeubles nous est affirmée par Aristote (Polit. II. 9. II. 3), avaient probablement maintenu dans des vues politiques faciles à saisir, les vieilles règles de la famille-corporation. Platon, dans sa célèbre organisation sociale (1), cherche évidemment son idéal dans le passé, comme la plupart des réformateurs de l'antiquité. — Il maintient, *par des raisons d'Etat,* la religion domestique. Et sa conception de la société formant une fédération de cinq mille quarante familles, de la famille, seule unité sociale, composée de parents morts, vivants et à naître, et enfin de la propriété patrimoniale appartenant à celle-ci et non à l'individu, est certes une déduction mathématique du point de départ. Les propres ne peuvent jamais être légués. Les acquêts peuvent l'être, dans de certaines limites. L'interdiction du père mauvais administrateur est possible. Et il est évident que dans la pensée de Platon la donation et la vente des biens patrimoniaux ne doivent pas être libres. — En définitive, ces résultats, sans être évidemment décisifs, nous permettent de conjecturer avec vraisemblance qu'en Grèce, comme dans l'Inde, la religion domestique a engendré, à un moment donné, la copropriété de la famille et des restrictions au droit pour son chef de disposer, même à titre onéreux, de la fortune commune (2).

32. — C. *Législation romaine.* Ici encore nous avons le culte des ancêtres. Mais nous ne trouvons plus les principes juridiques, que nous avons considérés, comme son résultat nécessaire. Au lieu du défaut de testament, le fragment célèbre de la

(1) Lois, l. XI (Œuvres complètes. Edit. E. Saisset. 1873. tome IX, p. 263, 264 et suiv.).

(2) Comp. M. Boissonade. Hist. de la réserve, n° 50, et le parti qu'il tire d'un texte de Lysias.

loi des douze Tables, au lieu de défenses faites au père de famille d'aliéner seul, une formule de *mancipatio*, qui, en dissimulant le transfert de la propriété, rend évidente la non-participation des enfants à l'aliénation. Cependant les vieux principes laissèrent des traces dans la langue. *Cohæredes sui, hæredes necessarii* sont des expressions significatives. — Ce qui explique cette disparition rapide des anciennes règles chez les Romains, c'est que le droit civil n'a pas été, chez eux, comme dans l'Inde, une pure dépendance de la religion. L'autorité chargée de veiller à l'exécution des *sacra privata*, et celle dont la mission est de voter les lois, sont différentes. Il est assez naturel d'ailleurs que cette dernière, en présence des difficultés que rencontrait l'établissement de l'Etat nouveau, ait surtout obéi à la considération politique, ait voulu permettre au citoyen de vendre son bien pour s'équiper et défendre la cité. La vieille régle d'inaliénabilité ne se maintient que pour les tombeaux.

TITRE II

Du droit de la famille sur la terre chez les Germains, depuis les invasions jusqu'à la décadence carlovingienne.

CHAPITRE I

ORGANISATION DE LA FAMILLE

33. — L'unité subsiste toujours. — Le père doit ses pouvoirs uniquement à sa qualité de chef. — L'individu n'est pas encore dégagé de la famille. La seule transformation amenée par le contact de la société romaine, telle que le christianisme l'a faite, est relative à la situation de la femme. Nous en dirons un mot plus loin.

34. — Ainsi le père est toujours considéré comme exerçant une fonction temporaire. Et c'est à cette idée que se rattachent les difficultés que rencontra l'adoption par les Barbares du testament romain et les conditions rigoureuses imposées à l'emploi de l'affatomie franque et du thinx ou garathinx cum lidinlaib des Lombards (Bluhme dans Pertz. *Leges*. IV. p. 40)(1). L'affatomie et le thinx cum lidinlaib équivalent à la fois à l'institution contractuelle et à la donation à cause de mort. Ces deux institutions se ressemblent en ce qu'elles permettent toutes deux de laisser, après son décès, tout ou partie de ses biens à une personne déterminée, en vertu d'un acte irrévocable, bilatéral et solennel. Elles se ressemblent encore en ce que la capacité de disposer de ses biens, au moyen d'elles, est fort restreinte. Suivant l'édit de

(1) Walter (Corp. J. G. T. p. 700) écrivait lidolaip au lieu de lidinlaib.

Rotharis, art. 168, peut « thingare » uniquement le Lombard qui n'a pas d'enfants ou dont les enfants ont commis certaines fautes énumérées par la loi. — Un capitulaire de Louis II, de l'année 856 (Pertz, *Mon. Leges.* I. p. 443, nº 14), nous montre la même législation en usage chez les Francs du neuvième siècle. L'empereur paraît même exiger d'une façon absolue le défaut de fils. Mais, sans doute, ou le comte et les *scabini* ou les *missi dominici* permettaient au père d'accomplir, devant eux, les formalités de tradition ou de retradition, dont l'ensemble constitue l'affatomie, lorsque ses fils avaient commis contre lui un crime et une faute grave. — Ce capitulaire de Louis II n'introduit évidemment pas une législation nouvelle. Le silence de la loi salique n'est pas suffisant pour me faire admettre l'idée adverse. Le t. 46 de cette loi (Merkel, p. 25) a pour but exclusif de décrire les formalités de l'affatomie. Les conditions d'exercice de celle-ci sont sous-entendues. Il n'y a rien là qui soit en contradiction avec les procédés habituels des lois barbares (1).

CHAPITRE II

DE LA POSSESSION DE LA TERRE

35. — Le point de départ est ici, ne l'oublions pas, la possession de la tribu. Après l'invasion, la notion du *dominium* romain ne s'introduisit que fort lentement. La *linguistique* nous

(1) En ce sens, M. Boissonade (Hist. de la Res. héred. p. 183. n. a.). Au contraire, M. G. Waitz (das alte Recht der Salischen Franken. 1847. p. 147 et,suiv.) et M. Pardessus (Loi salique, p. 720) s'en tiennent au texte. La nécessité de se dépouiller irrévocablement, même en se réservant l'usufruit, est, selon ce dernier auteur, une garantie suffisante. Selon Eichhorn (Rechtsgeschichte) et Schaffner, cités par Waitz, les parents de l'instituant protesteront légalement, dans l'intervalle entre les deux traditions. Ce système n'a pas la moindre vraisemblance.

l'a déjà prouvé. L'histoire du droit va compléter la démonstration.

36. — Le droit de la tribu a en effet laissé des traces profondes. C'est elle qui préside au transfert des possessions. C'est elle qui ensaisine. Lorsqu'elle a ensaisiné une famille, elle la protége contre les agressions violentes (1). Mais cette protection devient plus complète, lorsque la possession a duré un an et un jour sans réclamation. L'expulsion, en vertu même d'un jugement, est dès lors rendue impossible ou tout au moins fort difficile (2). Nous retrouverons cette prescription acquisitive d'an et jour jusqu'à une époque assez avancée du moyen-âge, en Allemagne, en France, en Italie et en Espagne. — Souvenons-nous de la propriété indoue, absolument imprescriptible, et nous aurons un contraste intéressant entre les peuples que la religion domestique a conduits à la propriété privée et ceux qui, n'ayant pas connu le culte des ancêtres ou n'en ayant pas tiré ses conséquences juridiques, ont été, pendant fort longtemps, dominés par le fait, ne se sont élevés que très-tard à la notion du droit.

37. — Pourquoi ce court délai d'an et jour a-t-il été adopté?

(1) Cette saisine s'appelle en allemand Gewehre; au bout de l'an et jour, c'est la rechte Gewehre. M. von Maurer (Einleitung zur Geschichte der Mark-Hof-Dorf und Stadt-Verfassung und offentlichen Gewalt. Munich. 1854. § 45. p. 99.) a le premier, à ma connaissance, mis en lumière l'étymologie de Gewehre, Wehr, *protection*. Il a ingénieusement rapproché ce mot de divers autres composés de la même racine, parmi lesquels je cite seulement Wehrgeld et Landwehr.

(2) Arg. Loi Sal. XLVI. — Dans l'affatomie, l'institué doit faire la retradition avant l'expiration d'une année à partir de la tradition *in mallo*. Pourquoi, si ce n'est parce qu'au bout de ce temps, son droit serait ferme et immédiat, son titre serait purgé? — Arg. Loi Sal. XLV. (Merkel p. 25.). — Arg. Capitul. de Louis le Débonnaire (817), et Capit. de Louis II (850), Pertz. Leg. I. p. 212. n° 11. et p. 443. n° 13. Les objets saisis par le fisc lui appartiennent définitivement au bout de l'an et jour, suivant le premier capitulaire, au bout de l'an, suivant le second.

M. de Maurer en a donné une explication ingénieuse. Il voit là une réminiscence de l'ancien partage du territoire de la tribu et de la possession annale. Si la répartition annuelle était déjà tombée peu à peu en désuétude de l'autre côté du Rhin entre le deuxième et le cinquième siècle de notre ère, ce qui est assez probable, l'hypothèse de M. de Maurer prendrait une certaine consistance. Alors, en effet, lorsque le partage n'avait pas eu lieu au jour traditionnel, lorsque la possession de la famille avait duré un an et un jour, cette possession changeait de nature. Mais voici ce qui fortifie surtout cette conjecture. Dans les pays où le partage avait lieu, non plus tous les ans, mais tous les trois ans, la prescription était également non plus annale, mais triennale (1). Cette concordance est assurément frappante.

38. — Terminons ce chapitre en observant que, dès le cinquième siècle, on trouve, dans les documents, une classification des biens, suivant leur origine, une distinction du bien patrimonial et du bien acquis. Les mots, «*comparatum*,» «*conquestum*» représentent immédiatement le second. Au contraire, pour désigner le premier, on emploie d'abord une périphrase (2). Plus

(1) M. de Maurer cite le Jydske Lovbog (l. I. ch. 47 et 51.), pour démontrer qu'en Danemarck la prescription est de 3 ans. En se reportant à la traduction latine de ce texte danois, publiée au siècle dernier par un professeur de l'Université de Hambourg, Kofod Ancher, sous le titre de *Lex Cimbrica, Hafniæ*, 1783, on voit que la citation est exacte. M. de Maurer aurait pu en outre invoquer pour la Suède le Code de Charles IX de Suède, dont il existe également une version latine. *Sveciæ Regni Leges Provinciales a Johanne Loccenio. Holmiæ*. 1672. Le ch. XVIII. de ce Code (p. 55 de l'éd. citée) est on ne peut plus formel.

(2) Pardessus. *Diplom. et Chartæ*. Charte du monastère de Réomé (497) et charte de 570 (t. I. p. 32 et 140.). De Bréquigny et La Porte du Theil. *Diplom. et Chartæ*. (1791) ch. LVI. t. 1. p. 99. *Testamentum Bertranni, Episcopi Cenomanensis* (615) « *ut de propria facultate quod ex parentum successione habeo... seu quod... aut aliunde comparavi.* » Eug. de Rozière. Recueil gén. de Formules. Form. 274. — Marculfe, II. 6. 7. 11. 12.

tard l'expression est trouvée. « *Res aviatica,* » lisons-nous dans plusieurs textes (1). Enfin, après la chute de la dynastie Carlovingienne, l'antithèse *proprium* (2) *comparatum* est certaine (3). Cette division du patrimoine a été générale dans toute la race germanique. L'idée du bien héréditaire a été exprimée chez les anciens Saxons par le mot « *uodil* » (de Maurer, § 42. p. 92.), chez les Scandinaves par « *odal* » (Waitz, *loc. cit.*), chez les Allemands du moyen-âge par stammland. L'explication de cette distinction est la même ici que dans l'Inde. La vente n'a été connue qu'assez tard. On n'a pas généralisé les vieilles règles, qui ne s'appliquaient qu'à l'allod primitif. — Les mâles ne conserveront leur droit privilégié de succession que sur le bien patrimonial. Voilà une première utilité pratique de cette classification.

CHAPITRE III

DU DROIT DES PARENTS DANS L'HYPOTHÈSE DE L'ALIÉNATION ENTRE-VIFS D'UN BIEN IMMOBILIER PAR LEUR PARENT.

30. — Il est impossible de présenter sur ce sujet une théorie unique. Les textes sont en effet contradictoires. Et ils ne sont

(1) *Lex Rip.* LVI. 4. *Decretum Childeberti,* c. 1. (Pertz, *Leg.* t. 1. p. 9.). Loi Sal. Texte d'Hérold cap. 72. Dans ce dernier texte, il y a « *avicam terram.* » M. Waitz (Das alte Recht der Salischen Franken) p. 117 et suiv., lit « *aviaticam.* »

(2) Déjà dans la loi des Visigoths, dans le Fuero Juzgo (édit. de l'Académie royale d'Espagne. Madrid. 1815.) l. IV. tit. V. l. 1. p. 58., on oppose les *propriæ res* à celles qui ont été données par le prince.

(3) La *terra salica* des textes est, selon moi, le bien patrimonial. En ce sens Pardessus, loi Sal. p. 709. En sens contr. Guérard. Prolégomènes au Polypt. d'Irminon, § 242. 249. p. 485. 495 et Waitz, *op. et loco cit.*

pas conciliables. Je les rapporterai donc à trois sources différentes. Le droit de notre époque est en effet le résultat ou du développement des coutumes barbares primitives ou de l'introduction en quelque sorte violente de principes romains dans les lois germaniques, introduction due à l'influence des évêques ou enfin de l'emploi fait par les clercs, dans certains actes de la vie civile, de la puissance morale de l'Eglise, pour transformer les vieux usages. — L'action de l'Eglise sous ces deux formes n'a pas du reste prédominé partout à la fois, et de là la variété des solutions.

40. — A. *Première source.* Le droit égal sinon de tous les parents, au moins du père et du fils sur le bien possédé et cultivé en commun a laissé des traces encore reconnaissables dans quelques monuments de cette époque. « *Communis facultas,* » dit formellement la loi des Burgondes, ch. 1. (Pertz. *Man. leges.* III p. 532.). Dans cette même loi, le partage d'ascendant, est considéré non pas, comme chez nous, comme un avancement d'hoirie, mais comme une liquidation de communauté. Le patrimoine sera partagé. Le père gardera sa part, mais à titre de propriété non plus commune, mais individuelle. Nous avons retrouvé, on s'en souvient, le même point de vue dans la législation indoue. Cpr. égalem. la *lex bajuvtorum,* t. 1 c. 1 (Pertz. *Leges* III p. 260.).

C'est au même ordre d'idées, je pense, que se rapportent les nombreuses chartes de donation (1) même à l'Eglise et les quelques chartes de vente (2) dans lesquelles on voit figurer non-seulement le chef de la famille mais sa femme et ses enfants. Ainsi le

(1) *Diplomata et Chartæ.* Collect. Bréquigny. t. 1. p. 24. ch. XII. (520), p. 116. ch. LVII (620). Passage de Paul Warnefrid, appelé aussi Paul Diacre cité par Le Huërou. Hist. des institut. Caroling. p. 57. n. 8. Cartulaire de Redon. édit. Aurélien de Courson. 1863. Chartes I, 13, 329. p. 1. 13. 280.

(2) Cartulaire de Saint-Sauveur de Redon. ch. de 819, 816, 846, n° 226, 227, 53 p. 174. 175, 42.

consentement des parents semble bien avoir été nécessaire. — Mais fallait-il distinguer suivant que le bien était patrimonial ou acquis? En l'absence de documents, aucune réponse certaine n'est possible. L'affirmative permettrait peut-être de rendre compte, en l'attribuant aux acquêts, d'une charte de 700 assez connue sous le nom de charte du comte Ængelbert (1). La « *facultas sua* » de la charte serait l'antithèse de la « *facultas communis* » de la loi des Burgondes. Mais c'est bien problématique.

41. — La présence de la femme à la donation et à la vente étonne peut-être. J'y vois une conséquence de ce que la femme jouit elle aussi du patrimoine de la famille, de ce qu'elle vit « au même pain et pot. » Peut-être il y a-t-il là cependant tout bonnement une conséquence de la conception chrétienne du sacrement de mariage qui fait des deux époux « *unam animam in carne una.* » Mais ce que je repousse absolument, c'est l'hypothèse de M. Rimasson. D'après cet auteur (Essai hist. sur la législat. Du Douaire. Rev. de législ. 1870-71 p. 398,) le consentement de la femme intervint seulement au neuvième siècle, lorsque la dot se transforma en douaire conventionnel, et le droit sur des objets particuliers en un usufruit affectant une quote-part du patrimoine. Il y aurait là un usage destiné à sauvegarder les intérêts de la femme.

42. — Les deux arguments suivants détruisent cette conjecture. 1° Dans la charte du sixième siècle citée par moi, note 1, p. 70, l'adhésion de la femme est déjà mentionnée : « *Cum conjuge Truda et filia Tenestina.* » 2° Celle-ci figure dans quelques actes de vente du dixième siècle, non pas seulement comme vendant avec son mari, mais comme achetant en

(1) Pardessus. *Dip. et Chartæ.* t. 2. ch. 471. p. 280. « *Dum leges et jura sinunt et conventio Francorum est, ut de facultatibus suis, quod facere voluerit liberam habeat potestatem.* »

même temps que lui (1). Or ici l'explication de M. Rimasson ne convient évidemment pas. N'est-ce pas tout-à-fait décisif?

43. — Nous trouvons dans les lois lombardes (Rotharis. 173. Pertz. *Leges* IV, p. 40,) et dans la loi donnée aux Saxons par Charlemagne (*Lex Saxonum*, t. XV. Walter 1. p. 380), la législation dont les chartes nous ont déjà offert des témoignages. — Validité de la vente consentie par l'instituant contractuellement ou par le parent quel qu'il soit, seulement si 1° le vendeur est pressé par le besoin et si 2° l'institué ou l'héritier légitime sommé régulièrement a refusé de lui venir en aide. Telle est la règle. Elle a un grand caractère d'ancienneté. Elle montre que le vendeur est bien considéré comme l'administrateur d'une corporation. — Je termine en observant que l'on attache en général une trop grande importance au t. XVII de la Loi des Saxons. Il vise un cas tout spécial. Le patron d'un homme libre est envoyé en exil. Son client veut l'y suivre. Comme ses parents ne peuvent plus ici le nourrir, il aura la faculté de vendre son bien, si cela lui est nécessaire, après avoir offert l'achat d'abord à ses héritiers puis à deux autres personnes indiquées. C'est le premier exemple, à ma connaissance, de cette offre aux héritiers.

44. — B. *Seconde source*. La loi des Burgondes, tit. 1, accorde la faculté d'aliéner comme on l'entend, les acquêts et les propres autres que le bien attribué par la voie du sort. La loi des Bavarois, tit. 1, cap. 1, autorise le père à disposer librement, en faveur de l'Eglise, de la part qui lui est échue, après partage fait entre lui et ses enfants. La loi des Alamans débute par une permission sans réserves de donner ses biens à l'E-

(1) Archives de l'église Saint-Hilaire de Poitiers (Mémoires de la société des antiquaires de l'Ouest. 1847. t. 14 p. 75) : *Cuidam homini nomine Constantio et uxori suæ Otbergæ et filiis suis.* » V. égalem. p. 18.

glise, (Pertz. *Leges* III. p. 45.) Enfin chez les Thuringiens (1) et chez les Anglo-Saxons (M. Sumner Maine. Ancien Droit, p. 264), l'idée primitive semble avoir déjà disparu, au moment de la rédaction de leurs Codes. A quelle influence attribuer ce mouvement significatif du droit barbare, sinon à celle des évêques ?

45. — C. *Troisième source.* L'influence des clercs sur la rédaction des actes se fait d'abord vivement sentir dans les donations à l'Eglise. Nous avons plusieurs chartes dans lesquelles nous voyons les héritiers menacés d'excommunication, s'ils attaquent les libéralités pieuses de leur auteur. Quelques-unes, par exemple celle de l'evêque du Mans, Bertram, déjà citée, du comte Eberhard et de l'évêque d'Autun, Palladius (Feudrix de Bréquigny. Collection de Diplômes. Chartes 50, 334, 92, t. 1. p. 99. 402, 161), contiennent en outre d'effroyables imprécations contre ceux qui oseraient le faire. La menace la plus fréquente est celle d'être engloutis tous vifs comme Dathan et Abiron. Cet emploi de la puissance morale de l'Eglise ne s'explique que par l'existence de vieux usages en sens contraire, contre lesquels il était nécessaire de réagir.

Pour la vente, au contraire, les procédés employés par les clercs furent surtout empruntés à la loi romaine. — Les Germains, au moment de l'invasion, ne connaissaient pas la vente des immeubles. Les actes de vente mérovingiens et carlovingiens que nous possédons sont purement romains. La formule est uniforme ; on la retrouve dans le Recueil de M. de Rozière, form. 272, par ex., et dans le Cartulaire de Redon, nos 226, 227, 229, p. 174, 175, 178. On exige une stipulation pénale de chacune des parties, pour le cas de non exécution. Et prévoyant l'hypothèse où les héritiers du *vendeur* (on ne fait

(1) *Lex Anglorum et Werinorum hoc est Thuringorum* (ed. Merkel. 1851), tit. XIII « *Libero homini liceat hereditatem suam, cui voluerit tradere.* »

pas la même supposition pour les héritiers de l'acheteur, ce qui est très-significatif) voudraient faire annuler la vente, on les soumet expressément à l'exécution de la stipulation pénale. Ainsi application des principes romains, grâce à l'influence de l'Eglise. Mais plus tard il se forma une vente germanique. La tradition *in mallo*, devant l'assemblée de la tribu, se généralisa. Et à partir du milieu du neuvième siècle, nous voyons les parents du vendeur intervenir à la vente.

TITRE III

Du droit des parents, en cas de vente d'un immeuble, dans les Etats européens autres que la France, depuis la décadence carlovinvingienne jusqu'à nos jours.

46. — Les législations européennes ont quatre sources communes : 1° les coutumes primitives; les Barbares, qui les ont pratiquées, sont Germains du Nord ou du Sud, Slaves ou Magyars; 2° le droit romain; 3° le droit canonique; 4° le droit féodal. De cette communauté d'origines naît l'uniformité de l'ensemble de ces législations au moyen-âge. De la variété des combinaisons de ces quatre éléments, et de leur persistance plus ou moins grande, provient l'originalité de chacune d'elles. Par exception, il faut en outre tenir compte ici d'un cinquième élément, l'élément byzantin, dont le rôle a été modeste mais cependant réel. Trouver pour combien chacune de ces cinq sources a contribué à la formation du droit des parents, dans notre hypothèse, tel est notre but en écrivant ce titre III. Notre méthode est dès lors indiquée. Nous grouperons ensemble les pays où l'organisation patriarcale de la famille s'est maintenue le plus longtemps et a laissé le plus de traces. Puis nous dirons quelques mots des constitutions des empereurs d'Orient. Nous exposerons en troisième lieu comment les peuples qui ont subi le plus les influences canonique et romaine ont réglé les droits des parents dans l'hypothèse de la vente d'un immeuble. L'Angleterre, « cette *Herculanum* de la féodalité, » nous apprendra les conséquences du régime féodal relativement à notre institution. Enfin, les Assises du royaume de Jérusalem nous serviront à contrôler les résultats obtenus.

CHAPITRE I

ÉTATS SCANDINAVES. ALLEMAGNE. PAYS SLAVES. HONGRIE

SECTION I. — ÉTATS SCANDINAVES (1)

§ 1. *Danemarck.*

46. — C'est la législation danoise qui porte les traces de la plus haute antiquité. Son développement est fort instructif. Nous distinguerons dans son histoire trois périodes.

47. — PREMIÈRE PÉRIODE. La vie en commun sous l'autorité du père ou du fils aîné est encore la règle pour la famille. La théorie que nous avons faite n° 20 est pleinement confirmée ici. Le droit de propriété se modèle sur le fait de la jouissance. La terre appartient aux parents qui l'ont acquise par leur travail commun ou qui la cultivent ensemble. Chacun d'eux y a un droit égal. Le Jydske Lovbog, même après sa révision par Christian IV, à la fin du seizième siècle, contient encore des traces de cette copropriété. Le frère aîné vit en communauté avec ses frères et ses sœurs adultes. Il se marie. Si les frères et sœurs ne protestent pas explicitement, son fils aura sur le patrimoine commun un droit égal à celui de chacun de ses

(1) A l'exception d'un texte de Christian V. que mon ami M. Georges Cogordan a bien voulu traduire pour moi du danois, ce dont je le remercie vivement, j'ai utilisé exclusivement les sources du droit scandinave, desquelles il existe des versions latines, allemandes ou françaises. Je citerai : pour le Danemarck, le Jydske Lovbog; pour la Suède, les lois Provinciales de Charles IX (sur ces deux textes. V. plus haut, n° 37, note 1); le Coutumier de l'île de Gothland, dont M. Schildener a donné une traduction allemande. Greifswald, 1818, p. 59; et enfin le code de 1734 encore en vigueur (Concordance des codes civils de M. Anthoine de Saint-Joseph. 2ᵉ édit. 1856. a. 3. p. 521). Pour l'Islande, la Gragas (Hin forna Logbok Islendinga sem nefnist gragas, ed. Schlegel. Havniæ. 1829.).

oncles et de chacune de ses tantes. Telle est la décision du ch. 19 (p. 33). Tant que cette indivision dure, il ne peut évidemment y avoir aliénation que du consentement des copropriétaires ou après partage préalable.

48. — DEUXIÈME PÉRIODE. Les partages se multiplient. Les entraves apportées aux aliénations sont de plus en plus gênantes. On distingue désormais, suivant la qualité du propriétaire. 1º Le bien appartient à une femme. La vieille loi est maintenue. On ne distingue pas du reste entre les propres et les acquêts. La vente, l'*échange*, la donation entre-vifs seront valables et seulement alors, avec le consentement des parents de la propriétaire, si elle est fille ou veuve, avec l'assistance de son mari et le consentement de ses parents, si elle est mariée, « *consilio marili et consensu legitimorum heredum,* » dit bien significativement le code (*Cap.* 30 p. 53). Cette expression montre que les héritiers de la femme sont copropriétaires et que le mari n'est consulté que parce qu'il a la jouissance. Si les héritiers n'ont pas figuré à l'aliénation, ils revendiqueront. Si grâce à la complicité du mari, le délai de prescription est écoulé, ils n'en auront pas moins le droit d'éviction. Le mari paiera une amende au roi et à l'acheteur.

49. — 2º C'est un homme qui est propriétaire de l'immeuble. A la copropriété a succédé un droit de préférence au profit des parents. Il est basé sur ce que l'immeuble est attendu par les héritiers, sur ce que ceux-ci sont propriétaires futurs, « *proximis cognatis sibi heredibus futuris,* » dit le *cap.* 31. p. 53. — Il importe d'insister un peu sur cette idée. J'ai déjà expliqué plusieurs fois pourquoi on ne conçoit pas que le chef de la famille patriarcale puisse changer la dévolution de l'hérédité. Je n'y reviens pas. Le plus proche parent a un droit ferme en un certain sens à l'héritage. Il ne faut pas qu'il soit réduit à néant par les dissipations du propriétaire intérimaire en quelque sorte. De là la prohibition des donations entre-vifs, sans le consentement des héritiers. Toute la fortune immobilière et patrimoniale est *réservée*, dans l'acception moderne et française du

mot. Mais on va plus loin que notre Code. Comme moyen préventif contre les fraudes, l'aliénation même à titre onéreux est soumise à des restrictions. — Cette différence avec notre droit se justifie amplement. Dans un état de civilisation peu avancée, il est difficile d'apprécier si la vente ne dissimule pas une libéralité. Un procès y est, en outre, une cause de grands troubles. Enfin, une somme d'argent, quelle qu'elle soit, ne compense pas pour les héritiers la perte du fonds de terre. La terre a en effet pris de bonne heure et a conservé longtemps une grande importance politique. Celle-ci se fait déjà sentir chez les anciens Scandinaves, où la condition *sine qua non* du droit de prendre part aux affaires publiques dans les assemblées générales, est la possession d'un immeuble (M. d'Olivecrona. Rev. hist. 1865. p. 394 et suiv.). J'ai à peine besoin d'ajouter que cette importance politique du bien fonds domine tout le régime féodal.

50. — La protection accordée aux héritiers contre les aliénations à titre onéreux consenties par le propriétaire actuel est ainsi réglée par le Jydske Lovbog. Le propriétaire offrira à trois jours d'audience distincts le bien patrimonial qu'il veut vendre, à ses plus proches parents du côté de son père ou du côté de sa mère, suivant qu'il l'a recueilli dans la succession de l'un ou de l'autre. Il ne semble pas d'ailleurs qu'il faille sous-distinguer, suivant que le bien patrimonial provient des lignes paternelle ou maternelle du père ou de la mère, « *paterna agnatis, materna cognatis offerenda sunt,* » dit simplement le ch. 34. p. 53. C'est la même idée qui, suivant l'opinion générale, mais inexacte, selon moi, a été consacrée par nos Coutumes françaises, dites de simple côté. Cette offre sera affirmée, au besoin, sous la foi du serment, par douze témoins appartenant à la même circonscription religieuse que le vendeur, « *duodecim sacramentalium jurejurando.* » Si elle n'a pas eu lieu, les plus proches héritiers reprendront le bien. Le vendeur leur paiera une amende et une autre au roi.

51. — Troisième période. Le Code de Christian V du 23 juin 1683

(l. 1. ch. 3.) a fait un dernier pas. Lorsque le vendeur est « un paysan propriétaire, » l'ancienne législation est maintenue. Les offres à trois audiences du tribunal sont exigées. Si elles n'ont pas eu lieu, amende et possibilité de revendication pour les héritiers dans le délai d'an et jour, s'ils sont dans le royaume, de trois ans, s'ils sont hors du royaume (art. 1er). Le ch. 34 du Jydske Lovbog était muet sur cette question de délais. Je croirais volontiers qu'avant Christian V, le droit des parents disparaissait, uniquement devant la prescription acquisitive ordinaire de trois ans. Le délai d'an et jour serait un emprunt au droit commun de l'Europe. Cette conjecture est vraisemblable, on l'avouera. Nous la rappellerons plus tard pour fortifier notre théorie sur la formation du retrait lignager.

52. — Voilà les règles pour le cas où le vendeur est « un paysan propriétaire. » Au contraire, « celui qui possède un domaine libre peut le vendre et le livrer avec un simple acte revêtu de son sceau et en présence de témoins honorables, *quoiqu'il n'ait pas fait d'offres* (art. 3.). » Pour toute une catégorie d'immeubles, la liberté de disposition est donc accordée au vendeur. La législation danoise, si longtemps archaïque, a ainsi devancé toutes les autres dans les voies de la propriété individuelle. Son évolution s'est brusquement arrêtée. Elle n'a jamais connu le retrait lignager.

§ 2. — *Islande.*

53. — Comme annexe à la législation danoise, nous allons exposer maintenant la législation islandaise telle qu'elle ressort de la Gragas. Nous obéissons, nous devons le dire, à une considération purement géographique. Car la différence est très-grande entre les deux législations sur ce point. Tandis que, même au dix-neuvième siècle, l'élément patriarcal a encore une grande influence en Danemarck, au treizième siècle au plus tard et probablement dès le dixième ou onzième siècle, l'influence canonique est prédominante dans sa colonie d'Islande. Le droit

de la Gragas est le résultat du travail de l'Eglise chrétienne sur des fondements primitifs. Il va nous montrer à quel point l'équité, telle que l'entendent des évêques catholiques de cette époque, a transformé les vieilles règles.

54. — Ce droit est contenu dans la *pars* 1. *sect.* IV. *de Hæreditatibus*, t. X. XI. XII. XXIV et suiv. p. 201. Le voici brièvement résumé. Le père est propriétaire intérimaire en quelque sorte. Il administrera en toute liberté, mais à condition de ne pas nuire par méchanceté aux propriétaires futurs, à ses héritiers (1). Ce pouvoir d'administrer, dans le sens large du mot, cessera du reste lorsque l'âge ou la maladie le rendront incapable d'exercer ses fonctions de chef de *famille*. C'est là une espèce d'interdiction préventive, ayant lieu *de plano*, qui correspond bien à la nature de peuples peu avancés et que nous retrouverons en Angleterre, en Allemagne et en France jusqu'à une époque relativement récente. Ce point de départ admis, les trois principes suivants s'en déduisent tout naturellement. 1° Le propriétaire ne doit pas vendre l'héritage sur lequel compte son héritier présomptif, « *speratam suam hæreditatem*, » si celui-ci désapprouve cette aliénation, à moins que l'équité des conditions ne soit démontrée (t. XXIV. p. 220.).

55. — 2° Les donations entre-vifs sont autorisées, mais à la condition qu'elles soient faites dans un but avouable, dans celui de récompenser un service, par exemple, et non dans celui de priver ses parents de leur héritage. Si le donateur a agi par esprit de méchanceté, l'héritier, auquel il a voulu nuire, aura le choix de le faire condamner à la peine de l'exil, lui et le donataire, si ce dernier est complice de la fraude, ou de se faire simplement adjuger dès maintenant l'administration des biens. L'Eglise a, comme on le voit, ingénieusement mis en œuvre ses idées propres au moyen des théories romaines de la *donatio in*

(1) Ici encore il ne semble pas qu'on distingue entre les propres et les acquêts. Ceci est parfaitement en harmonie avec la base d'équité que nous donnons à la disposition de la Gragas.

fraudem creditorum et du *testamentum liberti in fraudem patroni* (t. xi.). C'est là un fait bien digne d'être remarqué.

56 — 3° Enfin l'octogénaire ou l'homme atteint d'une maladie mortelle, n'ayant plus le juste aspect des choses (je traduis exactement), ne disposera pas de ses biens au préjudice de ses héritiers, sans le consentement de ceux-ci. Exception. Il a la faculté de donner la dixième partie de sa fortune pour le repos de son âme (t. xi).

§ 3. — *Suède.*

57. — Le point de départ de la législation sur notre sujet est ici le même qu'en Danemarck, et son développement ne diffère guère de celui que nous avons déjà exposé pour ce dernier pays. Le Coutumier de l'île de Gothland, cap. 38. § 1. est le monument le plus ancien que nous possédions. Inaliénabilité de la propriété territoriale quand il n'y a pas nécessité de vendre. Constatation de celle-ci par le plus proche héritier, les autres membres de la famille et tous les co-paroissiens. Voici les deux règles principales de cette première période.

58. — Les lois provinciales de Charles IX (t. iv. *de Jure agrario, cap.* 2. p. 40.) ont une grande analogie avec le Jydske Lovbog, au moins dans celles de ces dispositions, qui prévoient le cas où c'est un homme qui est propriétaire du bien à vendre. Distinction des propres et des acquêts. Notification publique aux parents à trois jours d'audience. Amende imposée au vendeur si ces formalités ne sont pas remplies. Voilà des caractères, qui se retrouvent en Suède comme en Danemarck. Dans le premier pays, le plus proche héritier a, pour reprendre le bien, un délai d'un an, si les offres ont eu lieu, indéfini dans le cas contraire (cap. 2 et 3).

59. — Le code de 1734, encore en vigueur, consacre enfin la dernière forme du droit des parents, le retrait lignager (Titre de la propriété foncière ch. v et vi. A de St Joseph, t. 3. p. 521). La législation suédoise est donc un exemple fort intéressant

du développement naturel de notre institution et de sa persistance.

Section II. — Allemagne, (1)

60. — Selon les principes allemands du moyen âge, le droit du père de famille de disposer de ses biens peut se formuler ainsi. 1° Il a la libre administration de ses meubles. Il peut les aliéner à son gré, tant qu'il est capable d'exercer les fonctions de chef de famille. Et quand a-t-il cette capacité? Aussi longtemps que, « portant l'épée et l'écusson, il peut s'élancer à cheval d'une pierre ou d'un endroit un peu élevé, pourvu qu'on lui tienne seulement le cheval et l'étrier. » Miroir de Saxe, l. 1. art. 52. § 2. C'est l'idée islandaise sous une forme féodale. Cpr. Miroir de Souabe, ch. 168. p. 20 et *Leges Burchardi*. 2° S'agit-il au contraire d'immeubles, le droit de les vendre n'est plus entier pour le propriétaire. Le droit de ses parents vient limiter le sien. — Je ne crois pas cependant qu'il y ait encore ici copropriété entre lui et eux. Il y a là un effet de la protection accordée aux héritiers contre la dissipation de leur futur patrimoine par le propriétaire actuel. Je me suis efforcé, dans le § précédent, de mettre en lumière cette théorie. Les *Leges Burchardi episcopi*, art. 2 et 6, ne permettent pas de douter qu'elle ait eu de l'influence à Worms au XIe siècle. Notre point de vue me semble également

(1) Sources. — *Episcopi Burchardi Leges et statuta familiæ sancti Petri præscripta (circa an. 1024.)*, texte reproduit par Laboulaye (Appendices à l'histoire de la propriété foncière, p. 524). Sachsenspiegel oder Sachsische Landrecht. édit. de M. Sachsse. Heidelberg, 1848, avec traduction en allemand moderne. Le Miroir de Souabe, d'après le manuscrit français de la bibliothèque de Berne, publié par M. Matile, professeur à Neufchâtel, 1843. Bibliogr. M. Eichhorn, Einleitung in das deustche Privatrecht. Gœttingen 1823 (§ 57. p. 193. § 97. p. 285). M. Mittermaier. Grundsatze des gemeinen deutschen Privatrechts. Landshut 1824 (§ 169, 170. p. 169, 170. § 141. 144). M. Zœpfl. Deutsche Rechtsgeschichte. Stuttgart. 1858. 3e édit. § 99. p. 710 et suiv.

certain pour la législation des Miroirs de Saxe et de Souabe, à la fin du XIIIe siècle. Le propriétaire peut consentir librement un échange de son bien immobilier (Miroir de Saxe, I. art. 52. § 1.). Comment le comprendre, s'il en est seulement copropriétaire? Les textes semblent en outre attacher la revendication éventuelle non à la qualité de parent, mais à celle d'héritier. En dernier lieu, la fin de ce même passage du Miroir de Saxe indique, selon moi, que le droit de l'héritier présomptif n'existe pas pendant la vie du propriétaire, et naît en principe seulement à sa mort. « Comme s'il était mort, » y lisons-nous.

Cette protection du droit à l'héritage a pris plusieurs formes. La première a été l'inaliénabilité, soit de tous les immeubles, soit uniquement des immeubles patrimoniaux. Cette inaliénation a d'ailleurs été absolue ou relative.

61. — Dans les documents qui nous sont parvenus, l'inaliénabilité absolue n'est jamais consacrée qu'avec des atténuations pour l'hypothèse où le propriétaire est pressé par la nécessité.

A Fribourg, au XIIe siècle, il suffira pour empêcher la vente, même dans ce cas que l'un des héritiers consente à subvenir à ses besoins (1). Ceci nous rappelle la loi de Rotharis et la loi des Saxons. A Worms, dès le XIe siècle, un pas de plus a été fait. Le propriétaire recouvrera sa liberté de disposition, après avoir offert inutilement devant témoins à ses plus proches héritiers d'acheter l'immeuble (*Burchardi Leges*, art. 2 et 6).

62. — L'inaliénabilité relative est consacrée au treizième siècle par les Miroirs de Saxe et de Souabe. La défense de leurs droits est confiée aux héritiers eux-mêmes. Avec leur consentement, il est permis au propriétaire de vendre son bien. Mais « qu'il en garde une demie acre et un enclos, de telle sorte qu'on puisse y faire tourner une voiture. » Miroir de Saxe, l. 1. art. 34. § 1. Cette dernière règle est, je pense, un produit des idées

(1) Freiburger Strad trecht (année 1120, § 28, cité par M. Zœpfl).

féodales. D'après elles, l'homme est attaché à la terre. « Il a pris racine dans le rocher où s'élève sa tour, » a dit Michelet (Orig., du droit fr. Introd. p. 36.). Il faut conserver à la famille sa place dans la hiérarchie féodale. Si le propriétaire a disposé de son immeuble ou de son serf contre la loi, sans l'agrément de son héritier, quelle que soit l'origine de l'immeuble ou du serf, « celui-ci (l'héritier) se débarrasse de cela (de cette aliénation), par un jugement, *comme si était mort* celui qui a aliéné comme il n'avait pas le *pouvoir de le faire.* » Miroir de Saxe l. 1. art. 25. § 1. *in fine.* Cpr. Mir. de Souabe. ch. 21. p. 5. Ainsi la vente a été consentie par un incapable. L'héritier enlevera le bien à l'acheteur, *sans lui rembourser le prix*, et il entrera immédiatement en posssession. C'est là une peine infligée au vendeur et correspondant à l'amende des lois scandinaves. Le droit de revendication des héritiers ne sera pas indéfini. Le Miroir ne parle pas de délai et il n'avait pas à en parler. Mais au bout de l'an et jour, à partir de la mise en possession régulière de l'acheteur, il y aura prescription acquisitive au profit de celui-ci (Miroir de Souabe, ch. 204. p. 38).

63. — Cette inaliénabilité absolue ou relative a été remplacée plus tard par un simple droit de préférence accordé aux héritiers présomptifs. Ce droit de préférence a revêtu lui-même deux formes distinctes. Tautôt le vendeur devra offrir le bien à ses plus prochés parents. Tantôt la vente se fait librement; mais ceux-ci ont un certain délai pour évincer l'acheteur, en remboursant le prix.

64. — L'offre se pratiquait encore en 1824 surtout dans les villes libres et s'y pratique encore (1). A la même époque, le retrait lignager, aboli au commencement de ce siècle dans la

(1) Hambourg. Statuts de 1605. tit. VIII de la vente, art. 3 et 4 (Anth. de Saint Joseph, t. 2. p. 341). Brême, art. 54. Lunebourg. Part. IV. ch. I. Lubeck (1. t. 10. § 2-6).

plupart des législations allemandes (1), subsistait à Bade et en Bavière (2). On trouvera sur son histoire d'intéressants détails dans le livre de M. Eichhorn. Ses règles sont à peu près identiques à celles de la législation française sur le même sujet, règles qui seront exposées plus tard. Notons seulement que la préférence accordée au plus proche héritier sur le plus éloigné, retrayant plus diligent, ou même acheteur, s'est conservée en Allemagne jusqu'à la fin, et que la solution de nos coutumes souchères y est le droit commun. Le retrayant doit être un descendant direct du parent qui a mis le bien dans la famille (M. Eichhorn, § 103).

SECTION III. — HONGRIE ET PAYS SLAVES.

65. — Dans tous les pays où l'organisation patriarcale s'est plus ou moins maintenue, le droit des parents en cas d'aliénation de la terre a été reconnu, sous des formes diverses. Chez les Slaves du Sud, Serbes (3) ou Autrichiens, le patrimoine de famille est absolument inaliénable. Il n'en est pas de même de l'acquêt appelé perchia (M. Ewers, p. 262). En Russie, la propriété collective de la tribu s'est d'abord maintenue sur une grande partie du territoire. Et le chef de la famille ou tiaglo ne peut évidemment lui enlever son droit de conserver la jouissance

(1) Loi prussienne du 9 oct. 1807. § 3. Code Autrichien. § 1073. Wurtemberg, 2 mars 1815. Hesse électorale, 3 août 1822. Hesse Darmstadt, 15 mai 1812. Nassau, Ordonnance du 29 mars 1809.

(2) Code badois du 3 mai 1808, art. 1701. Code bavarois, c. I. § 8, 10. Je cite ce dernier texte, d'après M. Mittermaier. Je puis ajouter que le retrait lignager existe encore aujourd'hui en Suisse, dans le canton de Berne, sous le nom de Zugrecht (Code de 1826 à 1831. art. 819 à 834. Anth. de Saint Joseph. t. 4. p. 74).

(3) Ceci est trop absolu. Les communautés de famille n'existent que dans les campagnes. Dans les villes, il y a propriété individuelle mais avec retrait lignager (Code Serbe du 11 mars 1844, art. 670 à 677, de Saint Joseph. 3. p. 481).

de la terre jusqu'au partage suivant et de participer à celui-ci. En outre, dans les provinces où la propriété privée existe, le retrait lignager est autorisé même aujourd'hui (Svod ou Digeste russe, tome x, lois civ. art. 1010 à 1041. A. de Saint Joseph. 3. p. 369). Enfin, en Hongrie, il en était de même, il y a peu d'années. M. de Laveleye nous l'apprend (Revue des deux Mondes du 1er septembre 1872. V. aussi M. Bergson. A. de Saint Joseph. I. p. 138). Nous tirerons plus tard deux conclusions importantes de ce fait, que partout où les coutumes primitives ont laissé les traces les plus profondes, partout où l'influence du droit romain n'a pas été prédominante, quelle que soit la race du peuple, Scandinave, Germanique, Slave ou Magyare, le retrait lignager ou une forme plus ancienne du droit de la famille existe ou a été récemment supprimé.

CHAPITRE II

EMPIRE BYZANTIN (1)

66. — Les auteurs byzantins firent connaitre de bonne heure à l'Europe occidentale une Novelle d'un empereur d'Orient qui a été célèbre et a eu une certaine influence sur le développement postérieur du droit. Elle est intitulée Peri Protimesecs, et, suivant l'opinion générale, elle a pour auteur Romanus Lecapenus (2) et date de 922. Voici sa principale disposition. Si un

(1) Bibliogr. Histoire du droit civil gréco-romain, par M. Charles-Edouard Zachariæ de Lingenthal (Traduct. de M. Lauth.). Histoire du droit byzantin par M. Mortreuil. 1844. On trouvera le texte de la Novelle dans ce dernier ouvrage.

(2) M. Mortreuil, t. 2. p. 337, l'attribue à Constantin Porphyrogenète. Il s'appuie sur une scholie des basiliques, qui serait formelle (Basiliques édit. Heimbach. Schol. 1. p. 639-640). Voir le texte de la Novelle dans le livre de M. Mortreuil.

bien immobilier est vendu, seront préférées à l'acheteur, si elles le désirent, et dans l'ordre suivant, les cinq catégories de personnes qui suivent : les parents qui sont propriétaires par indivis du bien avec le vendeur ou qui n'ont cessé de l'être qu'en vertu d'un partage; les associés qui possèdent une chose immobilière; les personnes qui ont leurs terres enclavées dans le domaine d'autrui; enfin les propriétaires des fonds aboutissants et avoisinants subdivisés en deux classes, suivant qu'ils se trouvent ou non sous le patronage du même homme puissant que le vendeur. Ce dernier devra du reste signifier son intention d'aliéner aux personnes comprises dans ces cinq catégories. Un délai de trente jours est accordé à celles-ci, à partir de cette signification. Il importe de remarquer que le privilége est accordé non pas à la parenté, au lien du sang, mais à l'état de copropriétaire ou de voisin. La parenté a seulement pour effet de ranger le copropriétaire dans la première catégorie, au lieu de la seconde.

67. — Quelle est la raison d'être de cette bizarre législation? M. Zachariæ y voit une conséquence des pratiques financières de l'empire byzantin. Lorsque l'Etat ne pouvait s'opposer ni en fait ni en droit au délaissement des terres et lorsqu'il ne rencontrait personne qui consentît à prendre volontairement les biens abandonnés, en s'obligeant par contre à supporter les charges et prestations à lui dues, il adjugeait de force les « *desertos et steriles agros* » aux propriétaires de parcelles voisines. Par compensation, il aurait accordé à ceux-ci la faculté de devenir par préférence acquéreurs des parcelles recensées en même temps que les leurs, des ὁμόχηνσα. C'est une hypothèse ; mais elle est rendue vraisemblable par cette considération, que la constitution constate elle-même, qu'elle se rattache à la législation de l'impôt.

68. — La Novelle de Romanus Lecapenus consacre-t-elle une innovation? Je ne le crois pas et je ne suis pas de l'avis de M. Zachariæ, lorsqu'il y voit la remise en vigueur d'une vieille constitution abrogée en 391 par Valentinien, Théodose et Arcadius (L. 14. C. Just. IV. 38. et la l. 6. c. th. 3. 1.). Son opinion

est condamnée par les interprétations forcées auxquelles il est contraint. Les « *Proximi* » ne sont pas les propriétaires des fonds aboutissants au bien vendu. S'il en était besoin, la traduction des commentateurs byzantins qui mettent tous « συγγενεῖς » (parents) serait une preuve décisive. Enfin, la constitution est formelle. La loi abrogée était basée sur un motif d'équité, « *injuria, quæ inani honestatis colore velatur.* »

69. — Comment alors expliquer cette loi *dudum* comme l'appelaient nos anciens auteurs? C'était là une de leurs croix « *cruces.* » Je dois dire qu'encore aujourd'hui la lumière est loin d'être faite et, qu'il est impossible d'émettre là-dessus autre chose que des conjectures. Conjecture pour conjecture, voici celle que je préfère. — En Illyrie, à une certaine époque, un droit de préférence sur l'acheteur était accordé aux parents et copropriétaires du vendeur d'immeubles. Voilà le seul fait constant. Il semble en outre que cette législation ne fut pas générale et ne dépassa pas les bornes de la province illyrienne. Comment une pareille dérogation aux principes romains y futelle introduite! Je ne verrais là la trace ni de coutumes primitives (En sens cont. M. Viollet. op. cit. p. 39.), ni d'usages importés par les Gaulois en Illyrie (1). Ce fut à mon sens, une jurisprudence locale due à un *præfectus*, confirmée par rescrit d'un prince dominé par la conception chrétienne de l'équité et qui ne résista pas, après la mort de ce dernier, à la saine notion romaine de la propriété individuelle et du respect dû au contrat. On ne doit en tenir aucun compte. La constitution de Théodose, Valentinien et Arcadius est adressée à Flavianus, préfet d'Illyrie. Nous connaissons fort bien ce Flavianus auquel sont adressées beaucoup de lettres de Symmaque formant le livre II de ses

(1) M. Laferrière (Hist. du dr. fr. t. 1. p. 101, 102) et M. Boissonade (Rés. hérédit. p. 157). Sans parler de l'existence problématique de colonies gauloises en Illyrie, n'est-il pas étrange que la constitution ne s'applique pas à la Gaule?

œuvres. Les histoires ecclésiastiques nous en parlent souvent. Il était chrétien et dans son poste d'Illyrie, qu'il occupa fort longtemps, il s'était fait une renommée d'équité. « *Ut æquitate, qua clarus es,* » lui dit Symmaque (1). Il ne serait pas étonnant qu'un tel homme eût puisé soit dans la Bible, soit dans son sentiment de la justice, cette idée, qu'en indemnisant l'acheteur les parents du vendeur doivent lui être préférés, et qu'il l'eût fait approuver par Constantin. Mais, ce n'est là, nous le répétons, qu'une conjecture (Cpr. Jacques Godefroy, Com. sur la L. 6. C. Th. 3. 1).

70. — Ce qu'il importe de retenir de nos développements, c'est 1° que le droit romain proprement dit n'a jamais rien produit d'analogue au retrait lignager, 2° que le droit byzantin, tel qu'il ressort de la Novelle de Romanus Lecapenus n'a lui aussi que des rapports éloignés avec notre institution. Mais plus tard la pratique financière décrite par nous et appelée en général επιβολη fut pour partie abrogée par Romanus Argyrus, et tomba en partie en désuétude ; la corrélation de la protimèsis avec la procédure d'attribution de l'impôt ne fut plus dès lors comprise. On prit simplement pour base les cas de parenté, de co-propriété, de voisinage. — Ainsi transformée, la protimèsis s'est maintenue en Grèce jusqu'à nos jours. Le code valaque en parle dans le l. 3. c. 2. § 7 et suiv., le code moldave dans les par. 1432-1436 (V. M. Zachariæ, op. et loc. cit.). C'est sous cet aspect qu'elle a joué un rôle en Italie.

(1) *Q. Aurelii Symmachi Epistolarum ad diversos Libri X. Lib. 2. Ep.* 86.

CHAPITRE III

ITALIE ET ESPAGNE.

§ 1. — *Italie.* (1)

Il n'y a pas bien entendu unité de législation en Italie. Source lombarde, source grecque, source féodale, source canonique, source romaine, source allemande, toutes ces sources ont laissé des traces dans les nombreux statuts municipaux de la péninsule au moyen-âge. —Voici, malgré le nombre peut-être insuffisant des documents originaux que j'ai consultés, un tableau rapide du droit italien, en ce qui concerne notre matière. Maintien de la constitution de Romanus Lecapenus dans quelques provinces. Existence du droit des parents tantôt sous la forme de la nécessité de l'offre préalable aux parents, tantôt sous celle du retrait lignager proprement dit dans quelques autres. Enfin dans beaucoup de statuts, prédominance décisive du droit romain et liberté complète du vendeur.

72. — A. Une constitution de l'empereur d'Allemagne Frédéric II, dont le texte intégral a été découvert en 1822 à Naples, dans la bibliothèque du musée Bourbon, par M. Pertz (Pertz. Leg. 2. p. 332), ne me laisse aucun doute sur la persistance du droit byzantin, dans l'Italie méridionale. Sa date est certaine. M. Pertz la rapporte par conjecture à l'année 1239. Son titre est « *de Jure prothomiseos* » et elle établit un droit de préférence,

(1) Sources. *Monumenta historiæ patriæ edita jussu regis Caroli Alberti.* Aug. Taurinorum (Turin), 1838. (*Leges municipales*). *Monumenta historica ad prov. Parmensem et Placentinam pertinentia. Parmæ.* 1855. *Statuta Parmæ. Statuta Placentiæ.* Bibliogr. M. Fréd. Sclopis. Hist. de la législation italienne, trad. fr. de M. Charles Sclopis, 1861.

en cas de vente, au profit des mêmes personnes que la constitution de Romanus, parents, co-propriétaires, associés, voisins. Formalités de l'offre, délais, tout est identique dans les deux textes, sauf un détail sans importance. Mais je tiens à mettre en lumière qu'en trois siècles la base de la protimésis s'est bien déplacée, comme je l'ai annoncé d'avance. Le privilége accordé aux parents repose tout entier, pour l'empereur allemand, sur la faveur due à la parenté. Aussi le fait-il disparaître, en cas d'indignité des ayants-droit. Au seizième siècle la législation de Frédéric II est encore en usage dans le royaume de Naples. Mathœus de Afflictis (1) nous l'atteste.

73. — B. Dès le douzième siècle, le *Liber Feudorum* consacre la nécessité de l'offre préalable faite aux parents, en cas d'aliénation d'un bien patrimonial (2). Et c'est là, selon le texte, une coutume déjà ancienne. Cette institution me paraît être ici, comme en France, la combinaison des usages primitifs et d'un droit féodal déjà atténué. Un siècle plus tard, le statut municipal de cette même ville de Milan, où les deux consuls écrivaient leur livre, nous montre la même institution en vigueur. Offre aux plus proches héritiers. Délai de trente jours accordé à ceux-ci pour se décider. Si la formalité a été négligée, ils auront un an et un jour pour revendiquer l'immeuble aliéné (F. Sclopis. t. 2. p. 126). A la même époque, le statut du doge Tiepolo (1242)

(1) *De Jure prothomiseos* (§ 1 et 7), dissertation imprimée dans un Recueil imprimé à Venise en 1683 sous le nom de *Tractatus illustrium*...T. XVII, p. 2 et 16. Dans le même volume, voir deux autres dissertations sur le même sujet, l'une de Baldus de Ubaldis, l'autre de Jacobus Novellus. Ajoutons que la prescription acquisitive d'an et jour, au profit de l'acheteur, est connue dans le royaume de Naples, (Const. sicil. Canciani. *Leges Barb.* l. III. t, 32. §. 1.).

(2) « *Ut ecce, si quis ex agnatis tuis rem, quæ a communi parente per successionem ad eum pervenerit, alienare voluerit, non permittetur ei, etiam, secundum antiquam consuetudinem, nisi tibi vel alio proximiori pro æquali pretio accipere volenti.* » Lib. II. t. 4. *de investitura veteris vel novi beneficii*, édition Cujas (éd. Fabrot, t. X. p. 910.).

donne un droit de prélation aux parents consanguins, sur lequel je ne puis pas donner de détails, mais qui ressemble probablement au droit de préférence milanais (F. Sclopis. t. 2. p. 140).

74. — C. Je n'ai retrouvé le retrait lignager que dans une Décrétale de Grégoire IX (1227. 1241.) (*Decret. Greg. Lib.* I. t. 41. *de in integ. restitut. cap.* 8.) et dans le statut de Casale en Piémont (*Leges municipales col.* 951). Le délai est d'an et jour, le premier document nous l'apprend. Le second texte est assez remarquable en ce qu'il restreint la faculté d'exercer le retrait aux frères et sœurs du vendeur. Ajoutons qu'au témoignage d'André Tiraqueau, dans la remarquable préface de son traité du retrait lignager, notre institution existait également à Padoue, où elle portait le nom de *Jus præsentationis*, et à Lucques, où elle était appelée *Jus recompræ (recuperare)*.

75. — D. Enfin, il me semble certain que dans beaucoup de statuts municipaux, grâce à l'influence du droit romain, le droit des parents, en cas d'aliénation d'un immeuble, même patrimonial, n'a jamais été reconnu. Je citerai celui de Parme, celui de Plaisance et tous ceux, sauf celui de Casale, qui ont été recueillis par la Commission Sarde, dont M. Sclopis faisait partie, et publiés dans les *Monumenta patriæ*. Parmi ces derniers, les plus importants sont ceux de Turin et de Nice.

§ 2. — *Espagne.*

76. — Le développement de la législation espagnole sur notre matière a été particulièrement remarquable. Il se rapproche de celui du droit allemand ou français plutôt que de celui du droit italien. L'influence romaine n'a, par exception, laissé dans notre sujet aucune trace. Le retrait lignager a été longtemps pratiqué en Espagne. Sa disparition y est d'une date relativement récente. Coutumes primitives, voilà la cause de sa naissance. Approbation de l'Eglise, voilà le motif de son maintien.

77. — Après leur défaite par les Arabes, les Goths, qui ne se soumirent pas aux vainqueurs, « rebroussèrent chemin, pour

ainsi dire, vers la vie que menaient leurs ancêtres dans les forêts de la Germanie. » Il y eut « retour forcé vers leur *situation primitive* et *par conséquent vers leurs anciennes institutions.* » Cette observation très-exacte et d'une haute portée est due à M. Guizot (Hist. des Origines du gouvernement représentatif. p. 410 et 411). Ils se fractionnèrent en plusieurs groupes. L'ancienne organisation en tribus et familles-corporations reparut. Et comme conséquences, deux règles, que nous avons déjà vues chez nous dans les périodes Mérovingienne et Carlovingienne et dont la combinaison formera plus tard notre institution coutumière, se retrouvent également ici. Dans les Fueros du onzième siècle, en effet, 1° la vente des immeubles sans nécessité est formellement interdite (1). Sans doute, au reste, le consentement des héritiers présomptifs supplée à cette nécessité (2). 2° La prescription acquisitive d'an et jour à partir de l'ensaisinement de l'acheteur est consacrée (3).

78. — Plus tard, au seizième siècle, les Fueros connaissent le retrait lignager proprement dit (4). Le vendeur devra faire publier la vente trois jours durant. Ses parents, en remboursant le prix dans le délai, seront préférés à l'acheteur. Tiraqueau (*de Ret. Lin.* préface) nous affirme que notre institution est contenue également dans le *Forum regium*, autrement dit dans

(1) Fuero de Nagera, Fuero concedido a Miranda de Ebro en el ano de 1099 por el rey D. Alfonso el VI (Coleccion de Fueros Municipales y Cartas pueblas por. D. Thomas Mùnoz y Romero. Madrid 1847. tome I. p. 290 et 347.). Le premier est surtout remarquable en ce qu'il accorde en même temps un droit de préférence aux voisins.

(2) La plupart des Fueros sont concédés, non par le roi seul, mais par le roi avec le consentement de ses fils, quelquefois même avec celui de sa mère (Fueros Municip. t. 1. p. 270 et 271).

(3) Fuero de Miranda. l. c.

(4) Fuero de Baeza, art. 27, cité par M. Laboulaye (Hist. de la Propr. fonc. p. 37). Fuero de Burgos, art. 207, et Fuero de Zamora, cités par M. Gide. Etude sur la condition privée de la femme, p. 356.

« Las siete Partidas » d'Alphonse le Sage. L'adhésion de l'Eglise serait alors incontestable. J'avoue que j'ai cherché dans l'édition glosée de Gregorio Lopez, Valladolid, 1587, et que je n'ai rien trouvé de semblable.

79. — Terminons en remarquant qu'encore au commencement de ce siècle le retrait lignager était en usage et qu'après l'émancipation des colonies espagnoles, il continua à être appliqué dans l'Amérique du sud, jusqu'à la rédaction de Codes civils, dans les différents Etats (De Saint Joseph. Concord. des Codes civils. Introduct. p. 78. et t. 2. p. 22.).

CHAPITRE IV

GRANDE BRETAGNE

§ 1. — *Angleterre proprement dite.*

80. — Nous allons avoir ici l'exemple d'une société féodale créée de toutes pièces par la conquête. Le droit des parents en cas de vente d'un immeuble ne semble pas exister, avons-nous dit, chez les Anglo-Saxons. Nous le trouvons, au contraire, après l'invasion normande. Son origine est donc ici purement féodale. Voici sous quelle forme il se présente.

Le contrat d'inféodation n'est pas toujours identique à lui-même. Tantôt le fief est concédé au vassal lui-même et à ses héritiers, quels qu'ils soient. Il est alors appelé qualifié ou bas fief. Tantôt la possession en est consentie au vassal et à ses héritiers, seulement s'ils appartiennent à tel ou tel ordre, s'ils sont à tel ou tel degré. Il est en ce cas nommé conditionnel (1). Mais que la concession rentre dans l'une ou l'autre de ces deux

(1) Commentaire sur les lois anglaises, par W. Blackstone, avec des notes de M. Christian. Trad. Chompré. 1823. liv. 2. ch. 7. (t. 2. p. 483).

catégories, les droits qui en résultent sont les suivants : Droit pour le seigneur d'empêcher le transfert du bien à une personne autre que ses concessionnaires présents ou futurs. Droit pour le roi « souverain-fieffeux » de s'opposer à la translation du fief à un homme moins capable d'accomplir les services féodaux. Droit pour le vassal de n'être en relations qu'avec le suzerain qu'il s'est choisi. Droit enfin pour les héritiers du concessionnaire, quels qu'ils soient, ou remplissant les conditions stipulées, de garantir le droit, qui résulte pour eux, du contrat d'inféodation. Le résultat de tout ceci est que l'aliénation n'est pas possible, sans le consentement du plus proche parent du vendeur, du suzerain immédiat et de l'héritier de celui-ci, du roi, du vassal (1).

81. — Telle est la théorie primitive. La première dérogation y fut faite par Henri Ier. On distingua désormais entre les propres et les acquêts. Pour les premiers seulement, l'inaliénabilité relative continue à s'appliquer à la totalité de l'immeuble (2). Plus tard, Glanville accorde la faculté de disposer à titre gratuit et *a fortiori* à titre onéreux d'une certaine portion de ceux-ci. Ici encore se vérifie l'observation faite par nous que le droit de tester a été la conséquence de la propriété individuelle aperçue en dernier lieu, et que les entraves, auxquelles il a été soumis, ont disparu également en dernier. Pas d'institution d'héritier.

(1) Blackstone, l. 2. ch. 4. (t. 2. p. 393.) et surtout l. 2. ch. 19. (t. 3. p. 154.).

(2) Blackstone reproduit un passage des lois d'Henri Ier, qui ne contient aucune restriction à la prohibition. Au contraire, dans l'édition de ces lois, données au siècle dernier par Canciani, voici ce que nous lisons : « *Nulli liceat forismittere hæreditatem suam de parentela sua datione vel venditione, sicut diximus,* MAXIME SI PARENTELA CONTRADICAT ET PECUNIAM SUAM VELIT IN EA MITTERE » (Canciani, *Leges Barbarorum* t. 4. p. 362). Ce serait le droit des parents, sous sa seconde forme celle de l'offre et non sous la première. Le dernier membre de la phrase « *maxime si...* » pourrait, à la vérité, avoir été ajouté plus tard.

C'est Glanville, on le sait, qui a formulé la maxime « *Solus Deus heredes facere potest.* » Le consentement des plus proches parents est nécessaire pour la validité du legs des propres et des acquêts, s'il y a des enfants, des propres seulement, s'il n'y en a pas.

82. — Le mouvement de la législation fut ici fort rapide. Edouard Ier y apporta des réformes décisives. Par son statut 13. ch. 18, il avait assujetti une moitié des terres du débiteur, pour les dettes reconnues en justice. Par un autre statut de la même année, il étendit cette règle à la tot.lité des biens fonds. Par le statut *quia emptores* enfin il permit, à toutes personnes, excepté à celles qui tenaient de la couronne immédiatement, d'aliéner à leur gré tout ou partie de leurs terres. Et ces tenants immédiats y furent à leur tour autorisés par Edouard III (stat. I. ch. 12.), en payant un droit au roi. La vente de la propriété féodale devint donc libre d'assez bonne heure. Le droit des parents fut brusquement arrêté dans son évolution naturelle. Si nous nous occupions de la propriété d'équité, de celle qui résulte de cette *in jure cessio*, appelée « common recovery » ou de l'use, nous arriverions, par la force même des choses, au même résultat. Concluons donc que le retrait lignager proprement dit ne fut jamais connu en Angleterre.

§ 2. — *Pays de Galles.*

83. — Le texte des lois galloises du roi Hoel le Bon nous a été conservé. La prohibition d'aliéner les fonds de terre, sans le consentement de sa famille, fils, frères, cousins, arrière-cousins, y est formelle (2). Revendication de l'immeuble, si

(1) *Tractatus de Legibus et Consuetudinibus Angliæ* VII. 1. (Houard. Cout. anglo-normandes, I. p. 461.).

(2) Ancient Laws and Institutes of Wales comprising Laws supposed to be exacted by Howel the Go od. — Printed by command of his late Majesty King William IV. London 1841. The Venedotian. Code liv. 2. ch. 15. n° 8. p. 86.

cette règle a été violée. C'est là certainement le meilleur argument invoqué par M. Laferrière en faveur de l'origine celtique de notre institution. Cependant j'observe que, si les lois d'Hoel le Bon ont probablement été rédigées au dixième siècle, elles ont été révisées, après la conquête normande, probablement au treizième siècle. Or, l'adhésion du seigneur est également exigée dans notre texte. Et cette circonstance, rapprochée du paragraphe précédent, est de nature à faire naître des doutes. Je serais cependant disposé à penser que les règles féodales ont simplement modifié en un point la loi d'Hoel et que le principe de celle-ci est antérieur. Il se rattacherait à l'organisation patriarcale de la famille, organisation qui appartient à toutes les races et n'est pas plus celtique que germanique ou slave.

§ 3. — *Ecosse.*

84. — C'est de cette organisation patriarcale également que dérive la législation de David Ier, roi d'Ecosse, sur notre sujet (1). L'aliénation de l'immeuble patrimonial n'est valable que : 1° si le vendeur était pressé par le besoin ; 2° si, à trois plaids importants, il a offert d'acheter le bien à ses plus proches parents et amis. Le tout doit être attesté par *douze* BOURGEOIS dignes de foi et remplissant les conditions légales « *per duodecim legales et sufficientes Burgenses.* » Identité à peu près complète, comme on le voit, avec les lois scandinaves et le *Decretum Burchardi episcopi* (2).

(1) *Leges Burgorum* (1re moitié du 12me S.) ch. 127. art. 1. 2. 3. 5. (Houard. Cout. anglo-normandes, t. 2. p. 449. V. aussi ch. 115.).

(2) Sur les traces de la possession primitive de la tribu contenues dans ce texte, comme dans le Coutumier de Gothland. V. M. Viollet, *op. cit.* p. 43.

APPENDICE

ROYAUMES DE JÉRUSALEM ET DE CHYPRE.

85. — L'étude des coutumes transportées par les Croisés en Orient, terminera notre titre. Les influences féodale et canonique ont ici produit, comme l'on sait, deux législations distinctes.

86. — Dans les livres de Philippe de Navarre, de Jean et de Jacques d'Ibelin, je n'ai rien trouvé de relatif à notre sujet. Je pense que les règles féodales telles que nous les avons décrites en Angleterre devaient s'appliquer ici.

87. — Dans le Livre des Assises de la Cour des Bourgeois, le droit des parents est au contraire formellement consacré, dans l'hypothèse de l'aliénation d'un immeuble, pourvu probablement, mais non certainement, que celui-ci soit patrimonial (Ch. 30, Ed Beugnot, 1843, t. 2, p. 35). Et le motif donné par le texte est justement celui que j'ai exposé plus haut. Protection des droits futurs des héritiers : *Et hereditates non ad alienos sed ad suos parentes, si fieri potest, naturali jure omnimodo devolvantur*. Le vendeur doit offrir à ses parents d'acheter le bien. Si cette offre a eu lieu, ceux-ci pourront encore revendiquer l'immeuble dans les sept jours, à partir de la vente. Le délai qui leur est accordé pour délibérer, commence donc à l'offre et finit à l'expiration du septième jour après la vente. La formalité a-t-elle, au contraire, été négligée, l'acheteur sera protégé uniquement par la prescription acquisitive d'an et jour (chap. 31). Ainsi donc, selon moi, les Assises connaissent non pas la troisième forme du droit des parents, le retrait lignager, mais seulement la seconde. Cette opinion n'a pas encore, que je sache, été professée. Je ne me dissimule pas qu'elle est hardie.

88. — Voici comment je raisonne (1). 1° La première phrase du texte s'harmonise parfaitement avec notre interprétation et la commande même (2). On suppose, en effet, en présence le vendeur et son parent. « Et *li* en viaut autant donner. » Ce n'est pas à l'acheteur que ce dernier aura affaire. 2° Notre manière de voir admise, la règle du chapitre 31 complète celle du chapitre 30, et leur rapprochement, qui sans cela ne s'expliquerait pas, est tout naturel. 3° Enfin, à l'époque où le Livre des Assises a été rédigé, entre 1170 et 1183, suivant M. Beugnot, l'offre aux parents est pratiquée dans la plus grande partie de l'Europe. Le retrait lignager ne l'est nulle part. Quelle est l'idée la plus vraisemblable, ou celle du transport pur et simple des coutumes européennes en Orient, ou celle de leur développement, dans le sens d'une liberté plus grande du vendeur?

89. — Ce qui achève notre démonstration, c'est l'impossibilité, pour nos adversaires, de rendre compte de la brièveté exceptionnelle de ce délai de sept jours à partir de la vente.

Comment le retrait lignager français et anglais aurait-il été mal compris dans le royaume de Jérusalem? (Comp. M. Beugnot. Introduct. à l'Assise des Bourgeois, p. 42.) Le premier monument européen, qui atteste l'existence du retrait lignager, est la Charte communale de Beauvais de 1182. Et encore sa doctrine

(1) Si je m'en rapportais à M. Victor Foucher (Assises du Royaume de Jérusalem, texte Français et Italien, Rennes et Paris, 1839, p. 48, 49, 50, 51), je n'aurais pas à discuter. Le ch. 30 du Livre des Assises ne se trouve pas en effet dans son édition. Le ch. 29 de celle-ci correspond au ch. 31 de M. Beugnot. Il y aurait dès lors un délai uniforme de prescription acquisitive pour l'acheteur, an et jour. Mais je ne crois pas possible de me tirer d'embarras à ce prix, en présence de l'accord de M. Beugnot et de M. E. H. Kausler (Les Livres des Assises et des Usages du Réaume de Jérusalem. Stuttgard, 1839. Assises de la Baisse Court, p. 65.)

(2) « Se un home viat vendre son héritage, et il avient que aucun de ces parents le viaut acheter le héritage et *li* en viaut autant donner come un autre home estrange, le droit comande que le parent doit aver celuy héritage, avant que nul autre. »

est-elle fort douteuse. Comment enfin le délai de sept jours serait-il le délai primitif comme je l'ai entendu enseigner? *Le decretum Burchardi* est du onzième siècle (vers 1020). La Coutume de Villefranche est de 1171. Et ces deux textes connaissent déjà le délai d'an et jour, dans l'hypothèse de l'offre aux parents, à la vérité ; mais peu importe.

90. — Je termine ce chapitre en reconnaissant que deux siècles plus tard le retrait lignager existe dans l'île de Chypre. Il a conservé le nom de la forme antérieure du droit des parents. Il s'appelle Chalonge. L'offre est à peu près tombée en désuétude, et c'est ici, par exception, le délai le plus court, celui de sept jours à partir de la vente, qui a prévalu (1).

91. — Résumons-nous. — Maintien, même de nos jours, du droit des parents, sous des formes diverses, dans les pays où l'organisation patriarcale de la famille a été le plus résistante, et où le régime féodal a eu peu ou point d'influence. (Etats scandinaves. Russie. Provinces slaves du Sud. Berne.) — Génération entière de notre droit par les règles féodales en Angleterre. — Conformité de celui-ci avec l'esprit de l'Eglise (Espagne et royaume de Jérusalem et de Chypre), mais non avec celui du droit romain (Statuts de Parme, de Plaisance, de Turin, de Nice). Voilà les résultats de notre étude des législations européennes. Il est assez important pour ne pas nous la faire regretter.

---

(1) V. là dessus d'assez longs détails dans un Coutumier du quatorzième siècle, l'abrégé du livre des Assises de la cour des Bourgeois, Beugnot. t. 2. p. 260).

TITRE IV

Du droit des parents, en cas de vente d'un immeuble par leur parent, d'après la législation française, à partir de la décadence carlovingienne jusqu'à nos jours.

92. — Je commence par tracer exactement les limites de mon sujet. Je n'ai pas à m'occuper ici du cas où il y a association convenue expressément ou tacitement entre les parents. Dans cette hypothèse, pas d'aliénation possible sans le consentement de tous les asociés. Cela est évident. Il n'est pas inutile du reste, même pour notre étude, de rappeler en passant ces communautés taisibles vivement attaquées déjà par Beaumanoir, ch. XXI, des Compagnies, nº 5 et suiv. (Ed. Beugnot, t. I. p. 305), et ces associations agricoles qui se sont conservées pendant huit siècles, sous des noms divers. Les premières ont eu lieu par le seul fait de la vie en commun de deux parents et du mélange de leurs meubles pendant an et jour. Elles sont la mise en pratique des idées développées par nous sur le droit égal des membres de la famille qui possèdent et cultivent ensemble un bien. Les secondes, nées, selon moi, de la nécessité du groupement pendant la période d'anarchie qui suit la décadence carlovingienne, ont été maintenues par le régime féodal pour les mainmortables. Dans ces deux hypothèses, il y a réellement copropriété (1). Je suppose donc que les parents du vendeur ne

(1) Encore au quinzième siècle, il y a de curieuses traces de cette vie en commun entre parents, qui est la règle dans le moyen-âge. Masselin, dans le *Journal des Etats généraux* de 1484, parle d'une maison où il avait trouvé « *decem matrimonia et septuaginta animæ* » (M. Dareste de La Chavanne. Histoire des classes agricoles, ch. IV. Sect. III).

vivent pas avec lui ou au moins que leurs meubles ne sont pas confondus. Pour mon étude, je diviserai, ai-je dit, l'histoire du droit français sur ce point, en quatre périodes.

PÉRIODE FÉODALE

DU DIXIÈME AU QUATORZIÈME SIÈCLE

—

CHAPITRE I

B[illegible]E DU DROIT DES PARENTS. SON ORIGINE.

93. — Le droit des parents en cas de vente est consacré en France comme dans tous les autres Etats européens. Sur quelle base repose-t-il? Quelle en est la source?

94. — Chez les Basques Français, je crois la trouver dans le caractère de totalité de chaque famille vis-à-vis des autres, dans la remarquable persistance de l'organisation primitive, tribus subdivisées en familles-corporations. Au dire de M. Francisque Michel (Le pays basque, p. 199), les Basques considéraient « comme une tache nationale » la possession d'un immeuble par un étranger; et toutes les bourses s'ouvraient pour exercer le retrait local ou de bourgeoisie. Voilà un vestige significatif de la possession primitive de la tribu. Privilége d'aînesse appliqué sans distinction de sexes, de personnes, de biens. Partage forcé des propres, par moitié, entre le père et son fils aîné, lorsque celui-ci se marie (Soule. xxiv. 21. 22. Labourt. ix. 17. 18). Possibilité d'enlever la possession de sa moitié à l'un ou à l'autre, en cas de simple mauvaise gestion. Exclusion des successions prononcée contre les prodigues, les fous, les imbéciles, les idiots, et même, dans la vallée de Baréges, les impuissants et les prêtres (1). Ce

(1) M. Cordier. Organisation de la famille chez les Basques. Rev. hist. t. 14 (1868). p. 577.

sont là des preuves indiscutables que l'on conçoit le possesseur d'un bien non comme individuellement propriétaire, mais comme administrateur d'une corporation. Il ne serait pas difficile de signaler entre les coutumes basques et indoues de sérieuses analogies.

95. — Les coutumes basques sont du reste une anomalie. La base du droit des parents est universellement chez nous, dans notre période, la protection accordée aux héritiers contre la dissipation de leur futur patrimoine par le chef temporaire de la famille (1). J'ai développé n° 40 ce point de vue. Je n'y reviens pas. Nous avons trouvé des preuves certaines de sa vérité pour le royaume de Jérusalem, dans l'Assise des bourgeois. L'argument le plus fort que nous puissions invoquer ici, c'est la liberté de l'échange accordée par tous nos monuments français au propriétaire. Cette règle se concilie fort bien avec l'idée de protection, mais non avec celle de copropriété. Les textes s'harmonisent au surplus avec notre théorie. C'est ainsi que la formule du retrait lignager employée en Champagne au quinzième siècle est la suivante : « Je te prie, *tiens moi pour hoir* de ce que tu as acheté d'un tel mon cousin » (Grand Coutumier. Edit. de MM. Laboulaye et Dareste, 1868. ch. 34. p. 338). Les héritiers peuvent sauvegarder et avancer leur entrée en jouissance en remboursant l'acquéreur. Ils n'invoquent pas un droit actuel. Ainsi maintenir la dévolution régulière de l'hérédité, voilà le but.

96. — Ce point de vue a pour origine le développement des coutumes primitives. Il a été consacré et affermi par les principes féodaux et canoniques, avec lesquels il se conciliait parfaitement. J'ai déjà touché à toutes ces idées. Je les rapproche

(1) Cette transformation de la base de notre droit des parents tient, selon moi, à l'influence des idées féodales. Les relations entre le vassal et le suzerain sont en effet individuelles pendant leur vie. C'est le premier qui devra individuellement les services féodaux; ce n'est pas la famille envisagée comme unité, comme corporation.

ici l'une de l'autre, en les résumant. Les droits du chef de la famille ont été toujours en augmentant. Mais la dernière faculté qu'on lui ait reconnue a été celle de régler les affaires de la corporation, pour le moment où il n'en sera plus l'administrateur. — L'héritier du vassal a, en vertu même du contrat d'inféodation, un droit acquis à « porter la foi et l'hommage, » à la mort du titulaire actuel du fief. — L'Eglise catholique enfin n'admet pas que l'individu ait jamais la liberté de manquer à l'équité, de disposer, contrairement à la justice, même de ce qu'il a gagné par son propre travail. « C'est aux pères à amasser du bien pour leurs enfants, » a dit l'apôtre (S. Paul, ép. II, *ad Corinth.* XII. 14). Il pèche en les privant de son patrimoine. Dieu a établi un ordre de succession. Il faut le suivre. « *Solus Deus hæredes facere potest.* » Aussi partout où l'influence canonique est puissante : en Islande, à Jérusalem, en Espagne, le droit des parents est introduit ou maintenu.

97. — Ainsi selon nous, celui-ci n'est pas de création purement féodale. Il n'est pas difficile de le démontrer. Le retrait lignager existe en effet dans beaucoup de pays, où le régime féodal ne s'est jamais implanté, chez les Slaves et chez les Kabyles du Jurjura par exemple. Réciproquement il a toujours été repoussé par quelques-unes de nos provinces de droit écrit, et il n'a été accepté dans les autres que fort tard et par imitation des coutumes. N'est-ce pas tout-à-fait décisif? (1)

98. — Passons maintenant aux diverses formes prises successivement par ce droit des parents.

(1) En sens inverse, Eusèbe de Laurière. Cout. de Paris. Préface du t. du retr. lignager, M. Augustin Thierry (Histoire du tiers-état, t. 2. p. 175.) J'ai déjà signalé l'origine gauloise attribuée par Pithou et M. Laferrière à notre institution. David Houard (Anciennes lois des Français (1766) t. 1. p. 256 et 257) y voit une invention des seigneurs pour favoriser le développement des villes de bourgeoisie, en renonçant en faveur des parents à leur retrait féodal. On ne pouvait guère aller plus loin dans la voie des suppositions gratuites. Comp. cependant les vieux auteurs qui voient encore ici un emprunt fait au droit romain.

CHAPITRE II

FORMES SUCCESSIVES DU DROIT DES PARENTS

99. — L'aliénation des immeubles avait été interdite, par suite du caractère unitaire de la famille primitive. Cette défense se maintint, lorsque le point de vue eût changé. Elle fut la première forme de la protection accordée aux héritiers. Nous en avions trouvé une atténuation dans la loi de Rotharis et dans la loi des Saxons. Nous la retrouvons chez les Basques au treizième siècle (1), comme dans la Coutume de Fribourg, cent ans auparavant. La vente du bien patrimonial sera possible, et seulement alors, si le propriétaire est dans le besoin et si aucun de ses parents ne consent à le nourrir. Plus tard la première de ces conditions est seule maintenue (2). Enfin pour éviter les procès sur la question de savoir si oui ou non il y avait nécessité d'aliéner pour le vendeur, l'habitude se généralisa de faire intervenir à la vente les héritiers présomptifs. Dumoulin sur

(1) Fors de Béarn, Législation inédite du 11e au 13e siècle avec traduction par MM. Mazure et Hatoulet. Pau. 1841. For de Morlaas. Rubrica xxxi de Tornius, art. 71 et 80. Ces traducteurs, d'après leur note sous l'art 71 ne comprennent pas ce texte comme nous. Son rapprochement avec le For réformé de 1552. Rub. de Contractes et Tornius, art. 6, rend notre interprétation évidente. J'ai vu depuis que M. Cordier dans ses savantes études sur l'organisation de la famille chez les Basques (Rev. hist. t. 14. 1868. p. 551), l'adopte sans hésiter.

(2) Anciens usages d'Artois. t. xxiv. (Maillart, Cout. d'Artois). Loi de Vervison de la Bassée, faite par Enguerrand de Coucy, sous Henri I, citée par La Thaumassière (Anciennes Cout. de Lorris. ch. 16. p. 610.). For d'Azun en Lavedan (1300) art. 87 (M. de Lagrèze. Histoire du droit dans les Pyrénées (comté de Bigorre). 1868 p. 450. — Coutumes de Soule et de Labourt. (Arg. des Cout. du 16me siècle dont nous parlerons plus tard. Cout. de la Pérouse de l'an 1275, reproduite par La Thaumassière, (Cout. de Bourges t. xiv, du retrait, p. 459).

l'art. 50, Anc. Cout. d'Artois et Brodeau, sur l'art. 124 de la Nouv. Cout. de Boulenois, attestent cet usage. De nombreuses chartes (1) ne nous permettent pas d'en douter. — Si le propriétaire a vendu seul le bien patrimonial, la vente n'a pas été régulière. Les héritiers reprendront le propre sans rembourser le prix à l'acheteur, sauf recours de celui-ci contre son vendeur. Comme en Allemagne, ils garderont sans doute l'immeuble « comme si était mort celui qui a aliéné, comme il ne pouvait pas le faire. » Celui-ci sera privé de la jouissance.

100. — L'action des héritiers n'a pas de caractère propre. Pendant longtemps elle n'eut pas de nom spécial. Elle s'appelle *calumnia*, comme toutes les actions en revendication (2). A partir du treizième siècle seulement nous pouvons affirmer que les expressions « chalonge » et « chalange » lui sont exclusivement réservées (3). Elle ne doit pas être intentée dans un délai particulier. Elle suit le sort commun des autres actions immobilières. Elle disparait devant la prescription acquisitive d'an et jour à partir de l'investiture et seulement devant elle. Les documents sont unanimes en ce sens. Aucun d'eux ne parle de délai accordé aux héritiers, pour faire valoir leurs droits. Tous déclarent l'acheteur à l'abri, après une *possession* d'an et jour. Et ce caractère de délai de prescription se maintint ici, longtemps après que la curieuse règle que nous avions vue

(1) Archives de Saint Hilaire de Poitiers déjà citées. Actes du commencement du xme siècle. V. p. 18 et 75. Vente faite en 1170 à l'abbaye de Saint-Martin-aux-Jumeaux par Raoul (d'Espesmaisnil, bourgeois d'Amiens (Aug. Thierry. Monuments de l'hist. du tiers-état, t. 1 p. 95.)

(2) Cependant peut-être pourrait-on soutenir le contraire en faisant remarquer que les formules carlovingiennes emploient toujours les deux mots *calumniam* et *repetitionem* et que le premier semble correspondre au « *ullus ex heredibus meis.* »

(3) Livre de Jostice et de Plet. édit. Rapetti, ch. VIII et IX, p. 128 et 129. — Abrégé du Livre des Assises de la Cour des Bourgeois, ch. 33 (Beugnot, t. 2. p. 260). Etablissements de Saint Louis, ch. 154. Anciens usages inédits d'Anjou (éd. Marnier), 1853. § 35.

consacrée dans les lois franques, en Espagne et dans le royaume de Naples et que nous retrouvons en France, dans les chartes communales du douzième siècle (Ord. des rois de France, t. XI. p. 228, 254, 270), fut tombée en désuétude.

101. — Voilà la première forme du droit des parents (1. 2). Lorsque l'aliénation était légale par suite de la pauvreté du vendeur, on ne tarda pas à considérer comme équitable de donner, toutes choses égales, la préférence aux parents. — Cette préférence fut réglée de diverses manières, suivant les pays. Presque partout on dut offrir à l'héritier présomptif d'acheter le propre pour le prix offert par un étranger. — Peut-être alla-t-on immédiatement dans quelques provinces jusqu'au retrait lignager. Mais nous n'en avons aucune preuve précise. Tout au plus est-ce présumable pour les pays basques. — On ne s'étonnera pas que cette procédure d'offres se soit plus tard généralisée et appliquée à tous les cas de vente. La notion romaine de la propriété individuelle avait fait des progrès. On considéra comme une protection suffisante pour les héritiers, une institution qui, tout en permettant au propriétaire de transformer comme il l'entend sa fortune même patrimoniale, d'en jouir à son gré, assure à ses parents, par la possession de la terre, leur maintien dans la hiérarchie féodale. Il semble que

(1) Une Charte du Cartulaire de Redon, ch. 381, p. 337 (1141) confirme toutes nos idées. C'est le compte-rendu d'un procès survenu entre l'abbaye de St-Sauveur et Menardus de Fago, et jugé à Preuilly en Anjou.

(2) Je n'ai trouvé aucun document faisant exception pour le cas où la vente est faite au roi ou à l'Église. Je puis citer seulement une charte de l'empereur d'Allemagne Henri V, de 1107, relative aux Pays-Bas, et que j'interprète comme mettant à l'abri les chanoines de Maestricht et de Lüttich contre les réclamations des héritiers de leur vendeur. « *Item, si quis suburbanus clericus domum hereditariam habuerit, liberam ab* OMNI JURE CIVILI *obtinebit.* » Cette charte est reproduite dans un recueil récent de M. Waitz. Urkunden zur deutschen Verfassungsgeschichte, im. XI. und XII. Jahrhundert 1871.

cette réduction du droit des parents en cas de vente d'un propre ait précédé de quelque temps le changement analogue de la prohibition absolue de donner entre-vifs les immeubles patrimoniaux en une réserve des deux tiers ou des quatre quints.

102. — Nous avons des traces certaines de l'offre aux parents dans plusieurs monuments du douzième siècle (1). C'est sans doute à cette époque que son usage a été le plus répandu. Au treizième siècle, elle est encore pratiquée dans une assez grande partie de la France, en Picardie et dans l'Orléanais, sans conteste (2), peut-être même à Paris, au moins avant 1257.

103. — Voici en quelques mots cette procédure, cette offre au proisme, *proximus*, comme je l'ai déjà appeleée, en empruntant cette expression à l'ancien Coutumier de Picardie, qui nous donne sur elle d'assez grands détails. Le vendeur devra proposer à son plus proche parent d'acheter le bien patrimonial aux conditions qu'il prouvera au besoin lui avoir été proposées par un étranger. Le proisme aura quinze jours, pour réfléchir. S'il ne paie pas « au quief de la quinzaine » et s'il ne prouve pas qu'il y a faute de la part du vendeur, il perdra définitive-

(1) Coutume accordée en 1171 aux habitants de Villefranche par Archambaud VI, citée par La Thaumassière (Anciennes Cout. de Lorris. *loc. cit.* ch. 16. p. 610). Charte communale d'Amiens. art. 23. (1190). (Aug. Thierry. Monum. de l'hist. du Tiers-Etat, t. 1. p. 112). Cet art 23 ne se trouvait pas dans la rédaction de 1117 de la charte communale.

(2) Ancien Coutumier de Picardie (édit. Marnier, 1840, p. 148). Etablissements, ch. 151. Pierre de Fontaines (Conseil à un amy, ed. Marnier, 1846 p. 109). Ce dernier texte est douteux. Voici les passages qui m'ont convaincu. « Car ce seroit molt damacheuse chose à celes genz qu'ils deussent atendre lor parenz, qui sont outre mer ou en longue chitteveison à *vendre lor choses*... Et là où li despaisiez devra ètre rétabliz, il rendra... » Il semble que la présence des parents au moment de la vente est nécessaire, et que si une formalité qui ne peut ètre que l'offre, n'a pas eu lieu, *la vente n'est pas régulière*, « *restablis*, » dit le texte. Ce sont là des idées qui ne concordent pas avec la notion du retrait lignager.

ment son droit. L'acheteur ne pourra plus être inquiété par aucun membre de la famille. Si au contraire l'offre n'a pas eu lieu, la vente n'est pas légale. Les parents demanderont la terre par « proimité » (Pierre de Fontaines), tant qu'il n'y aura pas prescription au profit de l'acquéreur, pendant un an et un jour, à partir de l'investiture de celui-ci. Ils devront du reste, même dans ce cas, le rembourser intégralement. Il est possible qu'on ait, à un moment donné, considéré pour cette hypothèse, la vente comme illégale et qu'on ait appliqué la même solution que dans la période précédente, lorsque l'aliénation avait eu lieu, sans l'adhésion des héritiers présomptifs. Mais il ne nous en reste pas de traces.

104. — Le vendeur et son acheteur étranger n'avaient donc pas un grand intérêt à accomplir la formalité de l'offre. Ils durent souvent la négliger. L'influence du retrait féodal dut surtout être considérable. Depuis longtemps (1) le suzerain « rappelait à sa table » le fief librement aliéné, en indemnisant l'acquéreur dans un certain délai. Cette règle uniforme et plus simple prévalut dans notre matière. De là l'origine du retrait lignager.

105. — Cette dernière forme du droit des parents prit peut-être naissance à Beauvais, à la fin du douzième siècle (2). — Au

(1) Dans la charte d'Etablissement du Monastère de La Réole (977) reproduite par Laurière, Pref. au T. du ret. lign. de la Cout. de Paris, on trouve le germe du retrait féodal plutôt que le retrait féodal lui-même, comme on le dit en général. Mais ce dernier existe déjà, au onzième siècle, dans le *Limbourg* belge, (acte de 1020 reproduit par Waitz, op. cit. Urk. zur deutschen Verfassungs geschichte im. 11 und 12. Jahrundert, p. 41), et dans la Coutume de Villefranche de 1171 (Comp. M. Viollet p. 49, note 3.),

(2) La charte communale de Beauvais (1182) peut se rapporter aussi bien à la procédure d'offre qu'au retrait lignager. « *Item si contigerit, quod aliquis de communia hereditatem aliquam emerit, per annum et diem tenuerit et ædificaverit, quique postea veniens per redemptum calumniabitur super hoc, ei non respondebitur, sed emptor in pace remanebit.* » La même charte existe en fran-

moins avons-nous des preuves indiscutables de son existence dans la première moitié du treizième, en Normandie (1), et dans la seconde moitié en Anjou (Anciens Usages d'Anjou, éd. Marnier, §§ 28, 35, 100), et à Paris (Arrêts du Parlement, dont le plus ancien est de 1257. Olim, éd. Beugnot, t. I, p. 444). Au siècle suivant, elle s'est généralisée. Nous la trouverons en Bretagne, en Bourgogne, dans le Poitou et même dans la Coutume d'Orléans. — Nous allons exposer le plus brièvement possible ses règles d'organisation dans notre période.

CHAPITRE III

DU RETRAIT LIGNAGER.

106. — Privilége accordé à l'héritier présomptif, voilà le caractère du retrait lignager à notre époque. Son but n'est pas de conserver les biens dans les familles, dans un intérêt public, mais de sauvegarder des droits purement privés. Si l'on se souvient en outre qu'il est le dernier terme d'une série de

çais (Mémoires des pays, villes, comté et comtes, évêché et évêques, de Beauvais et Beauvoisis par Antoine Loisel, p. 231). Les présomptions que l'on peut invoquer en faveur du retrait lignager sont l'expression « *per redemptum*, » la généralité du texte qui ne distingue pas, suivant que le demandeur a été oui ou non mis en demeure d'acheter, le fait que cent ans plus tard l'institution telle qu'elle est décrite par Beaumanoir, porte des traces d'une haute antiquité.

(1) Etablissements et Coutumes de Normandie et Jugements de l'Echiquier de cette province, éd. Marnier. 1839. p. 92, 93, 100, 102, 104, 105, 107, 154. Recueil de Jugements de l'Echiquier de Normandie par M. Léopold Delisle. 1864. n° 517 p. 122. Grand Coutumier de Normandie. ch. 116. de Querelle de fief vendu. Pour ce dernier, V. le Coutumier général de Bourdot de Richebourg. — Le consulter également, sauf indications spéciales, pour toutes les coutumes, que je citerai.

mesures protectrices dont les règles ont contribué, pour une large part, à former les siennes, on sera préparé à comprendre la théorie que nous allons exposer.

107. — A la différence de l'Allemagne, les noms donnés, en France, à notre institution, ne sont pas très-nombreux. Et je ne pourrai pas conclure de la variété des idées qu'ils expriment, au grand rôle joué par elle, comme le fait M. Eichhorn pour l'Allemagne, op. cit., p. 287. — Je les rattache à trois points de vue. Ils mettent en lumière : ou le caractère de privilége attaché à la parenté, ou le fait de l'enlèvement à l'acheteur avec une nuance d'injustice à redresser, ou enfin l'enlèvement pur et simple à celui-ci. Au premier appartiennent les dénominations les plus anciennes. Elles ont toutes pour racine *proximus*. Prémesse (1) en Bretagne. Primessa en Béarn (Fors de 1552. Dès Contractes et Tornius, art. 24). Droit de Proismeté dans la plupart des coutumes du Nord. Droit de Proximité (Jehan Bouteiller, Somme rurale. t. 70.

Au second je rapporte « la rescousse », mot employé par Beaumanoir.—Comp. en effet, Olim., t. 1, p. 007, note 11. Au troisième enfin, le torn (retrait, action de retraire, par opposition au droit de retraire), et le torniu (retrayant) des vieux Fors Béarnais du treizième siècle, le tornier (retrayant) du

(1) Selon M. Laferrière op. cit. t. 2. p. 101, 102, presme, prémesse viendraient des mots celtiques priod, pried (uni, lié, proche) et il voit là un troisième et dernier argument en faveur de l'origine celtique du retrait lignager. — D'Argentré ne soupçonnait pas ce priod, pried. Sous la rubrique du tit. 15 de l'Ancienne Coutume, il se borne à rejeter avec sa verve hautaine et mordante l'étymologie de prémesse avec protimésis proposée par Cujas (sous le passage de Liber Feud. cité.). « *Inepta deductio ac ne Varroni quidem placitura,* » dit-il. Ne me suffit-il pas de remarquer qu'il est impossible de ne pas donner une racine unique au « presme » breton et au « prœsme » des Cout. du Maine, 330, d'Artois, de Lille (art. 89) et de Lilliers (l. 7), ou encore au prosme anglo-normand (Britton éd. Morgan Nichols. Oxford. 1865. t. 2. p. 213) aussi bien qu'à primessa et à prémesse. ?

Poitou (1), et, enfin, le retrait et le retrayant de la majorité des Coutumes.

§ 1. — *Qui a le droit de retrait.*

107.—La doctrine est parfaitement logique sur ce point dans notre période.— Il faut protéger le droit individuel de l'héritier présomptif à l'immeuble patrimonial. Voilà le point de départ. La conséquence forcée est que le retrait peut être exercé par celui-ci, et par lui seul. Déterminons donc les caractères auxquels on reconnaîtra l'héritier présomptif du propre. Ils sont au nombre de trois. Il faut être le plus proche parent du vendeur, l'être au degré successible et du côté d'où provient le bien patrimonial.

108. — Le premier a une grande importance. Il est à notre époque universellement reconnu (2). L'immeuble doit appartenir au plus prochain. A égalité de degrés, il doit y avoir partage (3). Peu importe que le parent plus éloigné ou du même degré soit acheteur. Dans le premier cas, il sera totalement évincé par le plus proche (4). Dans le second, il le sera pour

(1) Livre des Droiz et des Commandements d'office et de justice, édition de M. Beautemps, Beaupré, Paris, 1865, n° 981 et 561. Ce Coutumier dont l'auteur est inconnu et qui date de la seconde moitié du quatorzième siècle est appelé quelquefois Pratique de Cholet, du nom de Guillaume Cholet, l'un des possesseurs successifs du manuscrit.

(2) Arrêt du parlement de 1303 (Olim, t. 3. p. 302, n° 41). Jean Faber (Comm. sur les instit. de Justinien *de empt. et vendit.* l. 3. t. 23. n° 1, 2, 3, 4, 5).

(3) En sens inverse, Beaumanoir (Cout. de Beauvoisis. éd. Beugnot. ch. 44. de Rescousse de Hiretage, n° 25 p. 190.)

(4) Beaumanoir, ch. 44, Livre des Droiz et Commandements, n° 80 et 125. Très-Anc. Cout. de Bretagne, ch. 46 an 1330 suivant Pierre Hévin. Notes sur les arrêts de Frain, t. 2. ch. 93). « Je me plège que je suis plus presme à tel achapt ou prisaige comme tel a fait. » Telle est la formule bien significative de la demande en retrait dans cette Cout.

partie (1). C'est l'hypothèse des trois frères, l'un vendeur, l'autre acheteur, l'autre retrayant, assez fréquente dans les documents. Peu importe également que le plus proche ait été moins diligent que le plus éloigné. Ce dernier principe est cependant appliqué différemment, suivant les provinces. En Normandie il est observé dans toute sa rigueur, même si le retrait a déjà été adjugé au plus diligent, même si le délai d'an et jour est expiré. L'héritier présomptif aura encore la préférence, pourvu que les deniers n'aient pas encore été payés par le premier retrayant, pourvu, en un mot, que l'opération ne soit pas absolument terminée (2). Ce n'est pas là le droit commun. On exige en général que le plus prochain se présente avant que l'immeuble ait été adjugé (3).

109. — Il ne suffit pas d'être le demandeur en retrait du degré le plus rapproché. Il faut être parent au degré successible. Ici l'influence de l'Eglise fut prédominante. Elle réglait le sacrement de mariage et par suite la constitution de la famille. Elle fixa d'abord le mode de computation des degrés de parenté et étendit jusqu'au septième la parenté prohibitive du mariage. Cette dernière règle canonique devait tout naturellement avoir une action décisive sur notre matière. En effet dans le Beauvoisis « dusques el septime degré de lignage pot-on

(1) Etablissem. ch. 156. Ancienne Coutume manuscrite d'Anjou citée par Laurière (note sur le ch. 161 des Etablissem.). Très-Anc. Cout. de Bourgogne (entre 1270 et 1330), éd. du président Bouhier. (Cout. de Bourgogne, t. I. p. 130). Edit. de M. Giraud, n° 73. (Hist. du Dr. Français, t. 2. p. 231). En sens inverse déjà Beaumanoir ch. 44, p. 19). « Car il ne convient pas que l'on soit marcheans pour autrui, si l'on ne puet dire « je sui plus procheins. » Le raisonnement du grand jurisconsulte est fort remarquable. Il est un exemple intéressant du procédé employé par les légistes, pour combattre une coutume, qui leur semble mauvaise.

(2) Jugement de l'Echiquier de Normandie et Assise de Lisieux (Marnier, p. 98 et 154).

(3) Livre des Droiz et Commandem., n° 595. V. aussi, n°s 125, 538, 659, 978, 979. Arrêt du Parlement de 1308 (Olim. t. 3. p. 302. n° 44).

rescorre héritage de son costé, puisque on puist prover le lignage, » nous dit Beaumanoir (ch. 44. n° 7.). Et il ne nous laisse pas de doute sur l'origine de cette décision. Plus tard, le droit coutumier eut son développement particulier et lorsque l'Eglise fut devenue moins rigoureuse pour les empêchements de mariage, les conditions fixées pour l'exercice du retrait lignager restèrent les mêmes (1). La computation civile se substitua seulement peu à peu à la computation canonique. Observons du reste que tout parent au degré successible, même l'enfant du vendeur, aura droit à la rescousse.

110. — Passons enfin à la troisième condition à laquelle devra satisfaire l'héritier présomptif du propre. Si la raison d'être de notre institution, telle que nous l'avons exposée, est conforme à la vérité, notre théorie dépend complètement de celle des successions. Or la distinction des propres et des acquêts devait nécessairement amener la subdivision des premiers, suivant qu'ils sont échus du côté du père ou du côté de la mère. Une charte du onzième siècle (Galland. Franc. Alleu. p. 22. 23) nous prouve en effet que cette sous-distinction était connue. Et cent ans plus tard, le Cartulaire inédit de Saint-Serge (2) nous montre l'attribution dans la succession des propres paternels aux parents paternels et des propres maternels aux parents maternels. C'est la règle célèbre « *Paterna paternis, materna maternis.* »

Quelle en fut la source? Elle fut à la fois patriarcale, germanique si on le préfère et féodale. Le propriétaire d'immeubles provenant de deux successions différentes était en quelque sorte le chef de deux familles. Deux qualités étaient juxtaposées en lui. Son invidualité peu développée

(1) La T.-Anc. Cout. de Bretagne, ch. 46, accorde cependant le retrait jusqu'au neuvième degré.

(2) Cité par M. d'Espinay. Etudes sur le droit de l'Anjou (Revue hist. VIII. p. 556).

ne les avait pas fondues en une seule comme aujourd'hui. Les membres de chacune des deux corporations conservaient respectivement des droits sur leurs immeubles patrimoniaux. Et une dévolution de succession était impuissante à les en priver. — D'un autre côté le contrat d'inféodation avait concédé le fief au vassal et à ses parents. Le déférer à d'autres qu'à des hommes de sa race, eût été autoriser le seigneur à « le rappeler à sa table. » — C'est également aux principes féodaux, à la variété des concessions féodales, que j'attribue, non sans hésitation, les diverses réglementations, suivant les provinces de cette division des propres entre les lignes. Lorsque le contrat d'inféodation ne contenait aucune stipulation spéciale, le bien patrimonial était dévolu au plus proche parent, sans distinction, de la *race* du premier vassal. Mais, sans doute les chartes de concessions contenaient souvent en France comme en Angleterre des restrictions expresses. Le suzerain accordait la terre à telle personne et à ses descendants seuls. Le fief s'appelait alors en Angleterre nous l'avons dit conditionnel. Tant qu'il y avait un descendant, il devait dès lors être préféré pour le fief aux parents même plus proches du mort mais unis en ligne collatérale seulement au premier vassal et à plus forte raison à ceux qui n'appartenaient pas à la famille de ce dernier. Voilà comment j'explique, d'une façon peut-être trop problématique, l'origine des coutumes de côté et ligne et des coutumes souchères. — Les coutumes de simple côté, c'est-à-dire celles qui déféraient le propre au parent le plus proche du côté où il était échu au mort, du côté paternel ou du côté maternel, me semblent être de formation plus récente.

III. — Revenant maintenant au retrait, nous avons au quatorzième siècle des preuves certaines de l'existence des coutumes de côté et ligne (1). Beaumanoir semble à la vérité

(1) Décisions de Jean des Mares, art. 82. Livre des Droiz et Commandements, n° 121, 361. L'arrêt du parlement de 1308 (Olim. t. 3. p. 276) est ambigu. « *Moventes ex latere suo.* »

exiger seulement chez le retrayant la parenté du côté paternel ou du côté maternel, la parenté de simple côté (ch. 44. n° 7). Il nous rapporte même un cas où le retrayant triompha, bien qu'il ne prouvât pas de quel côté l'héritage était venu au vendeur. Celui-ci l'avait possédé très-longtemps. On décida qu'il suffisait que l'acheteur ne démontrât pas la provenance d'un autre côté (ch. 44. n° 8) (1). — Je ne crois pas que ce fût là une coutume générale (2).

§ 2. — *Biens soumis au retrait.*

112. — Les biens soumis au retrait doivent d'abord remplir certaines conditions de nature, et, en outre, dans la quasi-unanimité des coutumes françaises, certaines conditions d'origine.

113. — Ils doivent être immeubles corporels ou incorporels. Un fief, quel qu'il soit, un comté, par exemple, peut être retiré (3). — Une rente constituée en foncière peut l'être également (4). Il en est de même d'une dîme inféodée vendue, à moins cependant que la vente n'ait lieu au profit du curé de la paroisse de laquelle la dîme relève (5).

114. — Quant aux conditions d'origine, j'ai, jusqu'à présent,

(1) Comp. un jugement de 1409 rapporté par Pierre Pithou (Cout. de Troyes, t. IX).

(2) D'Argentré enseigne que la Très. Anc. Cout. et l'Anc. Cout. de Bretagne étaient souchères (sur l'art. 298 de la Nouv. Cout.). La réfutation de ce point de vue par Pierre Hévin est sans réplique (Consultations, 145° cons. p. 695. ed. 1725).

(3) Arrêt du Parl. de 1233 (Olim t. 2 p. 233. n° 19).

(4) Arrêts de 1237 et de 1269 (M. Boutaric. Actes du Parlement de Paris. 1863-1867, t. 1, p. 103 et 128, n°s 1267 et 1443). Jean Faber. Comment. des Inst. de *duobus reis*, l. 2. t. 13. n° 8. Décision 281 de Jean des Mares. Comp. Livre des Droiz et Commandements, n°s 562, 587, 934. Cout. notoires, art. 89.

(5) Arrêt de 1267 (Olim, t. 1, p. 233, n° 19.).

supposé que l'immeuble doit être patrimonial. — Cela est certain, je le répète, pour la grande majorité de nos provinces (1). Je n'ai même, à notre époque, trouvé de traces indiscutables du retrait lignager pour les acquêts, nulle part ailleurs qu'en Normandie (Grand Coutumier de Normandie, ch. 110, treizième siècle), et dans les Coutumes d'Ypres, en Flandres, et de Saint-Dizier, en Champagne. Il y avait entre ces deux dernières villes des relations judiciaires fort curieuses, établies par les comtes de Flandres. M. Beugnot nous a conservé un Recueil des consultations envoyées par les eschevins de la première, sur les difficultés à eux proposées par les magistrats de la seconde. Vers le milieu du quatorzième siècle, nous y trouvons une réponse parfaitement nette sur notre question même. « Nous permettons, disent les eschevins d'Ypres, le retrait même des acquêts aux plus proches amis de lignage de sang appartenant, soit de par le père, soit de par la mère. » Olim. t. 2, p. 843, n° 293.

115. — Parmi les Coutumes qui, au seizième siècle, ne feront pas de différence, à ce point de vue, entre les propres et les acquêts, la Coutume d'Anjou n'exige incontestablement, au douzième siècle, le consentement des parents ou l'offre à eux faite que pour les propres (V. la Charte 381 du Cartul. de Redon citée sous le n° 101). Peut-être, encore au treizième siècle, restreint-elle à ces derniers l'exercice du retrait. Mais le contraire, je l'avoue, est plus probable (Anciens Usages d'Anjou, éd. Marnier, §§ 28 et 35). — Au contraire, le Livre des Droiz et Commandements, n°s 80 et 125, exige d'une façon absolue que le retrayant soit du lignage et du branchage dont l'immeuble appartient au seigneur. Et j'en conclus qu'à la fin du quatorzième siècle, l'extension de notre institution aux acquêts n'avait pas encore eu lieu en Poitou. — Il en était de même en Bretagne, non-seulement

(1) Beaumanoir ch. 44 n° 2. Jean des Mares, décision 82. Cout. notoires n° 16.

à la même époque, mais au seizième siècle, avant la rédaction de la Nouvelle Coutume (1).

Je constate que la restriction du retrait lignager aux propres n'a pas été consacrée par les légistes, pour diminuer la portée du droit de préférence des parents, et qu'au contraire c'est plutôt le mouvement inverse qui a eu lieu, qu'on est parti du retrait des propres pour arriver au retrait même des acquêts. C'est là un résultat fort curieux.

§ 3. — *Actes juridiques qui donnent lieu au retrait.*

116. — La vente et la dation en paiement (Livre des Droiz et Commandem., n° 577), sont les seules opérations pour lesquelles il puisse y avoir retrait (2). Peu importe que la vente soit volontaire ou judiciaire, au moins dans la Très-Anc. Cout. de Bourgogne (éd. M. Giraud, n° 73). Ce n'est pas, je crois, le droit com-

(1) Tel est, au moins, le sentiment de d'Argentré sur l'art. 298 de la Nouv. Cout. Il ne considère pas du reste comme heureuse l'innovation introduite selon lui par ses collègues les réformateurs de 1580. Elle est « *contra reetractus primarium et germanum usum, qui in antiquis herediis obstinere debet,* » dit-il. Pierre Hévin a combattu, au 17e siècle, cette affirmation de Bertrand d'Argentré et a soutenu que, même avant la réformation, l'acquêt était soumis à prémesse (Notes sur les plaidoyers et arrests du Parlement de Bretagne de Sébastien Frain. 41e Consult. n° 20 t. 1. p. 172. éd. 1684). Il cite à l'appui de son opinion une ordonn. du duc Jean II de l'an 1301 ainsi conçue : « Si celuy mort fust vif et vendrait de ses acquest d'étrange ligne, il aurait prémesse chacun comme il doit succéder ; c'est à scavoir les deux tiers au cousin germain des deux costez et le tiers à l'autre d'un costé. » Il me paraîtrait étrange que d'Argentré se trompât sur le point de savoir, si oui ou non, avant 1580, la Prémesse des acquêts était en usage. L'ordonnance de Jean II est, à la vérité, très-nette. Mais elle a pu ne pas être appliquée.

(2) Beaumanoir, ch. 44, nos 52, 53, 54, fait déjà mention de fraudes employées pour soustraire l'acheteur au retrait. Si on les découvre, la loi ordinaire s'appliquera.

mun. Le parent pouvait se porter adjudicataire. C'est là une protection suffisante. Ce sera là la solution de Masuer au quinzième siècle (*Practica forensis,* t. 30 des Subhastations, éd. de 1606, p. 420).

117. — Le retrait n'existe pas, pour l'échange, quand il n'y a pas de soulte, même si l'un des immeubles a une valeur en réalité bien supérieure à celle de l'autre (1). Selon Beaumanoir (Ch. 44, n° 3 et 5), il est, en outre, nécessaire que chacune des parties conserve le bien, au moins une année. — Une soulte a-t-elle été stipulée, les décisions sont divergentes. En Beauvoisis, il y a vente dans tous les cas. Le demandeur en retrait rendra l'argent de la soulte et un autre « souffisant héritage » (Beaumanoir, ch. 44, n° 4). En Poitou, on considère l'opération comme une vente, seulement si la soulte est supérieure à la valeur du bien (Livre des Droiz et Commandem., n° 121 et 572). — Plus tard, au quinzième siècle, le Châtelet de Paris y voit toujours, à la fois, une vente et un échange (Grand Coutumier, p. 337) (2).

§ 4. — *Délai du retrait.* — *Procédure.*

118. — Maintien du caractère de délai de prescription, bien que l'acheteur soit désormais propriétaire, dès le jour de la vente, voilà le fait important à noter. Il faut probablement que l'acheteur ait détenu l'immeuble (Arg. par anal. du Conseil à un

(1) Etablissements. ch. 53. Livre des Droiz et Commandements, n° 124 et 572. Arrêt du parlement de 1287, (livre de Pelu Noir ou livre des enquêtes de Nicolas de Chartres, livre des Olim. perdu, depuis le seizième siècle, retrouvé par M. Léopold Delisle et inséré dans les Actes du parlement, de M. E. Boutaric. t. 1. n° 645, p. 406.)

(2) Le contrat d'inféodation ne donne pas naissance au retrait. Très-Anc. Cout. Bretagne, art. 210. « Il ne doit avoir prémesse en pur féage de noble fief, dira plus tard l'art 293 de l'Anc Cout., parce que les cousins et autres parents des bailleurs ne leur feraient les servitudes, comme gens étrangers. »

amy, de Pierre de Fontaines, p. 169). — L'an et jour court certainement de l'investiture ou de la saisine, de l'entrée en possession. Enfin, les causes d'interruption de prescription s'appliquent ici. Des exceptions sont faites à la règle :

1° En faveur du mineur (1). Toutes les actions en justice, dans lesquelles un mineur est intéressé sont, en effet, suspendues. Nous avons des ordonnances royales autorisant, par dérogation spéciale, tel mineur à opérer le retrait lignager (2).

2° Au profit des lignagers absents pour le service public (3).

3° Au profit des croisés. « Et ce qu'on dit que li servises Dou ne déserite nului, » avait déjà dit Pierre de Fontaines, ch. XVII, p. 170 (4).

119. — En principe, c'est devant la cour laïque, devant la juridiction du seigneur dont relève l'héritage (5) (Beaumanoir ch. 44, n° 29), que sera portée l'action en retrait. Celle-ci est donc réelle. Cependant la cour ecclésiastique sera compétente si une

(1) A. Arg. Pierre de Fontaines, § 191. Livre des Droitz et Commandements n° 587. Beaumanoir ch. 44. « Car mal chose serait, si les enfants souz aagié perdaient leur droit, pour estre en bail ou en le garde de leur père. »

(2) Actes du parlement de M. Boutaric, t. 1. p. 214, n° 2225, n° 750, p. 69. En sens inverse, jugement de l'échiquier de Normandie, Recueil de M. Léopold Delisle, n° 517, n° 122.

(3) Livre des Droiz et Commandem. n° 588. Livre de Jostice et de Plet. ch. VIII et IX, p. 129.

(4) Ch. 156. Des Etablissements. Anciens usages d'Anjou, ed. Marnier, § 35. En sens contraire, li Livre de Jostice et de Plet, ch, 8. Le motif est remarquable « quar il fet ce (le pèlerinage à Rome ou outremer) por son preu (profit). »

(5) Une ordonnance de Philippe III (2 févr. 1290) insérée dans le Cartulaire de Notre-Dame de Paris, ed. Guérard, t. 3, p. 15 et 16, charte 23, autorise le parlement à juger l'appel d'une sentence de retrait lignager rendue par un juge seigneurial. Les seigneurs hauts justiciers y consentaient. Leurs droits sont réservés pour l'avenir.

dime inféodée a été vendue. Le parlement a interprété ainsi une ordonnance de saint Louis de mars 1269 (Olim. I. p. 897, nº 40).

120. — Dès le treizième siècle, nous avons des indices du caractère formaliste, que prendra plus tard notre procédure. Si le demandeur fait défaut à une seule audience, il est déchu (Olim. 3. p. 1437, nº 71. Beaumanoir, ch. 44, nº 33). Il l'est également, si à une d'elles, l'acheteur adhérant au retrait, il ne peut pas le payer le même jour. Et si une partie de la somme a déjà été comptée (Beaumanoir l. c.), elle sera perdue pour lui. Au moins dans la Coutume de Beauvoisis, l'acheteur doit être assigné à un jour compris dans le délai d'an et jour. Les deux motifs donnés par Beaumanoir, ch. 44, nº 30, sont remarquables. « 1º Li ajournement, qui est fes sans offrir l'argent n'est pas de si grant vertu que li ans et li jour ne passe au droit de l'achateur. » 2º Dans quel intérêt un certain intervalle est-il exigé entre l'ajournement et le jour du jugement? Dans l'intérêt du défendeur. Si celui-ci est un gentilhomme, le délai sera de quinzaine. S'il est homme de poste, il sera du jour à lendemain. Or « li tans qui vient de son droit ne li doit pas estre en se nuisanche. »

121. — Signalons, en terminant ce paragraphe, dans Li Livre de Jostice et de Plet (VIII et IX p. 128 et 129), une bien curieuse règle sur les preuves invoquées par l'acheteur pour sa défense. Soutient-il que le délai d'an et jour est écoulé, le combat judiciaire décidera. Vaincu, il ne perdra pas le prix. Nie-t-il au contraire que le retrayant soit parent du vendeur, ou qu'il soit du côté, d'où meut l'héritage, la preuve se fera par « bons tesmoinz. » Cette pratique étonnera sans doute. Les questions de parenté sont asssurément en effet plus obscures, pour la plupart, que les questions de délai. La solution inverse semblerait plus logique. Peut-être notre texte s'explique-t-il par le grand rôle joué par l'accusation de bâtardise au treizième siècle. On s'est efforcé de maintenir l'ordonnance de saint Louis de 1270 pour le cas où la réforme avait le plus d'impor-

tance, pour les hypothèses où les défis devaient être le plus fréquents. Pure conjecture évidemment.

§ 5. — *Liquidation entre le retrayant et l'acquéreur.*

122. — Le retrayant, avons nous dit, doit indemniser l'acheteur. En première ligne il faut naturellement compter le prix de vente dans la somme à rembourser. Comment le déterminer? Le demandeur peut, s'il y a contestation, déférer le serment au défendeur. Si celui-ci refuse de jurer, il aura le bien sans rien payer (1), mais, s'il le prête, la preuve contraire n'est pas admise (2). Beaumanoir (l. c.), donne une formule, grâce à laquelle, le retrayant évitera ce danger. Le prix fixé, si l'acheteur a un terme, le retrayant en jouira (Beaumanoir, ch. 44, n° 37). Les décisions varient sur la restitution des impenses. Tantôt on doit tenir compte à l'acheteur de celles qu'il a faites avant l'ajournement, qu'elles soient nécessaires ou seulement utiles (Etablissements, ch. 154). Tantôt les impenses même utiles sont à compter, seulement si elles ont été autorisées par la justice (3). Cette dernière règle me semble la plus ancienne. L'acheteur a commencé, en effet, par ne pas être propriétaire, pendant l'an et jour. Voilà les obligations du retrayant.

123. — De son côté, l'acheteur est tenu de rendre le bien avec les fruits non recueillis, et de payer une indemnité, s'il a laissé en friche l'héritage, pendant le délai du retrait (Beaumanoir, ch. 44, n° 44). On chiffrera ces deux dettes et on en fera la différence.

(1) Livre des Droiz et Commandements, § II, 571, 121. Etablissements, ch. 159.

(2) Beaumanoir, ch. 44, n° 36. art. 373. Cout. inédite d'Anjou, citée par Laurière.

(3) Jean des Mares, Décis. 113. Li Livres de Jostice et de Plet, ch. VIII.

§ 6. — *Retrait de mi-denier.*

124. — Pendant le mariage, un bien propre de la ligne de l'un d'eux est acheté par les époux. Puis le conjoint non lignager meurt. Le droit d'exercer le retrait aura été conservé par la communauté. L'époux lignager peut « ravoir par la bourse » la moitié de l'héritage qui ne lui est pas attribuée. Le délai sera d'an et jour, à partir de la dissolution du mariage ou de la majorité «du mains né des enfants (1).» Dans cette espèce, le retrait lignager change de nom et prend, par une raison facile à saisir, celui de retrait de mi-denier. A notre époque, je n'ai pas trouvé trace de principes particuliers à son égard.

125. — Voilà exposée, d'une façon suffisamment complète, la théorie du retrait pendant le treizième et le quatorzième siècles. Son principal caractère est, avons-nous dit, d'être un privilége individuellement accordé à l'héritier présomptif. Au reste, usages primitifs, droit canonique, droit féodal, ces trois sources ont concouru, non-seulement à la création de notre institution, mais à la formation de ses règles.

PÉRIODE DE RÉACTION ET DE TRANSITION

QUINZIÈME SIÈCLE.

126. — La première forme du droit des parents, en cas de vente d'un bien patrimonial, a laissé au quinzième siècle une trace remarquable dans la Coutume de Paris. La veuve, qui a des enfants, ne peut pas disposer, sans le consentement de ceux-ci, des fiefs patrimoniaux lui appartenant à elle person-

(1) Beaumanoir, ch. 44, n° 48. Anciens Usages d'Anjou (éd. Marnier, § 28).

nellement (Grand Coutumier. Ed. Laboulaye et Dareste. l. 2. ch. 25. de saisine en fief, p. 280.). — Boyer, dans son commentaire de la Cout. de Bourges (cité par Laurière, Glossaire de Dr. civil. Pauvreté Jurée), prouve l'existence de cette curieuse règle antérieurement à notre époque. Ainsi, nous trouvons encore ici ce que nous avons déjà observé en Danemarck, le maintien de la vieille législation plus longtemps pour les femmes que pour les hommes. Ce fait s'explique au reste facilement. — La prohibition d'aliéner les propres et l'offre au proisme subsistent encore d'une manière absolue au quinzième siècle dans quelques Coutumes. Je les étudierai, à ce point de vue, dans la période suivante.

127. — Passons au retrait lignager. Le droit romain a pris une très-grande importance. Deux cents ans de pratique ont déformé notre institution. Les raisons d'être de ses règles ont été oubliées ; et l'on a été amené à sacrifier la logique à la simplicité. Ces deux observations sont capitales. La première explique cette réaction contre le retrait lignager, sensible chez les légistes du quinzième siècle. La seconde rend compte du changement important déjà consacré, selon moi, à la même époque, par la jurisprudence du Châtelet de Paris.

128. — La réaction, dont nous parlons, est prouvée par les livres des jurisconsultes. « Droit haineux, » dit Bouteiller (Somme rurale, p. 3) en parlant du retrait. « Institution contraire au droit, ajoute Masuer (Practique, t. 25 et 27. éd. 1606. p. 345 et 380). Deux cents ans plus tard, Pierre Guénoys, l'annotateur de ce dernier, combattra vivement ce point de vue et mettra ainsi en lumière le revirement certain qui s'est opéré, déjà au moment de la rédaction des Coutumes, dans les idées de nos anciens auteurs.

129. — C'est surtout dans les nombreux procédés complaisamment énumérés par l'auteur du Grand Coutumier, pour le rendre vain, que se montre la défiance des praticiens contre le droit des parents. « Notez que plusieurs provisions sont faictes pour obvier au retraict lignager ; » dit-il avec euphémisme

(p. 331). De ces provisions, la plus importante est le déguisement de la vente sous un échange de deux immeubles, dont l'un est racheté huit jours après par son ancien propriétaire. Il est évident, d'après les termes du Grand Coutumier, que ces opérations frauduleuses n'entraînent pas la nullité (1). Un commentateur de la Coutume de Troyes (2) nous raconte un procès dont l'issue va confirmer cette solution. M. de Montelon, garde des sceaux, échangea, contre une maison, des rentes constituées à lui appartenant, en s'obligeant à racheter ces dernières, sans tarder. Ce qui fut fait. Demande en retrait. M. de Montelon répondit « qu'il n'avait rien fait que de bonne foi, lui ayant été permis de rechercher les moyens afin que la maison ne fût évincée; sur lesquelles contestations le parlement débouta le lignager du retrait. » Cette jurisprudence, rapprochée de la doctrine en sens inverse de tous les monuments antérieurs et postérieurs, paraîtra sans doute significative. Les légistes auraient peut-être réussi à la longue, à faire tomber en désuétude notre institution, si plus tard le culte de la loi romaine n'avait pas été contrebalancé chez eux par les théories monarchiques. Peut-être même l'erreur d'un Cujas voyant dans le retrait lignager une institution d'origine romaine, ne fut-elle pas sans influence sur ses destinées futures.

130. — Terminons par l'observation suivante. La jurispru-

(1) Il le dit expressément p. 346 et 347 et il nous décrit les fraudes et les moyens dilatoires employés par un acheteur et son procureur pour priver les retrayants de leurs droits, fraudes qu'il considère comme d'excellents tours de métier.

(2) Louis Legrand. Cout. du Baillage de Troyes (1737), sous l'article 55, p. 187, nº 6. L'arrêt cité est de la fin du quinzième siècle ou au moins des premières années du seizième. Il y en a de conformes, je puis le dire tout de suite, jusqu'en 1588. Un passage très-curieux de Tiraqueau (*de Retr. Lin. Præf.* nº 78) nous prouve que cette jurisprudence reposait sur une restriction doctrinale arbitraire des cas de fraude. Et cette restriction était un dernier reste de la réaction de l'époque précédente contre notre institution. Après 1588, cette jurisprudence semble avoir disparu.

dence du Châtelet de Paris a déjà abandonné au quinzième siècle la doctrine primitive. Le lignager le plus diligent est préféré au plus prochain. Le Grand Coutumier me semble formel, malgré l'avis contraire de Laurière (sous l'art. 141 de la Cout. réf. de Paris). En effet, l'acheteur lignager, quel que soit son degré, n'est pas soumis au retrait. La qualité de lignager est seule exigée du demandeur. Enfin il y a antithèse évidente entre la pratique du Châtelet et la Coutume de Troyes, conforme sur ce point à la théorie ancienne.

131. — Ainsi réaction contre l'institution elle-même. Brèche portée à la notion du privilége individuel accordé à la parenté et transition à un autre point de vue, nous sommes autorisés à attribuer à notre période ces deux caractères.

PÉRIODE MONARCHIQUE

DE LA RÉDACTION DES COUTUMES, AU COMMENCEMENT DU SEIZIÈME SIÈCLE, A L'ANNÉE 1700

132. — Je n'étudierai pas séparément les coutumes dans leur première rédaction et après leur réformation. Sur notre sujet, les résultats varieraient très-peu. Je vais exposer les règles qui sont communes aux deux rédactions des coutumes, en me servant indifféremment de monuments de l'une ou de l'autre époque. Puis je signalerai en quelques mots les dérogations de détail apportées plus tard à la théorie du droit des parents, en vertu, soit des coutumes réformées, soit d'ordonnances royales.

CHAPITRE I.

DE LA PROHIBITION D'ALIÉNER LES BIENS PATRIMONIAUX SANS URGENTE NÉCESSITÉ.

133. — Le droit des parents a conservé sa première forme, même au seizième siècle, en Artois, dans le pays Basque français, dans le Béarn et dans le comté de Bigorre.

134. — En Artois, les Cout. d'Artois (Anc. 50, Nouv. (1544) 76), de Montreuil-sur-Mer, 62, de Boulenois (Boulonnais) (Anc. 73, Nouv. 124), justifient notre affirmation. L'aliénation du propre sera valable et seulement alors, si le consentement des héritiers présomptifs est intervenu, ou si la nécessité de vendre a été « jurée par le vendeur et prouvée suffisamment par deux témoings dignes de crédance. » Ceci est commun à toutes ces coutumes. Dans la Cout. générale de la province, il suffit que l'aliénation ait lieu en vue d'un remploi. Celle de Ponthieu, 10, va plus loin. Elle donne au propriéraire la libre disposition, à titre oné ax ou à titre gratuit, du quint de ses propres. Pour les quatre autres quints, la règle que nous venons d'exposer est consacrée. Si les conditions énumérées ne sont pas remplies, l'aliénation est nulle, non-seulement vis-à-vis des héritiers présomptifs, mais même à l'égard du vendeur lui-même, suivant Julien Brodeau (Note sous l'art. 10 de Ponthieu). Le prix ne sera pas rendu à l'acquéreur. Si, au contraire, les prescriptions de la coutume ont été observées, le droit d'exercer le retrait est réservé aux plus proches parents.

135. — Ce que je viens de dire de la vente, de l'aliénation directe, est également vrai de l'aliénation indirecte. La constitution d'hypothèque sur un propre n'est régulière qu'aux deux conditions citées plus haut. Il en est de même de la saisie que voudraient opérer des créanciers. — Enfin, quelques-unes de nos coutumes, au moins, défendent expressément au propriétaire de tester contre la volonté de ses proches. Artois, 70, 133. Boulenois, 40, 120. V. aussi Langle (Artois) 20. Toute cette théorie concorde très-bien, on l'avouera, avec l'idée développée par nous, de protection aux héritiers présomptifs.

136. — Nous la retrouvons intacte dans les trois Coutumes Basques. Soule ou Sole, Labourt, Basse-Navarre. Pour la vente, Labourt, v. 1, 2, et Soule XVII, 1, 2. Pour l'engagement, Basse-Navarre, Rubr. XX, 3. Les propres se transmettent aux héritiers du sang, sans être grevés des dettes qui pourraient les amoindrir, à moins que celles-ci n'aient été contractées pour les be-

soins de la maison. Pour le testament, v. Labourt, XI, 4. Soule, XXVI, 4. — La prohibition s'étend, au reste, ici à touts les biens patrimoniaux, « papoaux ou avitins, » disent nos textes, sans distinction de nature, qu'ils soient meubles ou immeubles. C'est là une disposition bien remarquable et qui tend à justifier ce que j'ai dit plus haut sur le maintien exceptionnel de la copropriété de la famille chez les Basques. Et je ne vois, dans un retrait spécial à la Coutume de Labourt et qui étonne beaucoup d'auteurs, le retrait de bestiaux, qu'une application de cette anomalie (Labourt, VI, 1, 2). Telle était la législation au commencement du seizième siècle. Plus tard, si nous en croyons M. Cordier (Rev[e] hist., t. 14, p. 507), on arriva à affecter, dans la pratique, le tiers des biens de ligne d'une succession au paiement des dettes du défunt.

137. — Le développement de la législation a été plus rapide dans le Béarn. — Si on compare les Fors de 1552 aux Fors du treizième siècle, on remarque les deux différences suivantes : 1° Dans les premiers, pour qu'un bien soit « avitin, » il faut qu'il ait été possédé successivement par trois personnes du même lignage, y compris le vendeur (Rubr. de Contractes et Tornius, 5). 1° La liberté de disposer à titre particulier, sauf exercice bien entendu, du droit de primessa, a été introduite. Les prohibitions antérieures ont été restreintes aux aliénations à titre universel (même Rubr., art. 6). Et moins de cent ans après, ce dernier vestige des vieux usages disparaissait lui-même (Régl. de 1637, cité par M. Cordier).

138. — Passons enfin au comté de Bigorre. La Coutume de Barège de 1670, art. 4 et 5, est formelle et vient fortifier l'argument, *à contrario*, tiré par nous du For de la vallée d'Azun, du quatorzième siècle. Jusqu'en 1768, époque où l'on réunit les deux coutumes de Barèges et de Lavedan, l'adhésion des héritiers présomptifs continua à être nécessaire pour la validité de la vente des biens patrimoniaux. Et M. Cordier assure que, jusque dans ces dernières années, les notaires du pays acceptaient encore des contrats de mariage par lesquels les parents des époux

promettaient de ne pas aliéner leurs biens, sans le consentement du nouveau ménage, sauf le cas de maladie ou de pressant besoin.

130. — Voilà les provinces où la doctrine primitive s'est conservée dans son intégrité. Beaucoup d'autres coutumes n'ont pu s'en débarrasser complétement. Elles en portent des traces certaines bien qu'isolées. En Normandie (399), la propriété du tiers des immeubles est acquise aux enfants futurs à partir du mariage, et les pères et mères ne peuvent les en priver par vente, engagement où hypothèques. Dans l'Anjou, 245, 246, le Loudunois, XXVI, 4, le Maine, 262, la Touraine, Anc., XXIV, 8, Nouv., 252, 253, l'homme ou la femme noble qui a marié son fils aîné comme aîné et principal héritier, ne peut plus diminuer, par vente, donation ou autrement la part qui doit lui revenir, «fors pour la rédemption de leurs corps ou nécessité de leur vie.» D'autres coutumes permettent au propriétaire la vente des biens patrimoniaux et décident, cependant, que la réserve sera franche et quitte de toute dette. Troyes, 95. Chaumont, 82. Vitry, 100. Cette dernière, enfin, 99, exige encore, pour donner force exécutoire au testament, l'adhésion des héritiers légitimes. On voit avec quelles difficultés s'est fait jour le caractère individuel du droit de propriété, et cette constatation justifiera peut-être le développement donné à ce chapitre.

CHAPITRE II

DE L'OFFRE A FAIRE A SES PARENTS PAR LE VENDEUR D'UN PROPRE.

140. — Cette seconde forme du droit des parents a résisté moins longtemps en France que dans les autres Etats européens. Je la retrouve en Alsace et nulle part ailleurs, au moins dans notre pays (1). Car elle existe tout près de nos frontières, dans

(1) La Coutume de Bayonne consacre en outre, sans contredit,

les Pays-Bas autrichiens, à Mons. — Dans cette dernière Coutume (Bourdot de Richebourg, t. 2, p. 183) la procédure est identique à celle que nous avons trouvée, au treizième siècle, à Amiens. — Offre à l'héritier présomptif de l'immeuble patrimonial pour tel prix. Délai de quinze jours accordé à celui-ci pour réfléchir. Possibilité de revendication pendant l'an et jour, si la formalité légale n'a pas été accomplie. — Dans le Coutumier dit de Ferrette, rédigé par un praticien entre 1502 et 1508, et dont l'influence a été très-grande surtout dans la Haute-Alsace, nous voyons également deux délais, de quinzaine et d'an et jour, (ch. 23). L'éditeur de ce Coutumier, M. Bonvalot (Colmar et Paris 1870), croit qu'on entend par là se référer à la diversité des usages suivant les villes et les seigneuries.

Il ne reproduit pas le texte sur ce point. Je ne puis donc pas juger en connaissance de cause. Je ne serais pourtant pas étonné, si les délais d'an et jour et de quinzaine avaient ici le même rôle que dans la Coutume de Mons. L'autorité de M. Bonvalot ne suffit pas pour me faire écarter cette idée. Car contre l'évidence, il voit ici un cas de retrait lignager (1).

CHAPITRE III

DU RETRAIT LIGNAGER.

141. — La base doctrinale de notre institution a été modifiée à notre époque. L'héritier présomptif n'a plus un droit réel conditionnel sur les immeubles patrimoniaux, et notre institu-

notre institution, v. 1. à 10. Le plus propre lignager a neuf jours, à partir de l'offre, pour se décider, pour accepter ou refuser l'achat du propre. Si la formalité n'a pas été remplie, le droit de celui-ci ne disparaîtra, semble-t-il, que devant la prescription.

(1) « Si un bien... a été vendu, à l'insu des membres de la famille de laquelle provient le bien et *sans que l'achat leur ait été proposé...* » Voilà sa traduction.

tion n'est plus un moyen de protection de ce droit. Conservation des biens dans les familles, dans un sens tout nouveau, voilà le but de nos Coutumes du seizième siècle. Equité et intérêt monarchique, voilà leurs mobiles. Toutes choses égales, le parent du vendeur leur semble, suivant la justice, préférable à un étranger. Elles comprennent que « tous les moyens inventés pour perpétuer la grandeur des familles » sont utiles dans un Etat monarchique, que, sous un pareil gouvernement, les lois doivent travailler « à soutenir cette noblesse, dont l'honneur est pour ainsi dire l'enfant et le père » (Esprit des lois, liv. v, ch. 8 et 9). Les considérations d'ordre public dominent désormais nos légistes. Les nouvelles règles, que nous allons signaler, ne doivent pas nous étonner. Pour les exposer, je distinguerai plusieurs groupes de Coutumes. Celle de Paris va nous fournir l'occasion de développer la plupart de nos principes. Je réunirai ensuite les Coutumes qui ont quelques dispositions capitales communes.

GROUPE PARISIEN.

142. — L'influence de la Coutume de Paris s'est étendue autour d'elle et jusque dans le centre de la France. Voici ses principales dispositions sur notre matière :

§ Ier. — *Qui a droit au retrait?*

143. — Pour exercer le retrait lignager, il faut être apte à succéder; soit en général (1), c'est-à-dire n'être ni bâtard, ni mort civilement, soit par l'entrée dans les Ordres, soit par une condamnation (Paris, Nouv. 148); soit spécialement au bien

(1) Certaines Coutumes sont plus exigeantes pour le retrait que pour la succession. Pour les unes, le maximum d'éloignement du retrayant c'est le 7e degré. Sens 116. Bourbonnais 434. Normandie. Pour une autre, Nivernais XXXI. 13, c'est le sixième; pour une autre, Bretagne 298, c'est le neuvième.

patrimonial, c'est-à-dire être parent au vendeur, du côté et ligne d'où il provient. Il faut et il suffit d'être uni en ligne collatérale à celui qui a mis le propre dans la famille. Cette solution est de beaucoup la plus répandue. On la trouve même dans les pays où l'ancienne législation s'est conservée le plus longtemps intacte (Artois, 122. Ponthieu, 133. Boulenois, 135.). — C'est à peine si quelques Coutumes sont souchères, c'est-à-dire exigent que le demandeur ait pour souche le premier parent propriétaire du bien, soit son descendant. (Nivernais, xxxi, 1, et Coquille sur ce chap. Orléans Nouv. 303-380.) La seconde de ces Coutumes, celle d'Orléans est remarquable en ce qu'après sa réformation, restant souchère pour le retrait, elle a cessé de l'être pour la succession. C'est une bizarrerie inexplicable. Elle montre combien s'était obscurcie la raison d'être primitive de notre institution.

144. — Voilà deux catégories de Coutumes. En existe t-il en réalité une troisième à ce point de vue ? Il y en a-t-il dans lesquelles il est suffisant mais *nécessaire* pour être admis au retrait d'être parent du vendeur du côté paternel ou du côté maternel, selon que le propre lui est échu par succession de celui-ci ou de celui-là ? Eh bien, je n'hésite pas à répondre par la négative. Non, les coutumes de simple côté n'existent pas, ou plutôt l'expression ne concorde pas le moins du monde avec la réalité. J'ai vu citer Reims comme exemple de cette classe de coutumes. L'erreur est flagrante en face de l'article 101 de la Coutume et du Commentaire de Jean-Baptiste de Buridan. Pierre Guénoys, dans sa Concordance des Coutumes, invoque celles du duché et de la comté de Bourgogne. Ici il y a un fonds de vérité. Il est certain, pour la première d'abord, qu'un parent de simple côté sera admis au retrait. (x, 1). Mais cette qualité n'est pas indispensable. Il suffit d'être parent, de quelque côté qu'on le soit (x, 4). La parenté du côté d'où vient l'héritage donne simplement la préférence, en cas de concours de deux demandeurs. Coutumes de simple parenté serait la seule dénomination exacte applicable à la Coutume de Bourgogne, ainsi qu'à celle de la comté

de Bourgogne (67) (1), et à celle de Lille (1537) (2), VII, 5, qui contiennent la même législation, conséquence probable de la soumission de ces deux pays pendant plusieurs siècles au même gouvernement.

145. — Voilà donc les conditions pour être retrayant. Si deux demandeurs en retrait les remplissent également, lequel des deux l'emportera sur l'autre? Le plus diligent (Paris, Anc. 178. Nouv. 141). L'acheteur lignager, quelque soit son degré, ne sera pas inquiété. Ainsi la jurisprudence du Châtelet de Paris, au quinzième siècle, est définitivement consacrée. Les considérations d'ordre public prédominant, les légistes se demandèrent si la règle primitive de la préférence au plus prochain n'avait pas plus d'inconvénients que d'avantages et frappés des complications pratiques qu'elle faisait naître, ils répondirent par l'affirmative. Pour justifier leur solution, ils inventèrent ensuite la doctrine suivante : Le droit de préférence est accordé à la famille en général, *in globo*. Le premier des ayants droit qui se présente s'approprie le droit commun *jure quodam occupationis*. — Cette doctrine n'est pas soutenable. L'équité et les intérêts monarchiques devaient eux aussi conduire au maintien des vieux principes; mais les motifs de simplicité l'emportèrent. Voilà la vérité. Méconnue par Coquille qui approuve la Coutume de Paris (Nivern., XXXI, 12), elle a été vue par Dumoulin et par Laurière. « Lignager sur lignager n'a droit de retenue. » « Le lignager qui prévient exclut le plus prochain, fors ès lieux où l'on peut venir entre la bourse et les deniers. » Voilà le système parisien formulé par Loisel (Instit. cout. l. III, t. V, 9 et 10). Nous verrons qu'il fut loin de prédominer dans notre ancien droit.

(1) La Cout. de la comté de Bourgogne accorde le retrait au plus prochain, sans distinction. Aucun privilège ne semble même accordé au parent de simple côté.

(2) Dans la rédaction de 1565 (XI), la théorie des Coutumes de côté et ligne a triomphé.

§ II. — *Biens soumis au retrait.*

146. — Les conditions de nature ont subi une modification unique depuis le quatorzième siècle. Les juristes de notre période étendent notre institution aux meubles « lorsqu'ils sont précieux et de *grandes maisons.* » C'est une conséquence de la nouvelle base de celle-ci. Le système féodal reposait exclusivement sur la propriété immobilière. Au contraire, en partant de l'affection des parents pour l'objet vendu, et de l'intérêt monarchique du maintien de la richesse entre les mains des grandes familles, on devait aboutir à la solution de Loisel (Instit. cout., l. III, t. V, 23), de Dumoulin (*Ad cons.* Par. § 13. *glose* 5, *num.* 40), et de Grimaudet (Tr. du ret. lig., l. IV, ch. 10) (1).

147. — Les conditions d'origine n'ont pas varié. Les propres, et eux seuls, sont susceptibles d'être retirés (Paris, Anc., 173, Nouv., 129). Je vais faire en quelques mots la théorie des propres.

148. — Pour qu'un immeuble soit patrimonial, et soit soumis au retrait et aux règles spéciales de dévolution, dans la succession de son propriétaire, il doit présenter les caractères suivants : 1° avoir appartenu antérieurement à un lignager de son possesseur actuel ; 2° avoir été transmis à celui-ci par succession. A ce titre équivaut la donation ; par un ascendant à son descendant sans contredit ; par un propriétaire à son héritier présomptif, à son parent collatéral, probablement (Coquille. Nivern., XXXI, p. 280).

149. — En est-il de même pour l'achat ou le retrait ? Si l'acquéreur d'un propre, lignager du vendeur, ou le retrayant lignager, aliène à titre onéreux, l'immeuble acheté ou retiré, les autres

(1) En ce sens, Berry. II, 33. Je n'ai pas trouvé d'autre texte législatif. Je considère même l'opinion de Loisel comme bien risquée en présence de Paris. Nouv. 144.

lignagers et le premier vendeur lui-même seront préférés à un étranger en en remboursant le prix. Pour le premier cas, il y a un texte formel (Paris, Anc., 175); pour le second, un argument *a simili* indiscutable. Deux motifs expliquent également ce résultat. Ou le bien a conservé sa qualité de propre après la vente faite au lignager, et alors la maxime « *paterna paternis, materna maternis* » s'appliquera elle aussi. Ou il est devenu acquêt et notre solution repose sur une dérogation aux principes, dont le but est d'empêcher que les autres lignagers du vendeur ne soient privés, d'une manière indirecte, de leurs droits de rachat, une compensation à la maxime « lignager sur lignager n'a droit de retenue. »

150. — L'auteur du Grand Coutumier optait pour le second parti (p. 342 et 343). — J'y adhère pour l'hypothèse de l'achat par le lignager, mais non pour celle du retrait. Le bien retiré est, selon moi, un propre, dans l'acception exacte du mot. Voici comment je raisonne. Si l'ancienne Coutume de Paris n'accorde pas expressément le retrait, en cas de vente de l'immeuble retiré, vente régulière d'ailleurs, consentie après le délai fixé par la Coutume, c'est qu'une disposition formelle en ce sens était inutile, en raison du caractère patrimonial de l'immeuble. Ce silence significatif ne peut s'expliquer autrement. Un autre argument du même ordre achève notre démonstration. L'article 181 indique, comme susceptible de retrait de mi-denier, uniquement le propre *acquis* par le conjoint lignager. Pourquoi cela, si ce n'est parce que l'immeuble *retiré* par un des conjoints lui est propre, que la communauté n'y a aucun droit, sauf l'action de mi-denier donnée à l'héritier du communiste étranger, pour obtenir le remboursement de la moitié du prix acquitté sur le fonds commun. (Comp., Orléans, 381-382). L'auteur du Grand Coutumier est à la vérité contre nous. Mais l'opinion de ce praticien, précieuse pour constater la jurisprudence du quinzième siècle, a évidemment moins de valeur, pour en connaître les motifs théoriques. Notre doctrine est en outre formellement

consacrée par quelques Coutumes (1). Pour celle de Bretagne, d'Argentré l'enseigne (sur l'art. 418 de l'Anc. Cout. *glose* 2 n° 8). Pour celle de Paris, enfin, je puis invoquer la grande autorité de Dumoulin (*In cons. Par.*, § 41, num. 21).

151. — Au seizième siècle, l'acquéreur lignager et le retrayant sont l'un et l'autre des acheteurs privilégiés. La justification de notre distinction entre l'achat et le retrait ne peut donc être qu'historique. Le propre revendiqué par les héritiers présomptifs, comme ayant été illégalement aliéné, sans leur consentement, gardait entre leurs mains sa qualité. Plus tard, le droit de préférence accordé à ceux-ci eut encore pour but d'assurer la dévolution régulière des immeubles patrimoniaux. Leur caractère dans la fortune des retrayants dut être celui qu'ils auraient eu, à la mort du vendeur. Au contraire, c'est seulement à partir du quinzième siècle que l'acheteur lignager triompha d'un demandeur même plus rapproché en degré. On ne pouvait plus appliquer ici les règles de la dévolution par succession. Le fait de l'achat, le « *promiscuus omnibus titulus emptionis*, » comme l'appelle d'Argentré (loc. cit.), joue en outre ici un rôle prédominant. De là la qualification de conquêt attribuée à notre époque au bien acheté.

§ 3. — *Actes juridiques qui donnent lieu au retrait.*

152. — Que la vente soit volontaire ou judiciaire peu importe. Dans ce dernier cas, les parents de l'exproprié ont un an et un jour, à partir de l'adjudication, pour indemniser l'adjudicataire. C'est là le droit commun (2). J'observe même que, depuis Ma-

(1) Artois, Anc. (1509), 83. « Et sortissent tels héritages nature d'héritages patrimoniaux en succession et aliénation au retrayant. » Artois, Nouv. 123. Ponthieu, 141. Boulenois, 138. Chauni, 115. Normandie, 483. En sens contraire, à la vérité, nous trouvons Reims, 215. La Rochelle, 20. Acs, x, 1 St-Sever. v. 2. Vermandois, Des retr., 31.

(2) En sens contr., Touraine, Anc. xv, 24. Lodunois, xv, 24. Orléans, Nouv. 400.

suer, la Coutume d'Auvergne s'est transformée en ce sens (Cout. de 1510, XXIII, 37).

153. — Signalons encore, comme acte juridique donnant lieu au retrait, le partage d'une communauté entre époux. Un propre a été acquis, durant le mariage de deux conjoints, dont l'un est lignager du vendeur, du côté et ligne d'où provient l'immeuble. Le retrait n'aura pas lieu tant que durera l'union. Il est possible, en effet, que le lignager ait un jour tout l'héritage. Supposons, au contraire, que le mariage soit dissout par la mort de l'un des époux. Ont-ils des enfants, pas de retrait. Ceux-ci sont en effet lignagers eux-mêmes. Et l'art. 153 de la Nouvelle Coutume de Paris produit son effet. N'en ont-ils pas, au contraire, la moitié de l'ancien propre déférée aux héritiers du conjoint non lignager ne sera pas sortie sans ressources de la famille. Un délai d'an et jour est accordé au lignager pour indemniser les héritiers de son communiste et reprendre la moitié de l'ancien propre à eux attribuée (Paris, Anc., 184. Nouv., 155). Dans cette espèce, le retrait lignager prend le nom de retrait de mi-denier. Nous l'avons déjà rencontré au treizième siècle.

154. — Des présomptions sont posées, pour reconnaître quand il y a en réalité vente. Retrait en cas d'échéance; pour la totalité, si la soulte est supérieure à la valeur de l'immeuble échangé; pour partie, si elle lui est égale. Présomption de fraude également, lorsque l'immeuble donné en contre échange est revendu dans l'année du contrat (Orléans, Anc., 391). C'est la remise en vigueur de la doctrine de Beaumanoir, après une curieuse interruption au quinzième siècle. (Comp., Normandie, 465, 478).

§ 4. — *Délai du retrait.*

155. — Dans la Coutume de Paris, il a perdu un des caractères du délai de prescription. Il a conservé les autres. Il court désormais contre les mineurs. Il ne s'agit plus, en effet, dans notre période, de protéger des intérêts individuels. Le retrait est fondé sur l'intérêt public. Or, celui-ci exige que la propriété

ne soit pas trop longtemps incertaine. Le rapprochement de Beaumanoir (cité sous le nº 118) et de François Grimaudet (1), met en pleine lumière le chemin parcouru. Au contraire, le délai est toujours d'an et jour. On sait quelle est, pour moi, l'origine de cette durée. Je n'y reviens pas (2). La solution de la Coutume de Paris est, au reste, de beaucoup la plus générale. A peine quelques coutumes (3) ont adopté d'autres délais.

150. — L'an et jour continue, enfin, à courir de la réception de l'acheteur « à la foy et à l'hommage, » s'il s'agit d'un fief, de son ensaisinnement, s'il s'agit d'une censive (Paris, Anc. 173 et 174), de sa prise de possession, sans doute s'il s'agit d'un franc alleu (4). — Ici nous ne trouvons plus la quasi-unanimité de tout à l'heure. Certaines Coutumes s'efforcent de rendre la vente publique par d'autres moyens que la possession de l'acheteur. Elles comptent le délai à partir seulement de la notification et insinuation du contrat au greffe des Justices seigneuriales dans le ressort desquelles les héritages sont situés (5). D'autres, enfin, le comptent à partir de la vente (6).

(1) « Car en toutes familles, il y a toujours quelques petits, qui s'éveilleraient, longtemps après les venditions, pour travailler et vexer les acheteurs. » Retr. lign. l. IX, ch. 17.

(2) André Tiraqueau (De retr. lin. § 1, glose XI, num. 17). Grimaudet, (Retr. lign. l. VIII ch. 2) et d'autres juristes en grand nombre pensent qu'en ajoutant le jour à l'année les Coutumes ont voulu comprendre d'une manière expresse le *dies a quo* dans le délai et trancher ainsi pour notre cas une « *controversiosissima controversia* » bien connue des romanistes. Je renvoie à une vive et spirituelle réfutation de ce point de vue par Estienne Pasquier (Recherches de la France, l. IV, ch. 32.).

(3) Berry (XIV. 1) 60 Jours. Bretagne (278, 274, 302) tant que l'appropriance n'a pas eu lieu. Auvergne (XXIII. 2.) 3 mois. Bourbonnais Anc. (II, 1) 40 jours. Nouv. (422) 3 mois ou six mois suivant que le bien est corporel ou incorporel.

(4) En ce sens Noyon 34. Chaumont 112. Sedan 217. Vitry 126.

(5) Angoumois 76-80. Poitou 320, 330. La Rochelle 33. St-Jean-d'Angely 50.

(6) Sens 32. Auxerre 154. Berry Retrait 1. Orléans (en roture seulement) 363. Blois 193.

Notons encore que, suivant la Cout. d'Anjou, 374, lorsque les contrats de vente sont frauduleux, qu'on y a doublé ou triplé le prix pour écarter les lignagers ou les seigneurs, l'action en retrait dure pendant trente ans, à partir du jour où la fausseté a été découverte.

§ 5. — *Procédure du retrait.*

157. — La nature de l'action du retrayant n'est pas partout réglée de la même façon. La législation du treizième et du quatorzième siècles s'est maintenue dans quelques coutumes. L'action est réelle. Elle doit toujours être intentée devant le tribunal de la situation de l'immeuble. Anjou, 381; Maine, 392; Laon, 83. — Ce n'est pas là la solution la plus ordinaire. On considère l'action comme mixte; comme *personalis in rem scripta*. Elle est personnelle. Car la coutume établit, à la charge de l'acheteur, une obligation de restituer. Elle est réelle. Car celui-ci ne peut pas priver le retrayant de son droit en aliénant à un étranger. Annulation des droits concédés par l'acheteur dans l'intervalle. Option accordée aux demandeurs entre le tribunal du domicile du défendeur et celui de la situation de l'immeuble. Voilà les conséquences pratiques de ce point de vue. Comp. Reims, 108. Châlons, 231. Comp. Pothier (Tr. des Retr., ch. 2). Ce changement de législation ne doit pas nous étonner. On appliqua sans doute ici la théorie de l'action résolutoire. Et celle-ci fut le produit de l'extension exagérée donnée au domaine des actions personnelles par la juridiction ecclésiastique chargée de les juger, extension maintenue plus tard, après la réaction des légistes contre cette juridiction (1).

158. — Quant à la procédure proprement dite, le caractère formaliste que nous avons signalé aux époques précédentes n'a

(1) Sur l'action mixte en général et l'action résolutoire en particulier, comp. M. Lévéillé op. cit. p. 132 à 138.

pas disparu. — La moindre omission, la moindre irrégularité entraîne, pour le retrayant, la perte définitive de son droit. « *Qui cadit a syllaba, cadit a tota causa.* » Ce brocard domine tout ce sujet. Je n'insisterai pas sur « les épines dont on a entouré le droit du retrayant, » suivant l'expression de Bourjon. Aussi bien elles ne nous offrent plus grand intérêt. — Les voici en quelques mots. Nullité si le jour de la citation fixé par l'ajournement tombe en dehors de l'an et jour (1) (Paris, Anc. 173, Nouv. 130). C'est la solution de Beaumanoir. Nullité, si l'ajournement n'est pas rédigé d'une façon solennelle, si on n'y offre pas en propre termes « bourse, deniers et à parfaire, » si, en outre, le sergent, en assignant, n'avait pas une bourse ouverte à la main, contenant d'abord la somme entière, plus tard une seule pièce d'argent. Nullité si ces offres n'ont pas été renouvelées « à chaque journée de la cause, » par le procureur et l'avocat (Paris, Anc. 177. Nouv. 140). — Ces deux dernières classes de nullités sont la fâcheuse conséquence de ce que la Coutume de Paris, comme la plupart des Cout. (2), n'exige pas la consignation préalable des deniers par le demandeur. Au lieu d'offres permanentes on a des offres répétées. Nullité, enfin, si le demandeur fait une seule fois défaut. « Congé de Cour contre le retrait emporte gain de cause, » écrit Loisel. L'observation de ces formalités « superstitieuses, » comme le dit si heureusement Ferrière (sur l'art. 141. Paris), à une époque où les jurisconsultes les condamnent unanimement, s'explique selon moi ainsi. Toutes, elles ont été utiles à l'origine. Au quinzième siècle, lors de la réaction contre notre institution, on en a fait des piéges contre le retrayant. Plus tard, cette jurisprudence avait des racines si fortes que l'on n'a pas pu s'en débarrasser.

(1) Certaines Coutumes se contentent de l'ajournement dans l'année. Sens VII, 32, Auxerre 157. Vitry 126. Laon 232. Reims 197.

(2) Voir cependant en sens cont. Troyes 151. Vitry 126.

§ 6. — *Obligations réciproques du retrayant et de l'acheteur. — Liquidation.*

159. — Parlons d'abord de celles du premier. L'acheteur a adhéré à la demande en retrait. Il a « tendu le giron », suivant l'expression consacrée. Ou bien le Parlement l'a condamné et a adjugé le retrait au parent le plus diligent. Quel est le résultat de l'adhésion ou de l'arrêt? La première vente est-elle non-avenue ou il y a-t-il substitution pure et simple d'un acquéreur à un autre? Quelle que soit la réponse à cette première question, la situation du retrayant est-elle identique à celle qu'avait le premier acheteur?

160. — Il est une hypothèse où la solution de ces deux difficultés est indifférente. C'est celle où le paiement, par l'acheteur au vendeur, est antérieur au retrait. Le retrayant devra alors indemniser directement l'acquéreur, soit pour éviter des circuits, soit parce qu'il n'a de rapports qu'avec lui.—La procédure de ce remboursement se décompose en deux phases : 1° *Détermination du prix.* Après l'adhésion ou le jugement, dépôt de son contrat au greffe par l'acheteur. Affirmation du prix s'il en est requis. La discussion possible sur ce prix sera tranchée par un nouveau jugement Le serment déféré à l'acheteur sera un moyen de preuve. Paris, Anc. 176. Nouv. 136; — 2° *Exécution par le retrayant.* — Consignation des deniers dans un délai qui, déjà, lors de la première rédaction de la Coutume de Paris, ne finit plus avec la journée de l'adjudication du retrait, au soleil couchant, mais est invariablement de vingt-quatre heures, à partir de celle-ci. Enfin, signification de cette consignation.

161. — Mais nos deux questions prennent une grande importance si la vente concédait des termes à l'acquéreur. Je les distingue soigneusement, ce que l'on ne fait pas assez en général.

162. — Ainsi la vente est elle non avenue? L'acheteur est-il

dégagé de toutes ses obligations vis-à-vis du vendeur? Est-ce seulement avec celui-ci que le retrayant doit avoir des rapports? L'affirmative et la négative ont été toutes deux enseignées et consacrées législativement dans notre ancien droit.

163. — La première doctrine est celle de Tiraqueau (Ret. lign. § 1. glose. 18. n° 31 à 45), et des Coutumes de Troyes, 161, de Bourbonnais, 470, d'Auxerre, 175. L'acheteur sera libéré, et le retrayant s'entendra avec le vendeur. Le consentement de l'acquéreur à l'obligation de paiement du prix n'a pas été absolu. Il a été déterminé par l'équivalent à recevoir, par la propriété irrévocable d'un immeuble à obtenir. La cause venant à manquer, l'obligation doit disparaître. Voilà sous une forme moderne l'argumentation de Tiraqueau qui fait du reste une confusion regrettable entre nos deux questions.— C'est cette théorie qui porte les traces de la plus haute antiquité. Lorsque la protection accordée aux héritiers présomptifs consistait dans l'offre à leur faire, il est certain que l'acheteur était dégagé, s'ils acceptaient l'offre. Il y avait deux ventes complètement distinctes. Ce point de vue laissa des traces, après la naissance de notre institution.

164. — La seconde doctrine professée par Dumoulin (Ad. cons. Paris, t. 1. des fiefs, § 20, glose 8, n° 8), avait prévalu dans les Cout. de Reims, 225, de Sens, Anc. 48, Nouv. 54, de Vitry, 126, de Melun, 156, et probablement dans celles de Paris et d'Orléans. Arg. Paris. Nouv. 137, Orléans, 390. L'obligation de l'acheteur est pure et simple. Aucune clause de résiliation n'a été stipulée par les parties. Elle doit durer, quoi qu'il arrive. La loi contraint le premier acheteur à revendre au retrayant. La première théorie me semble, je l'avoue, plus conforme aux principes.

165. — Passons à notre seconde question. Le retrayant invoquera-t-il les délais convenus dans la première vente vis-à-vis du vendeur dans la première doctrine, vis-à-vis de l'acquéreur dans la seconde? Ici encore, les solutions varient. Les Coutumes de Troyes, de Reims, de Paris et d'Orléans se prononcent

pour la négative. Celles de Sens, Anc. et Nouv., de Vitry, de Melun, de Bourbonnais, d'Auxerre, pour l'affirmative. On voit facilement quelle est la raison de douter. Si d'une part accorder le délai au retrayant est dangereux pour le vendeur ou l'acheteur, de l'autre le lui refuser, c'est sans contredit le faire payer plus cher.

166. — Ainsi restitution du prix, voilà une première obligation du parent le plus diligent. Remboursement des impenses nécessaires, mais d'elles seules, en voici une autre. Paris, Nouv. 146, Orléans 373. Les impenses même utiles, même ayant procuré une plus-value à l'immeuble, resteront à la charge de l'acheteur (1). Mettre obstacle aux fraudes employées par l'acheteur dans le but de rendre plus difficile l'exercice du retrait, voilà, à notre époque, le véritable motif de cette règle, qui n'est pas nouvelle pour nous. Mais la raison donnée par tous les commentateurs est que, pendant l'an et jour, l'acheteur n'est censé ni réputé seigneur incommutable. Horace a dit, en parlant du propriétaire :

Diruit, ædificat, mutat quadrata rotundis.

L'acheteur, pendant le délai, ne jouira pas de ces attributs essentiels du droit de propriété. — Ce vestige du temps où il acquérait le propre par prescription n'est-il pas fort curieux ?

167. — Je me borne à ajouter que les obligations de l'acheteur consistent dans la restitution du propre et dans celle des fruits, à partir du jour de la demande et des offres, sauf déduction des frais de semence et de culture, au profit de l'acquéreur. J'ai ainsi exposé la théorie du retrait, suivant la Coutume de Paris et les coutumes voisines de celle-ci, ainsi que les dérogations de détail apportées à cette législation par d'autres coutumes isolément. Je vais, en quelques mots, grouper ensemble les coutumes qui ont seulement une ou deux règles communes.

(1) Pour le retrait de mi-denier, décision en sens inverse. Pothier, Retr. n° 331.

GROUPE DES COUTUMES PYRÉNÉENNES ET DES COUTUMES DU NORD-EST.

168. — Prohibition relative d'aliéner les propres, voilà un caractère commun à beaucoup de nos coutumes. Préférence accordée au plus prochain lignager, voilà une règle consacrée par toutes (1). La grande majorité d'entre elles s'en tiennent à la législation primitive. Deux seulement, Troyes, 146, et Chaumont, 113, 114, préferent le plus prochain, seulement entre les retrayants, et maintiennent en possession l'acheteur lignager, quel que soit son degré. C'est une anomalie inexplicable, au point de vue rationnel. Dans toutes on retrouve également la restriction de notre institution aux immeubles patrimoniaux. Les anciens principes se sont donc conservés plus que partout ailleurs dans les coutumes de notre groupe. Le retrait de bourgeoisie ou d'habitation ou local, préférence accordée aux concitoyens du vendeur sur un acheteur étranger et qui existe chez les Basques, dans trois coutumes locales d'Artois, dans deux coutumes de Flandre (2) et en Alsace avant 1687, le retrait de communion ou de bienséance ou de frarensèté appartenant à Bayonne, v, 20, à Lille, vii, 1, et dans six autres petites localités (3), au co-propriétaire d'un bien, dont une portion indivise

(1) Calais, 150. Amiens, 174. Ponthieu, 135. Boulenois, 136. St-Omer 135. St-Pol en Artois i. 14. Lille 86. Duché de Bourgogne x, 2. Comté de Bourgogne xiii, 69. Soule. Labourt. Fors de Béarn. Rubr. des contractes et tornius 6, 7, etc. La Cout. gén. d'Artois dès sa première rédaction en 1509, art. 86, donne la préférence au plus diligent.

(2) Hesdin ville (1627, de ratraicte. 14). Fillièvres i. Langle en Artois Rubrica v, vers la fin. Bourbourg viii, 18. Bergh. Saint Winox (ville) ix, 8.

(3) Langle. Bourbourg. Bergh. Saint Winox. l. c. La Gorgue viii, 74.

est aliénée, et enfin le retrait d'esclèche (1), mettent en lumière ce caractère d'ancienneté. Sauf peut-être ce dernier, faculté réservée au propriétaire voisin, de reprendre la partie autrefois démembrée de sa maison, lorsqu'elle est vendue, ces retraits sont, en effet, des restes de la propriété primitive de la tribu.

GROUPE DES COUTUMES DU NORD-OUEST ET DE L'OUEST.

169. — La théorie de la Coutume de Normandie sur notre sujet mériterait d'assez longs développements. Au lieu d'avoir pour base des considérations monarchiques et l'affection des parents pour l'immeuble vendu, elle repose exclusivement sur cette idée que s'il y a un gain à faire au détriment du vendeur, il est tout juste que ce soit sa famille, plutôt que des étrangers, qui profite de cette bonne aubaine. Je ne puis, malheureusement, signaler les conséquences de cette différence de points de départ entre la Coutume de Normandie et celle de Paris. Je me borne à citer comme principes communs à toutes les coutumes de notre groupe les deux suivants : 1° Préférence accordée au plus prochain lignager, même contre un acheteur lignager ; 2° Application du retrait aux acquêts comme aux propres (2).

PAYS DE DROIT ÉCRIT.

170. — Le retrait lignager s'introduisit peu à peu dans les pays de droit écrit, vers la fin du quinzième siècle et au com-

(1) Lille. l. c. et Armentières.

(2) Normandie 468. 452. 469. 470. Bretagne t. A. 46. Nouv. 298. Anjou 370. 395. 346. Maine 380. 408. 376. Touraine 154. 163. 164. 152. 156. Loudunois xv, 7, 8, 1. Poitou, 332, 333, 368. Angoumois, 55. La Rochelle 30. 29. 31. 32. Usance de Saintonge entre mer et Charente 36. 30. St-Jean d'Angely 47. 43. Cependant déjà en 1539, le premier principe n'existe plus en Bretagne. Anc. 228. Nouv. 300. Il est également repoussé par la Coutume d'Augoumois 61, qui applique cependant le retrait même aux acquêts.

mencement du seizième. Et c'est là une preuve évidente que les préventions contre notre institution, constatées par nous, ne tardèrent pas à tomber. « Jaçoit que le droit commun semble répugner à la requête, toutefois pour ce qu'elle procède d'équité... soit fait comme il est requis (1) », répond, en 1472, le gouverneur de Provence aux Etats demandant l'application du retrait lignager à leur province.

171. — Les sources de notre institution furent, dans les pays de droit écrit : 1° Une décision législative prise de concert et modifiée plus tard par les Etats et le gouverneur, en Provence ; 2° Des coutumes rédigées et promulguées comme celles du Nord. Bordeaux, II. 4 à 37. Bergerac, 39 et suiv. Acs., X. St-Sever, V ; 3° Des coutumes constatées seulement par les auteurs. Quelques lieux particuliers du Quercy et du Rouergue, d'une part, la Haute-Auverge et les sénéchaussées de Bélac, Maignac et Rançon, en Basse-Marche, d'autre part. Ces derniers pays sont compris dans le ressort du Parlement de Paris (2); 4° La jurisprudence des Parlements (Bordeaux et Toulouse) (3).

172. — A notre époque, au reste, nous savons, d'une façon certaine, que le retrait lignager n'est en usage, ni dans le Lyonnais, ni dans le Forez, ni dans le Beaujolais, ni dans le Mâconnais.

173. — Les règles communes aux pays de droit écrit sont les trois suivantes :

1° Le retrait s'applique aussi bien aux acquêts qu'aux propres. « Que si vendra aucuna possession, cayna que sia, » dit le

(1) V. le texte de cette réponse et de la requête des Etats dans Jacques Mourgues, Les Statuts et Coutumes du Pays de Provence, Aix 1658 p. 111.

(2) Ant. d'Espoisses. Part. 1. t. I, sect. VI, n° 9. Tome I. p. 83. Henrys et Bretonnier, t. 1. l. 2. quest. 19 et tome 2. Plaid. 10 et l. 3. quest. 4.

(3) Jean de Cambolas. Décis. not. du Parlem. de Toulouse. l. 3. ch. 35.

Statut de Provence de 1472. Le Parlement de Toulouse (Jean de Cambolas, l. c.), le décida expressément par son arrêt du 16 déc. 1603. Si l'immeuble vendu est patrimonial, la qualité de parent de côté et ligne sera exigée chez le retrayant. Si c'est un acquêt, concurrence entre les deux lignes, suivant Bordeaux, 4. Bergerac, 39. Mont-de-Marsan, des Droits de proximité, 7, préférence aux parents du côté paternel, selon Acs. x, 1. Saint-Sever, v, 1, 2, 3;

2° Le plus prochain lignager est préféré au moins prochain acheteur ou non (Statut de Provence de 1472, Bordeaux, 6, 7, 8. Bergerac, 48. St-Sever, v, 1;

3° Enfin, ce qui caractérise nettement notre groupe, le retrait féodal est préféré au retrait lignager. « Sensa préjudici dal Seignour diret. » Ainsi parle le Statut de Provence de 1472. Comp. d'Espoisses, op. et loc. cit. Mont-de-Marsan, Dr. de proximité, II.

174. — S'il y a accord sur ces trois points, il y a divergence sur quelques autres. Ainsi, tandis que le Parlement de Toulouse a adopté le délai coutumier d'an et jour, le droit des parents est éteint en Provence, au bout d'un mois, à partir de la vente d'abord, à partir seulement du jour où ils ont eu connaissance de la vente, après une nouvelle délibération prise par les trois Etats en 1520 (Mourgues, op. cit., p. 126). Dérogation aux principes, en faveur de l'équité, voilà le caractère de notre institution transplantée dans nos provinces méridionales. Il y a privilége. Mais, en accordant cette faveur au lien du sang, on se croit le droit de la restreindre dans des limites raisonnables, de respecter, par exemple, les droits antérieurement acquis des seigneurs. Il n'était pas sans intérêt de montrer la différence d'aspect du retrait lignager dans les pays où son développement a été naturel, progressif, et dans ceux où il a été introduit tout d'une pièce, par voie d'autorité.

CHAPITRE IV

MODIFICATIONS APPORTÉES A LA THÉORIE DU RETRAIT LIGNAGER, A PARTIR DE LA FIN DU SEIZIÈME SIÈCLE

175. — Je vais me borner à dire quelques mots de deux changements apportés à la Coutume de Paris de 1510 par la Coutume réformée de 1580, de deux tentatives, l'une législative, l'autre doctrinale, pour appliquer le retrait lignager aux quelques provinces qui le repoussent, et donner partout à ses règles une uniformité partielle ou totale. Je mentionnerai ensuite l'édit des insinuations de 1703 et ses conséquences. Enfin, nous signalerons la remarquable disparition de notre institution sur plusieurs points, même avant la révolution. Nous aurons ainsi un tableau à peu près complet de l'évolution historique de notre ancienne législation.

§ 1. — *Innovations de la Coutume réformée de Paris de* 1580.

176. — J'en cite deux. 1° La constitution de rente ne donne plus lieu au retrait (Paris, Nouv., 129). Et encore le bail à rente y est-il sujet, seulement lorsqu'elle est rachetable. On considère dans ce dernier cas qu'il y a vente avec un prix d'une espèce particulière.

177.—2° Le bien retiré est propre. L'immeuble patrimonial acheté par un lignager est acquêt. Voilà la théorie ancienne. Elle est consacrée dans son ensemble. Mais on analyse plus exactement les causes d'acquisition dans l'hypothèse du retrait. Le remboursement du prix, voilà une de ses causes ; le lien du sang en est une autre. Le résultat est le suivant. Le propre retiré reste propre, mais la partie patrimoniale de la fortune du retrayant est en quelque sorte grevée d'une dette égale au prix vis-à-vis de la partie acquise, et cette abstraction devient une réalité à la mort du retrayant.

Les héritiers aux propres prennent par privilège la portion de la fortune du défunt qui provient des ancêtres communs. Ils n'auront à ce titre que l'excédant de la valeur du bien retiré sur le prix remboursé. Ils devront acquitter la dette, dont nous avons parlé, aux héritiers aux acquêts, pour conserver l'immeuble entier. S'ils ne le font pas, l'excédant est réputé ne pas exister. Telle est, pour moi, la théorie de l'article 139 de la Coutume réformée. Son exposition par les anciens auteurs est fort confuse. Il y avait quelques divergences. Je me borne à citer l'opinion de Laurière (1), qui soutient, avec une grande vivacité, que le propre acheté par un lignager, aussi bien que le propre retiré, reste propre.

178. — Ses arguments ne m'ont pas convaincu. L'article 133 de la Nouvelle Coutume accorde par exception, à mon avis, le retrait d'un acquêt. Les lignagers reprendront leurs droits sur l'immeuble, si l'acquéreur lignager le revend. C'est là, selon moi, je le répète, tout simplement une compensation à la maxime: « Lignager sur lignager n'a droit de retenue. » — Ce qui, pour moi, démontre d'une façon décisive, que dans la succession de l'acquéreur lignager, les héritiers aux propres ne prendront pas notre immeuble par préférence, c'est que dans ce cas, ils devraient au moins être tenus, comme tout-à-l'heure, de rembourser le prix aux héritiers aux acquêts. Or, la Coutume est muette.

§ 2. — *Tentative législative.*

179. — Elle est due à Henri III. Son édit de novembre 1581 (2) se compose de onze articles. Dans le premier, le roi décide que le retrait lignager sera appliqué désormais dans tout le royaume. Il résume en quelques mots les règles qui devront être sui-

(1) Cout. de Paris sous les art. 133 et 139 et Mémoire pour Jean Oursin écuyer.

(2) Voir le texte de cet édit dans le « Code Henry » publié par Brisson en 1587. l. 6. t. 16. p. 114.

vies dans les pays où l'institution est repoussée. Ce sont celles de la Coutume de Paris, avec une seule différence. Le délai de remboursement du prix de l'acquisition, après l'adjudication du retrait est allongé. De vingt-quatre heures on le porte à trois jours. Les provinces où le retrait lignager est en usage, conservent leurs règles spéciales, sauf en un point (art. 7). A l'avenir, le délai, quel qu'il soit, courra à partir seulement du jour que « les contrats de vente, cession ou autres subjects à retraict lignager, seront notifiez aux greffes de nos jurisdictions ordinaires, esquelles les dictes choses vendues seront situées et assises » (art. 2).

180. — Cette ordonnance est fort habilement rédigée. Elle se contente de rendre nécessaire la création d'offices de greffiers aux notifications, sans en faire le moins du monde mention. Le Parlement ne se trompa pas, du reste, sur le caractère fiscal de cette ordonnance. Il fallut des lettres de jussion du roi pour qu'elle fût enregistrée. — Sur sa durée et son influence, beaucoup d'idées divergentes se sont fait jour. Contentons-nous de constater que, suivant l'opinion générale, elle fut abrogée par un édit de 1586, mais qu'elle laissa cependant des traces certaines dans le Mâconnais. Au témoignage de Bretonnier (t. 1, l. 2, quest. 19), notre institution fut en effet introduite, dans cettre province, à la fin du seizième siècle, et, chose bien remarquable, on y suivait les règles de la Coutume de Paris.

§ 3. — *Tentative doctrinale.*

181. — Elle est due au premier président Guillaume de Lamoignon, et à un groupe de magistrats et d'avocats distingués. Elle ne fut pas spéciale au retrait lignager. Elle eut pour but de faire sanctionner par Louis XIV et appliquer par toute la France une codification générale de ce droit naturel, né de la répulsion de nos juristes pour une législation contenue dans 225 codes différents, et qui, selon une remarque très-juste de M. Sumner Maine, servait de droit commun à la France. Cette codification

nous est parvenue sous le nom d'Arrêtés de M. de Lamoignon. Deux de ces titres nous intéressent. L'un, le tome IX est relatif aux propres, et il consacre expressément les doctrines enseignées par nous (Voir art. 7, 24, 12, 10). Dans l'autre, le titre XL, le retrait lignager est adopté, étendu par conséquent à toute la France, et les règles de la Coutume de Paris sont modifiées en plusieurs points. Caractère équitable de notre institution, aux yeux des rédacteurs des arrêtés, amour de la simplicité, instincts aristocratiques, les changements apportés ont l'une ou l'autre de ces trois bases. Ils favorisent, du reste, tantôt le retrayant, — publication faite en jugement du contrat de vente (art. 13), suppression des formalités « superstitieuses » des offres (art. 16), augmentation du délai de remboursement après l'adjudication du retrait (au lieu de 24 heures, huitaine, art. 40 et 41); tantôt l'acheteur — plus de retrait en cas de vente judiciaire (art. 20), plus de retrait également si, avant la demande, le seigneur a retenu, par puissance de fief, l'immeuble vendu (art. 36). Ainsi, entre le seigneur et le parent, le plus diligent est préféré. C'eût été une curieuse innovation. Voilà ce projet plus remarquable par le bon sens pratique que par la hauteur des vues, mais qu'il n'était pas inutile de connaitre.

§ 4. — *Edit des Insinuations.*

182. — L'article 26 de cet édit (1703) ordonne que le temps du retrait ne courra que du jour de l'insinuation au greffe du tribunal de la situation. Il eut meilleure fortune que celui de 1581. Il avait cependant, semble-t-il, le même but fiscal. Dans les Coutumes d'Angoumois, de Poitou, de la Rochelle, de Saint-Jean-d'Angely, la publication en jugement resta en outre nécessaire, même après 1703.

§ 5. — *Abrogation du retrait lignager dans quelques Coutumes du dix-huitième siècle.*

183. — Il est remarquable qu'elle a eu lieu précisément dans ces Coutumes du Nord et du Nord-Est, qui ont conservé le plus

longtemps, nous l'avons vu, les règles primitives (Artois, 1741 14. Arras, 1. Bapaume, 9. Douai, III, 4. Cambrai, II, 13).

PÉRIODE CONTEMPORAINE.

184. — L'histoire du retrait lignager se termine en France le 17 juillet 1790. Le 13 juin précédent, l'Assemblée constituante avait supprimé les retraits de bourgeoisie, d'habitation ou local, d'esclèche, de communion, de convenance et de bienséance. Le rapporteur était Merlin de Douai. La discussion, je dois le dire, n'avait pas eu une grande élévation. On ne mentionna même pas les motifs considérables de droit individuel et d'intérêt social permanent, qui exigeaient la disparition de ces derniers vestiges de la propriété de la tribu. On se borna à montrer qne ces retraits entraveraient la vente des biens nationaux. C'était une considération sérieuse, mais purement transitoire (*Moniteur* du 14 juin).

185. — La suppression de notre retrait spécial fut motivée par des arguments plus scientifiques. Un projet en trois articles fut présenté, au nom du comité féodal. Le retrait lignager, disait Merlin, rapporteur cette fois encore (*Moniteur* du 18 juillet), a pour cause l'ancienne constitution de la famille, et non pas « la seule affection que l'on a pour les propriétés de ses ancêtres. » « Les familles étaient autant de diverses républiques. » Elles ont voulu conserver les biens dont elles étaient dotées. L'état social, qui a amené le retrait, a disparu. On doit, par droit de conséquence, supprimer l'institution elle-même. Telle était sa conclusion. L'ensemble de cette doctrine était, on le voit, fort correct. La discussion fut rapide. Aucune voix ne s'éleva contre le principe même du projet. On l'appela, au contraire, plusieurs fois « loi juste. » L'art. 3 fut effacé, sur la proposition de M. Martineau, comme violant la règle de la non rétroactivité des lois. Et cette réforme importante, qui donnait à la propriété un caractère plus individuel, et introduisait le respect des conventions, fut votée sans grande solennité.

186. — De 1790 à 1830, le retrait lignager fut complétement inconnu en France et dans les possessions françaises. Le droit des parents, dans sa première forme, continua cependant à exister dans nos colonies de l'Inde. — C'est seulement après notre conquête de l'Algérie que nos magistrats eurent de nouveau à juger des demandes d'éviction contre remboursement, intentées par les parents du vendeur contre l'acheteur. Les Arabes, comme tous les musulmans du rite Malekite, connaissaient notre ancien retrait de communion ou de bienséance. C'était le droit de Choufa. Les Kabyles, et en particulier ceux du Jurjura, observés surtout par MM. Hanoteau et Le Tourneux, pratiquaient la même institution pour les meubles. Pour les immeubles, sans distinguer du reste, suivant leur origine, ils allaient plus loin. — Un droit de préférence sur l'acheteur, appelé droit de Chefaa, était accordé à plusieurs catégories de personnes. Et l'ordre établi entre celles-ci était identique à celui établi chez nous par la Coutume de Bayonne (1). D'abord le copropriétaire ou associé puis le parent, enfin le concitoyen. C'est là, on l'avouera, une curieuse rencontre. — Et cette similitude du droit Berbère et de celui de la Coutume de Bayonne s'accentue encore si on observe que, dans plusieurs villages, le vendeur était obligé d'offrir préalablement l'achat de l'immeuble à ses associés ou à ses proches. Mais ce n'était pas là le droit commun. Dans le plus grand nombre des localités, la vente était faite en toute liberté, sauf au copropriétaire ou au parent à se présenter dans le délai.

187. — L'origine du Chefaa parait bien être la prohibition primitive d'aliéner ses immeubles sans le consentement de ses proches. Car, comme dans notre ancien droit, l'acheteur ne sera pas remboursé des dépenses mêmes utiles faites par lui

(1) Ceci est trop absolu. Ce n'est vrai que pour le copropriétaire et le parent. Le retrait de bourgeoisie ou local ne semble pas exister à Bayonne.

dans l'intervalle, du moins, chez les Kabyles, s'il connaissait la possibilité du Chefaa.

188. — Telle est cette législation. On trouvera sur elle de très-longs détails dans le livre déjà cité de MM. Hanoteau et Le Tourneux (Dr. civil, ch. VII, t. 2, p. 401). — Je remarque seulement que notre institution est ici sans conteste la résultante de l'état social. L'organisation primitive s'est maintenue avec ses caractères principaux. L'unité politique, ce n'est pas la nation Kabyle, c'est le village, ou tout au plus, pour certains cas, la confédération. Et cette première unité est subdivisée en unités secondaires, les familles patriarcales. Nous avons déjà trouvé deux preuves de cette affirmation : la dette de sang ou rekba, la thadoukeli-boukkham ou association de parents. L'exclusion absolue des femmes des successions prononcée de nouveau, solennellement, il y a cent vingt ans environ, et malgré les prescriptions du Coran, par les délégués de la plupart des Confédérations kabyles, vient compléter le tableau, et l'existence du retrait lignager, à côté de pareilles coutumes, confirme toutes nos idées antérieures.

189. — Déjà, depuis 1851, nos tribunaux avaient le pouvoir d'accueillir ou de repousser la demande du copropriétaire ou parent invoquant le droit de Chefaa, suivant les circonstances de la cause. — Une loi récente, du 10 août 1873 (*Journal offic.* 1873, p. 5313) (1), a enfin appliqué aux terres possédées par les indigènes Algériens (Arabes ou Kabyles), les articles de notre Code civil sur la propriété foncière. Le droit de Chefaa a été formellement abrogé (Art. 1, dern. §). Mais, contrairement aux conclusions du remarquable rapport de M. Warnier (*Journal offic.* du 27 mai 1873, n° V), la situation antérieure a été maintenue pour le Sahara ; l'innovation a été restreinte au Tell (Art. 31).

(1) Voir les trois délibérations. 30 mai, 1er et 26 juillet, et en particulier un discours de M. Humbert dans la deuxième.

Notre institution n'a donc pas rigoureusement disparu, et nos Cours peuvent être encore appelées à l'appliquer, quoique assez rarement sans doute.

CONCLUSION

100. — Vérification, pour notre sujet, de la loi d'unité posée au début de ce travail. Constatation du mouvement de la législation dans le sens du dégagement progressif de l'individu, de la famille, et par suite d'une plus grande liberté laissée au propriétaire dans la disposition de ses biens. Voilà les deux résultats de notre étude.

101. — Ce serait une erreur de penser que ce dernier mouvement est achevé en France. Ici, comme presque partout, le Code civil a fait œuvre de transaction et de transition. Il n'a pas pris nettement parti entre la conception ancienne du patrimoine venu des ancêtres, grevé d'une sorte de substitution tacite, au profit des descendants, et la notion moderne de la propriété fondée sur le travail individuel du possesseur actuel ou de celui qui la lui a transmise à titre gratuit. Si, en effet, la vente des droits même patrimoniaux est aujourd'hui libre en général, elle est encore soumise à restrictions dans le cas de l'art. 841 C. civ. (1). Le caractère de dépôt a laissé des traces à peine reconnaissables, je l'avoue, dans la division des biens du défunt entre les deux lignes. C'est surtout dans la théorie de la réserve que se retrouve l'ancien point de vue. Certains héritiers présomptifs voient, en effet, leurs droits futurs de succession en partie pro-

(1) Le retrait successoral, qui existait déjà dans notre ancienne jurisprudence, d'une manière absolument distincte, tient à la fois du retrait de communion ou de frareuseté et du retrait lignager. En le présentant comme une atténuation du droit du chefan, les rédacteurs de la loi du 10 août 1873 ont émis une idée très-juste. (art. 1. dern §.).

tégés contre les dispositions à titre gratuit du propriétaire actuel, et même dans de certaines limites, contre ses aliénations à titre onéreux, par la possibilité de l'interdiction pour prodigalité.

192. — Telle est la situation. Le mouvement de la législation se continuera sans doute dans le sens de l'importance de plus en plus grande donnée à l'individu. Plusieurs des dérogations au droit commun, signalées par nous, sont destinées à disparaître. Le progrès est, en effet, la loi fatale des sociétés et « bien loin que cette loi de l'histoire inspire rien de desséchant, elle intéresse au sort de l'humanité, la met sur un piedestal en en vivifie l'amour. A cette lumière, poursuivre un idéal de vérité, de beauté, de justice, devient la conscience de l'humanité, et prendre part à cette tâche grandiose, devient la conscience de l'individu humble et passager (1). »

---

(1) M. Littré. Etudes sur les Barbares et le moyen-âge. Introduct. p. 32.

TROISIÈME PARTIE

De la Vente à Réméré.

1. — Le vendeur d'un meuble ou d'un immeuble stipule, au moment même de la vente, que celle-ci sera considérée comme n'ayant jamais eu lieu, si, dans un délai déterminé, il restitue à l'acquéreur le prix et ses accessoires. Il y a vente à réméré ou vente avec faculté de rachat.

2. — Voici quel sera mon plan d'exposition. — J'étudierai d'abord l'histoire de cette institution. Je rechercherai quelles ont été ses bases successives, et ses emplois divers, suivant les législations et les époques. Puis passant au Code civil, j'examinerai de près les conventions des parties et la place occupée par notre institution dans la doctrine juridique moderne. Les effets produits par notre clause avant le remboursement du prix, et après celui-ci, nous occuperont ensuite. De vives critiques enfin ont été formulées contre elle. Nous essaierons de nous former une opinion à son égard.

CHAPITRE I.

DE LA VENTE A RÉMÉRÉ.

3. — Trois idées combinées ou isolées se retrouvent dans toute l'histoire de la vente à réméré. Le législateur, en l'autorisant implicitement ou explicitement, entend fournir un der-

nier moyen de maintenir le bien à la famille ou utiliser un instrument élémentaire du crédit, ou enfin satisfaire le sentiment très réel d'attachement du propriétaire pour sa terre.

§ 1. — *Législations antiques.*

4. — La première idée justifie surtout, à mon sens, les dispositions fort curieuses de la loi hébraïque et de la loi indoue. On peut, en outre, ajouter que le respect du contrat n'est pas commandé d'une façon impérieuse aux sociétés primitives comme il l'est aux nôtres. D'après le verset 26 du chapitre XXV du Lévitique, *tout* vendeur a le droit de résoudre la vente et d'enlever la possession à l'acheteur, même avant l'expiration des cinquante ans, en restituant, non pas le prix entier, mais la somme représentant les années de jouissance restant à courir jusqu'au Jubilé. Cette faculté n'est pas renfermée dans des limites déterminées. La loi de Manou (VIII, 222) accorde un délai de dix jours au vendeur ou à l'acheteur d'une chose *non périssables*, comme une terre ou des métaux, pour changer d'avis et reprendre ou rendre l'objet vendu. Il est inutile d'insister sur la restriction apportée à cette disposition. Le but pratique est manifeste.

5. — Qu'il n'y ait pas dans le Lévitique ou dans le Manava-Darma-Sastra une véritable vente à réméré, j'ai à peine besoin de le remarquer. Il n'en est pas de même dans le droit romain, déjà à l'époque classique. Convention formelle des parties mise à néant de la vente si l'événement incertain se réalise et même disparition de la *datio* suivant Ulpien, l. XIII, D. 13. 7, mais non suivant Marcien, l. 7. § 1, D. 20.5, voilà les caractères communs à notre clause et à celle qui figure dans ces deux lois. La formule de la vente de l'objet engagé par le créancier gagiste avec cette réserve que si le prix est remboursé plus tard à l'acheteur, soit par le créancier gagiste, soit par le débiteur, l'objet vendu sera restitué, est significative. « *Ut si intra certum tempus a debitore pecunia soluta fuerit, emptio rescindatur.* » Plus nette

encore, si cela est possible, est celle de la l. 7, C. *De pactis int. empt.*, 4, 54. « *Ut.... sit res inempta.* » Sans donc plus de discussion, j'admets, en droit romain, la vente sous la condition résolutoire du remboursement du prix, à côté de la convention par laquelle le vendeur stipule pour lui, en aliénant, un droit de préférence sur tout sous-acquéreur, moyennant paiement du prix de la vente ou d'une somme déterminée à l'avance, à côté du *pactum protimeseos* des Byzantins, notre pacte de préférence actuel. Même en l'absence de textes, un manque d'intérêt pourrait seul expliquer que cette variété de la condition résolutoire ne fût pas en usage. Or, nous pouvons très bien le chercher dans la troisième des idées mises en lumière par nous dans le n° 3. Peut-être aussi le vendeur, en stipulant un long délai (aucune restriction ne lui est sur ce point imposée par les textes), avait-il quelquefois l'intention d'ouvrir à ses héritiers une voie pour recouvrer le bien aliéné.

§ 2. — *Législations de l'Europe occidentale.*

6. — La vente à réméré existe encore aujourd'hui dans la plupart des Etats européens. Son origine y est romaine. Cela ne saurait être contesté.

7. — Je ne puis affirmer, au contraire, que l'usage de notre clause n'ait pas subi une interruption après les invasions. L'opinion opposée me semble même plus vraisemblable. Car je n'ai trouvé aucune trace de notre institution dans les compilations de droit romain faites par les Barbares, pas plus dans le *Papianum* (éd. Pertz. Mon. leg. III), que dans le *Breviarum Alarici* (éd. Haenel, Leipsick (1849), ou l'*Edictum Theodorici* (Walter. Corpus Jur germ. I).

8. — Que la vente à réméré, du reste, ait été puisée dans les textes, lors de la renaissance de l'étude du droit romain, ou qu'elle ait été toujours pratiquée dans quelques pays, un fait est certain, c'est qu'elle s'harmonisait parfaitement avec la société féodale et avec les règles canoniques. Grâce à elle, le

vendeur espérait rentrer plus tard dans la hiérarchie féodale (1), et ses héritiers conservaient une dernière ressource, qui venait s'ajouter à celles étudiées dans notre seconde partie. L'Eglise n'ayant pas à compter avec le même état économique que nos législateurs modernes, ne pouvait qu'approuver cette réserve de l'avenir stipulée par un propriétaire malheureux.

9. — Je ne puis pas davantage préciser l'époque à laquelle elle reparut, si tant est qu'elle tomba temporairement en désuétude. — Suivant David Houard (Anciennes lois des Français. Instit. de Littleton, t. 1, p. 256), elle était en vigueur, au seizième siècle, lors de la conquête de l'Angleterre par les Normands ; elle y fut introduite par eux.

Ce n'est pas là une opinion déraisonnable.

10. — Les deux documents les plus anciens que j'aie trouvés à ce sujet ne remontent cependant pas au delà de la seconde moitié du treizième siècle. L'un est le statut de Parme (1252) (2), l'autre est le Code des sept parties (3). Tous deux sont parfaitement empreints de l'esprit de l'Eglise. A ce titre ils sont fort importants pour nous.

Un arrêt du Parlement de 1301 (Olim, t. 3, p. 107 et 108) est le premier témoignage que je sois en état d'invoquer pour la France (4). — A partir de ce moment, du reste, les textes deviennent plus fréquents. — Je cite le Livre des Droiz et Commandements (n° 588 et 888) pour le Poitou. Notre institution y porte le nom de Rescousse, le même nom que le retrait lignager

(1) Sous ce régime « l'homme est classé, qualifié par sa terre ; il en suit le rang, en porte le nom. Il la possède, mais il en est possédé. » Michelet. Origines du droit français. Int. p. 36.

(2) *Monum. histor. ad prov. Parmensem et Placentinam pertinentia* déjà cités. *Statuta Parmæ.* p. 201 et 262.

(3) Las siete partidas del sabio rey don Alonso el Nono. Quinta partida. t. 5. Ley 42. édit Gregorio, Lopez. Valladolid. 1587.

(4) La lecture de cet arrêt a rendu moins étonnant pour moi ce passage de la Divine Comédie, dans lequel Alighieri personnifie l'usure par la ville de Cahors en Quercy (Enfer. ch XI).

dans Beaumanoir. Enfin l'Abrégé du Livre des Assises de la Cour des Bourgeois, ch. 28 (Beugnot, t. 2, p. 257), nous la montre à Chypre dans ce même quatorzième siècle.

11. — Idées romaines, féodales et canoniques, voilà donc les trois éléments qui ont contribué à la formation ou tout au moins à la généralisation de notre clause. — Et l'influence de ces trois sources est manifeste dans ses règles. C'est à la première que je rapporte l'application de notre clause aux immeubles, sans distinction de propres et d'acquêts, et même aux meubles. C'est de la seconde que dérivent la classification de notre institution parmi les retraits, sous le nom de retrait conventionnel, à côté du *pactum protimiseos* des byzantins et la préférence accordée, pour l'exercice du réméré, à l'héritier de la ligne, de laquelle provient le propre vendu, sur les héritiers des autres lignes. On avait même soutenu, paraît-il, que l'héritier non lignager ne pouvait jouir du droit de rachat (1).

12. — La troisième a eu de curieux résultats. Le statut de Parme, déjà cité, proroge le délai accordé au vendeur à réméré, d'abord jusqu'à la Saint-Michel de l'année où il expire, plus tard jusqu'à celle de l'année suivante. — Il ne faut pas, en effet, prononcer les déchéances, rigoureusement aussitôt qu'elles sont encourues et un prompt amendement efface la faute. Ce sont là des idées appartenant en propre à l'Eglise et elles sont l'origine de la décision du statut.

13. — Notre théorie coutumière de la *purgatio moræ*, dans l'hypothèse du pacte commissoire en matière de vente, a la même base. — Et je ne vois dans la doctrine célèbre des arrêts de déchéance, doctrine relative à notre sujet, qu'une extension de celle-ci. Voici en quoi consiste la première. Après l'expiration du temps fixé pour le remboursement du prix, l'acquéreur à réméré doit s'adresser à la justice et se faire adjuger par elle

(1) Poullain du Parc. Institutions au Dr. Fr. suivant la Cout. de Bretagne. t. 6. p. 216 (l. III. ch. XV.).

la propriété incommutable. Jusque là, au moins avant l'écoulement des trente années, le vendeur conserve la faculté de rentrer en possession, en exécutant les conditions du contrat. Introduit par un arrêt, toutes chambres réunies, du parlement de Paris, en 1650 (1), ce point de vue ne fit guère fortune. Combattu par les auteurs les plus éminents, il fut repoussé par la plupart des parlements.

§ 3. — *Du contrat pignoratif.*

14. — Dès le neuvième siècle, nous avons en France des traces certaines de l'emploi par les moines d'un instrument de crédit réel consistant dans la combinaison de deux ventes en sens inverse. L'emprunteur leur aliène son bien pour une certaine somme. S'il la rembourse dans un délai fixé, qui est le plus souvent de sept ans, il reprendra sa terre (2). Ce sera un acquêt entre ses mains. « *Et recepit ipsam terram in alode et comparato* (3). » Ceci nous indique bien qu'il y a là deux ventes et non une vente unique, sous condition résolutoire. L'engagement d'ailleurs, *pignoratio*, ne sera valable que s'il a eu lieu avec le consentement des membres de la famille de l'engagiste (4). Nous trouvons le même usage, non loin de nos frontières, dans le Limbourg hollandais actuel. Il nous est attesté par un acte passé en 1063 entre le comte Bruno de Hengenbach

(1) V. cet arrêt et son bizarre considérant dans Julien Brodeau. Notes sur Louet Lett. V. Somm. XII, n° 10 et 11. t. 2. p. 860.

(2) Cartulaire de Redon (déjà cité). Charte 132. p. 100. ch. 169. p. 130.

(3) *Eod. l.* ch. 131. p. 99. V. aussi p. 27.

(4) *Eod. loc.* ch. 182. p. 141, et une convention intervenue en 1107 entre l'abbaye de Saint-Martin aux Jumeaux et Raoul de Crot (Aug. Thierry. Recueil des monum. inéd. de l'hist. du Tiers-Etat, t. I. p. 93).

et l'Eglise de Ste-Croix à Lüttich (1). Le rédacteur de ce dernier acte a bien soin de dire que l'Eglise possédera le bien en toute propriété et non pas simplement à titre de gage, « *non tamen quasi datum pro commodata pecunia vadimonium !* » En résumé, il y a là *mancipatio* avec pacte de fiducie. Les mêmes besoins et les mêmes difficultés ont produit la même institution. Les origines du crédit réel ont été identiques dans l'ancienne Rome et dans l'ancienne France.

15. — Cet état fort élémentaire du crédit aurait certainement fait place rapidement à des procédés moins primitifs, d'autant plus qu'il suffisait de les puiser dans la loi romaine. Mais le développement normal de la législation fut entravé par cette prohibition fameuse du prêt à intérêt empruntée par l'Eglise catholique aux versets 34 et 35 du ch. VI. de Saint Luc et surtout à Aristote et qui devait agir avec tant d'énergie sur la société européenne et en particulier sur la société française.

16. — En 1164, Alexandre III interdit formellement l'antichrèse aux clercs dans un concile tenu à Tours. En 1180, le même pape étendit cette prohibition aux laïques par sa décrétale adressée à l'archevêque de Cantorbéry. De cette époque, jusqu'au milieu du seizième siècle, nous voyons la vente à réméré utilisée comme moyen de se soustraire aux lois sur l'usure. Dans cette période prend naissance la théorie du contrat pignoratif, que j'exposerai sans tarder. Comment aurait-il pu en être autrement ? Un seul instrument de crédit réel était légal : c'était la constitution de rentes. Or, cet unique instrument était défectueux à deux points de vue. Il était fort onéreux : car il entraînait le paiement au seigneur de deux droits, l'un au moment de l'achat, l'autre lors du rachat de la rente constituée et assignée spécialement. Il répugnait en outre aux emprunteurs de grever leurs fonds de charges perpétuelles. Or, les rentes constituées n'étaient pas rachetables de leur nature.

(1) Il est reproduit par M. G. Waitz (Urkunden zur deutschen Verfassungsgeschichte im XI. und XII. Jahrhundert, p. 1 et suiv.).

17. — Lorsque François Ier eut décidé, par son édit d'octobre 1539 (Coll. Isambert, t. 12. p. 645.), que toutes les rentes constituées à prix d'argent seraient à l'avenir rachetables, lorsqu'un arrêt célèbre du parlement de Paris de 1557 eût ordonné qu'il ne serait plus dû de lods et de ventes pour les achats et les rachats de rentes constituées, lorsqu'enfin la plupart des Coutumes réformées eurent étendu l'édit de François Ier à toute espèce de biens, les contrats pignoratifs devinrent très-rares (Eusèbe de Laurière. Dissert. sur le tènement de cinq ans, p. 158. ch. IV. n° 30).

18. — Ils furent pratiqués cependant, jusqu'à la fin du droit coutumier, dans l'Anjou et le Maine. Ce qu'il y a de curieux, c'est qu'ils y étaient légaux et se faisaient ouvertement. L'existence du tènement de cinq ans, c'est-à-dire de la règle que l'acquéreur d'un immeuble était, après cinq ans de possession continue, dégrevé de toutes les charges réelles pesant sur sa propriété, avait complétement paralysé le crédit réel et contraint le parlement de Paris, pendant son transfèrement à Tours, au seizième siècle, à déclarer solennellement qu'à l'avenir il tolérerait les contrats pignoratifs dans les provinces dont nous parlons (Eusèbe de Laurière. *op. cit.*). N'y a-t-il pas là un enseignement digne d'être médité ?

19. — Telle est l'histoire du contrat pignoratif. C'était une variété du Mort Gage, c'est-à-dire du gage en vertu duquel les fruits appartiennent au créancier en pure perte pour le débiteur. « Vif-gage est qui s'acquitte de ses issues, mort-gage qui de rien ne s'acquitte, » a dit Antoine Loysel. Le contrat pignoratif avait sa forme particulière, ses conditions d'existence minutieusement décrites et rigoureusement déterminées. Il était absolument nul « comme violant les lois divines et humaines sur le taux de l'intérêt. »

20. — Quand donc il y avait-il contrat pignoratif ? Quand on pouvait découvrir dans une opération les quatre marques bien connues d'impignoration. Ces quatre circonstances étaient : la vente à réméré, la vilité du prix de la vente, la relocation au

vendeur à réméré, et l'habitude d'usure chez l'acquéreur. On devine d'ailleurs, qu'il n'y avait pas plus sur ce point que sur les autres, unité de doctrine. J'ai donné la théorie dominante. On peut la voir développée avec une netteté d'idées et une concision d'expressions très grandes par Poullain Duparc dans l'ouvrage déjà cité (l. 2, ch. x, sect. v). Ce qu'il faut en retenir, c'est 1° que leur liberté d'appréciation n'est pas laissée aux magistrats; 2° que le déguisement du prêt n'entraine pas *de plano* la nullité de l'opération. Il faut qu'il y ait usure.

21. — Telle est sur notre matière notre ancienne législation. Le paragraphe, par lequel nous allons terminer ce chapitre, surprendra probablement au premier abord. J'ai été guidé, en l'écrivant, par le désir de mettre encore mieux en lumière les liens qui, au point de vue historique, unissent la prohibition de l'intérêt et la vente à réméré.

§ 4. — *De la vente à réméré chez les Musulmans.*

22.—Le Coran interdit formellement, lui aussi, le prêt à intérêt. Ce point de départ a entraîné de remarquables conséquences.

23. — En Algérie d'abord, les Arabes, pour tourner cette prohibition, emploient fréquemment notre clause. Je fais remarquer, en passant, que depuis le 10 août 1873, les règles du code civil, notamment celle de l'art. 1660, devront être appliquées. Au contraire les Kabyles, qui, malgré le Coran, ont maintenu chez eux la liberté du prêt à intérêt, connaissent seulement le second genre de retrait conventionnel, notre pacte de préférence actuel. Ils l'appellent vente thounaïa ou vente akhtour, suivant que le prix à restituer est le prix offert par le second acquéreur ou celui de la première vente (1).

24. — En Egypte, un règlement vice-royal de Saïd Pacha en

(1) Mrs Hanoteau et Letourneux, La Kabylie et les coutumes Kabyles, t. 2, p. 397.

date de 1854 relatif aux terres de l'Etat (Karadjié) permet aux fellahs d'en faire une vente à réméré dite *Garanca* (art. 8). Et, au témoignage de M. Gatteschi (1), on considère cette vente comme une sorte d'hypothèque. Je ne sache pas que la prohibition du prêt à intérêt ait disparu en Egypte. C'est donc déjà un premier exemple des inconséquences auxquelles celle-ci a condamné le législateur. L'acte sous son vrai nom serait nul. La simulation en est valable.

25. — Cette anomalie caractéristique existe également en Turquie. La vente à réméré fut pratiquée pour la première fois à Bokhara, sans doute entre le neuvième siècle et la fin du douzième. Et le nouveau code civil Ottoman (2), qui n'admet qu'avec répugnance les conditions en général et les conditions résolutoires en particulier, reconnait cependant la validité de notre convention (*bei-ul-vefa*). Mais il la considère toujours et *sans distinctions*, comme contrat de gage. Car, dit-il naïvement (art. 3 § 11), « on doit dans les conventions, rechercher l'intention des parties contractantes, plutôt que de s'arrêter au sens littéral des termes. » C'est là de la résignation législative. Si nous ajoutons que d'après l'art. 119 « Bei bil istighal est une vente à réméré, dans laquelle le vendeur conserve à titre de locataire le bien vendu, » nous trouverons là un contrat pignoratif bien caractérisé et légal, qui nous rappellera la législation du Maine et de l'Anjou, avant 1789. Cette prime accordée encore ici à la simulation nous paraîtra tout-à-fait édifiante. Et nous dirons avec Turgot, dans son mémoire sur les prêts d'argent (XIV) : « Il en sera toujours ainsi, quand la loi défendra ce que la nature des choses rend nécessaire. »

(1) Lois sur la propriété foncière dans l'Empire Ottoman. Rev. hist. 1867, p. 462.

(2) Le premier titre de ce code a seul paru. Il est relatif à la vente. Il a été publié le 7 zilhidjé 1285 (1er mars 1869). Une traduction en français en a été donnée en 1872 à Constantinople par M. Vitchon Servicen. v. art. 3. § 11, 32, 118, 119, 396 à 401.

CHAPITRE II.

CARACTÈRES DE LA VENTE A RÉMÉRÉ DANS LA DOCTRINE MODERNE.

26. — J'ai maintenu à notre convention son nom vulgaire de vente à réméré, ou vente avec faculté de rachat. Je ne méconnais pourtant pas l'inexactitude d'une pareille appellation. Je me refuse cependant à lui substituer comme plusieurs auteurs, celle de pacte de retrait, ou de retrait conventionnel. Cette dernière expression désignait dans l'ancien droit, deux conventions complètement distinctes. Il y aurait donc une certaine ambiguité. Vente sous la condition résolutoire du remboursement du prix par le vendeur ou ses ayants cause, voilà la seule dénomination exacte.

27. — Les deux caractères de notre convention sont 1° d'être une vente; 2° d'être conclue sous condition résolutoire.

28. — A. *D'être une vente.* — Il faut donc que toutes les conditions exigées par la loi pour la validité d'une vente soient remplies. Il faut de plus que l'intention des parties ait été de conclure une vente, et non un prêt sous une forme déguisée.

29. — Il y a, sous l'empire de la loi française actuelle, un double intérêt à distinguer, s'il y a prêt ou aliénation.

30. — 1° Suivant qu'il y a prêt ou vente, la mesure dans laquelle la loi protége le vendeur varie. Si l'objet vendu est un immeuble, rescision pour lésion des sept douzièmes seulement : si c'est un meuble, pas de rescision pour lésion. Au contraire, pour le prêt d'une somme d'argent, réduction de l'intérêt stipulé au taux légal de 5 ou 6 0/0.

31. — 2° Les articles 2078 et 2088 du code civil, toujours dans le but de protéger l'emprunteur, annulent la clause par laquelle le prêteur sur nantissement deviendrait propriétaire, en cas de non remboursement à l'échéance, de la somme prêtée.

C'est la prohibition traditionnelle du pacte commissoire en matière de nantissement. Depuis le code, la loi de 1841 sur les saisies immobilières a même interdit la clause de Voie Parée, clause très-fréquente jusque là, et qui tendait à se dispenser de l'intervention de la justice pour la vente de l'immeuble engagé à l'échéance.

32. — Il est évident que les parties ne peuvent pas, par une simulation, se soustraire à la volonté du législateur. Les tribunaux devaient avoir nécessairement le droit de rechercher la fraude et de restituer à l'opération intervenue son véritable caractère. Pour arriver à ce but, l'art. 1353 leur permet de se servir de toute nature de preuves, et même de s'appuyer, pour rendre leur décision, sur des présomptions graves, précises et concordantes. Toute liberté leur est laissée. Il n'est plus question de l'ancienne théorie des marques d'impignoration. La Cour d'appel appréciera, en dernier ressort, l'intention des parties. La Cour de cassation n'aura jamais à connaître de cette question. Ce pouvoir discrétionnaire des Cours est nécessaire dans l'état actuel de notre législation. Mais il est incontestable qu'il offre les plus graves dangers, en face surtout des préjugés exagérés de certaines Cours contre la vente à réméré. Ces préjugés mettent quelquefois le contractant de bonne foi à la merci du contractant de mauvaise foi.

33. — Je pense, d'ailleurs, que le vendeur à réméré aura, pendant trente ans et non pas seulement pendant dix ans, conformément à l'art. 1304, l'action en annulation de la vente. Il s'agit ici, en effet, non pas proprement d'annuler un contrat, mais de rechercher en fait quelle a été l'intention des parties, de déterminer quelle a été, en réalité, la nature de la convention dont il s'agit (En ce sens M. Carol. Du Contrat pignoratif. Recueil de l'Académie de législation de Toulouse, t. 5, 1856, p. 208.)

34. — Les Cours ont, avons-nous dit, le pouvoir de déclarer que telle vente à réméré n'a d'une vente que l'apparence. Mais alors, selon moi, elles reconnaissent implicitement qu'il y a

prêt, et qu'en outre ce prêt est à nantissement immobilier, qu'il y a prêt à antichrèse. Il me semble, en effet, évident que : 1° les parties, en contractant une vente à réméré, ont l'intention de faire, ou une aliénation sous condition résolutoire, ou un prêt à nantissement; et 2° que dans toutes les causes de cette nature les juges ne peuvent pas acquérir la conviction de la simulation sans prendre celle de la véritable intention des parties.

35. — La première conséquence de cette doctrine c'est que le débiteur, acquéreur à réméré apparent, devra rembourser, non-seulement la somme empruntée, mais les intérêts au taux légal. — S'il y avait eu ouvertement stipulation usuraire, l'art. 3 de la loi du 3 septembre 1807 n'aurait accordé à l'emprunteur qu'une action en réduction. Où trouver un texte ou un principe pour traiter la même opération d'une façon différente, suivant qu'elle a été faite, ouvertement ou sous un déguisement? Si l'opinion contraire prévalait, le vendeur à réméré apparent devrait alors restituer immédiatement la somme qu'il a reçue. Il n'y aurait donc eu rien de fait entre les parties (Conf. Arrêt de la Cour de Colmar du 25 juill. 1821 et du 24 déc. 1833 (Dal. A. Nantissem., t. 32, p. 495 et 496), et Chardon. Traité du Dol et de la Fraude, t. 3, p. 209 et suiv.).

36. — La seconde conséquence de ma doctrine c'est que l'acquéreureur à réméré restera en possession de l'immeuble jusqu'au remboursement de la somme versée par lui et des intérêts de cette somme, qu'il pourra réclamer cette possession entre les mains du vendeur à réméré, au moment du jugement reconnaissant l'existence du prêt, et qu'enfin, en cas de non-paiement à l'échéance (le délai fixé par les parties sera désormais observé, même s'il dépasse cinq ans), il exercera les droits de créancier antichrésiste.

37. — Ceci a été contesté par M. le président Carol, de la Cour de Toulouse, dans le travail déjà cité. Voici comment il raisonne en supposant, comme on ne le fait que trop souvent, exclusivement un contrat pignoratif de l'ancien droit, c'est-à-dire un contrat de louage accessoirement intervenu entre les

parties. L'impignoration des immeubles n'est reconnue par le Code Napoléon que sous la forme d'antichrèse. Or, l'antichrèse est un contrat non-seulement consensuel, mais réel. Il faut que le créancier antichrésiste soit en possession, art. 2071. Le faux acquéreur ne peut, d'ailleurs, pas être considéré comme ayant possédé, par l'entremise du prétendu vendeur, son locataire. En effet, l'annulation de la vente entraîne l'annulation de cette détention civile de l'acquéreur à réméré. Enfin, ce dernier n'est pas vu favorablement par la loi. Il ne mérite pas d'obtenir ce qu'il n'a pas stipulé.

38. — Je reconnais que cette argumentation est sérieuse : elle ne m'a cependant pas convaincu. Pourquoi la loi exige-t-elle un acte constatant l'antichrèse (art. 2085), une dépossession de l'emprunteur (art. 2071), une transcription de l'acte d'antichrèse? Pour rendre public le droit de l'antichrésiste vis-à-vis des ayants-cause de l'emprunteur, de ses autres créanciers, par exemple. Or, après la transcription de l'acte de vente, les tiers ont dû s'attendre au transfert de la propriété, c'est-à-dire au transfert de la collection des droits réels. Ils ne peuvent pas se plaindre de la mutation effective de l'un de ces droits. Même en supposant le cas le plus défavorable, celui du contrat pignoratif, si le contrat de louage est annulé par le tribunal, il n'en est pas moins vrai que, dans l'intervalle, entre la convention et le jugement, le pseudo-vendeur à réméré a possédé pour l'acquéreur. Ce n'est pas à titre de louage ; mais qu'importe? Enfin, nous n'avons pas à tenir compte du dernier argument de notre adversaire. Nous prétendons précisément que le tribunal a reconnu implicitement qu'il y a eu prêt à antichrèse. La convention ne peut s'expliquer que de cette façon. (En ce sens, Cour de Limoges, 10 mars 1836. Sir., 37. 1, 936. Bastia. 9 mai 1838. Sir., 38, 2, 389. Caen, 12 fév. 1853. D. P. 53, 2, 101.)

39.—B. *Le second caractère de la vente à réméré c'est d'être une vente sous condition résolutoire.* — La section 1re du chap. VI du liv. III a-t-elle dérogé à la règle que les conditions protestatives annulent les actes juridiques auxquels elles sont jointes ? En l'absence de texte, les principes suffiraient-ils pour la validité de notre convention ? L'affirmative me paraît fondée. Lien obligatoire et faculté pour l'une des parties de ne pas être liée, si cela lui convient, sont deux idées contradictoires. Tel est le motif de l'axiôme rappelé. Ici le lien existe. Les parties ne pourront jamais faire qu'il n'ait pas existé. Il est seulement soumis à une condition résolutoire.

40. — Je déduis de là cette conséquence qu'un acquéreur pourrait stipuler pour lui le droit de résoudre la vente dans un délai déterminé et réclamer le prix en restituant la chose. Cette vente ressemblerait beaucoup à la vente à l'essai. Elle n'a donc rien de contraire à l'ordre public. Si elle est légale, devra-t-on lui appliquer les règles spéciales à la vente à réméré, les règles qui ne découlent pas des principes comme, par exemple, la limitation du délai à cinq ans ? La négative me paraît seule admissible. L'art. 1660, que j'expliquerai plus tard, est une trace des défiances suscitées par la vente à réméré. Il ne faut pas l'étendre.

41. — Cette seconde qualité de la vente à réméré la distingue d'une opération qui en est fort voisine, sans se confondre pourtant avec elle. C'est la combinaison d'une vente pure et simple consentie par le vendeur à l'acquéreur et d'une promesse de vente en sens inverse faite par ce dernier, pour l'hypothèse du remboursement du prix. Les différences juridiques entre les deux opérations sont frappantes, si on n'admet pas, avec la doctrine dominante, que la promesse de vente transfère immédiatement dans le droit moderne, la propriété à l'acquéreur. Dans ce dernier système même, leurs effets ne se confondent pas. Je n'insiste pas sur le double droit de mutation qui sera dû dans le cas des deux ventes. J'appelle surtout l'attention sur ceci : c'est que dans l'hypothèse de la vente et de la promesse de vente en sens inverse, le bien aura fait partie du patrimoine du premier acquéreur. Si c'est un immeuble il aura été atteint par les hypothèques générales, légales ou judiciaires qui grèvent ce patri-

moine. Il n'en sera pas déchargé par son retour entre les mains du propriétaire primitif.

42. — Pour achever de bien préciser la place de la vente à réméré dans la doctrine moderne, je la compare au pacte de préférence et au report. Le pacte de préférence est la seconde espèce de retrait conventionnel de l'ancien droit. La jurisprudence moderne ne donne au vendeur, cette convention conclue, qu'un droit personnel contre l'acquéreur (Grenoble, 23 mai 1829. Sir., 29, 2, 177. Cour cass., 9 juillet 1834. Sir., 34, 1, 741). En cas de non exécution, par celui-ci, de ses obligations, il n'aura que des dommages-intérêts. Bref, on ne voit plus là de condition résolutoire.

43. — Le report est, comme on sait, un contrat par lequel un capitaliste achète des valeurs de Bourse comptant, pour les revendre au même instant et à la même personne à crédit. La différence entre la cote de la valeur de Bourse au comptant et la cote de la même valeur à terme, constitue le bénéfice du capitaliste, bénéfice souvent assez considérable. Si nous nous en tenons à la nature apparente de la vente à réméré et du report, voici, il me semble, les résultats que produira la comparaison entre ces deux opérations. En fait, le but à atteindre est le même dans l'une et l'autre hypothèse. Dans les deux cas, le propriétaire transforme en argent son bien, mais l'opération sera non avenue, s'il rembourse son acquéreur. Au point de vue juridique, d'ailleurs, il y a une grande différence entre les deux opérations. Dans le report, en effet, nous ne trouvons plus une simple translation de propriété sous condition résolutoire. Nous constatons deux translations de propriété en sens inverse. Et c'est la seconde qui est soumise à une condition résolutoire tacite de non paiement. Le vendeur, à l'origine propriétaire incommutable, après avoir été un instant de raison non propriétaire, est transformé en propriétaire sous condition résolutoire.

44. — Je laisse de côté l'opération de jeu qui peut être dissimulée par le report. — J'observe seulement qu'une jurisprudence bien assise voit à priori, et sans distinction aucune, dans

tout report, un déguisement frauduleux d'un prêt à intérêt avec nantissement (1). Y a-t-il là, comme on le dit, un contrat pignoratif? J'ai déjà montré que le contrat pignoratif avait, dans l'ancien droit, un domaine très limité. J'y vois plutôt quelque chose d'analogue au contrat Mohatra des casuistes. La combinaison de fraude imaginée par les prêteurs du moyen-age, se trouve dans les reports qui déguisent des prêts.

45. — Je termine ce paragraphe en faisant remarquer que toutes les règles de la vente sur la forme, sur la capacité, etc., s'appliquent évidemment ici. Y a-t-il une exception à cette formule? Les biens des mineurs ne peuvent-ils jamais être vendus à réméré? On l'enseigne en général. L'article 1663 aurait encore un sens dans cette doctrine, car les mineurs peuvent hériter d'un droit d'exercer le réméré sur un bien (Conf. Arrêt. Rej. du 5 déc. 1726, Sir. 27, 1, 309). Je serais étonné s'il y avait un seul exemple de vente à réméré autorisée par un tribunal. Je crois cependant qu'une telle autorisation serait légale; car je n'aperçois dans la procédure rien qui soit un obstacle absolu à une pareille aliénation.

CHAPITRE II

CONVENTIONS DES PARTIES

46. — Ce chapitre a un double but. Développer la définition donnée par nous de notre clause. Rechercher dans quelles limites les parties ont le pouvoir de la modifier.

(1) M. le conseiller Bresson dans l'affaire Lacaze c. Min. Public a exposé d'une façon sobre et lucide la jurisprudence sur les reports. Dal. P. 1837, 1. p 146. V. dans le sens de la Jurisprudence, l'ouvrage de M. Bozerian sur la Bourse t. 1. nos 38 et suiv., 323 et suiv. Je crois au contraire que la simulation devra être révélée par des circonstances spéciales et que sans cela on devra s'en tenir à

§ 1. — *De la détermination exacte de la condition résolutoire contenue dans la vente à réméré.*

47. — Les contractants ont consenti à ce que la propriété fût réputée avoir toujours appartenu au vendeur, si les deux conditions suivantes étaient accomplies :

A. Si le prix était remboursé par le vendeur à l'acquéreur.

B. Si ce paiement était effectué dans un délai fixé.

48. —A. *Le remboursement du prix de la vente des sommes accessoires dont parle l'article* 1673, *doit être effectif* — Le désintéressement réel de l'acheteur, voilà l'événement futur et incertain. Nous verrons plus tard les détails d'application. En ce moment, je pose le principe. Tout concourt à le justifier.

1° « En retrait conventionnel, disait Basnage, il faut aller à *la course* et à *la bourse* »(Cout. de Normandie, t. 2, p. 388). Se présenter dans le délai, rembourser, voilà les deux conditions nécessaires, pour que le retrait soit exercé. Nous verrons, en outre, que la consignation préalable était universellement exigée dans l'ancien droit. Ainsi la tradition nous est favorable. 2° L'article 1659 concorde parfaitement avec notre solution. Selon lui, en effet, la condition est « moyennant la restitution du prix principal et le remboursement dont il est parlé à l'article 1673. » 3° Que l'on ne craigne pas, cependant, que j'attache trop d'importance à ce texte. Je n'oublie pas que j'ai à interpréter une convention. Je me fonde par dessus tout sur l'inten-

l'opération apparente. Il n'y a pas à craindre que le prétendu prêteur ait profité de la passion ou de la misère du prétendu emprunteur pour lui faire payer trop cher son service. La valeur de ce service est en effet constatée publiquement. Le motif de la loi de 1807 ne s'applique donc pas ici. L'usure doit exister au moment du contrat. A ce moment on ignore si le reporté paiera un taux excédant le taux légal ou fera un bénéfice. Voilà mes deux motifs. Cette question est d'ailleurs un peu en dehors de notre sujet.

tion des parties. Elles out voulu être, après l'arrivée de la condition résolutoire, *immédiatement* remises dans la même situation qu'avant le contrat. Cette rétroactivité existe aussi bien dans l'intérêt de l'acheteur que dans celui du vendeur. Une fois le retrait exercé, l'acheteur devra reprendre aussitôt la disposition de la somme d'argent, sinon le contrat serait violé. Ou la propriété du bien ou jouissance de la somme, voilà l'alternative visée par l'acquéreur. Le niera-t-on ? Enfin, en repoussant les autres solutions données à notre question, je fortifierai ma doctrine.

49. — Je dois dire cependant que ce système était repoussé jusqu'à ces derniers temps par l'unanimité des arrêts (les plus importants sont l'arrêt de Nîmes du 31 mars 1840. Sir. 1840. 2. 319 et l'arrêt Cour Cass. 5 fév. 1856. Sir. 1856. 1. 671) et par tous les auteurs, à l'exception de Duvergier (Vente, t. 2. § 27. p. 42). La discussion de celui-ci était remarquable ; mais un manque de hardiesse dans sa conclusion lui avait fait perdre le bénéfice de son argumentation très-serrée (1).

50. — Enfin M. le conseiller Guillemard, dans son rapport à la Cour de Cassation sur l'affaire Vandwern de Damas, c. Pagès, fit revivre, tout en arrivant à des résultats bien différents, le principe posé par Duvergier. La Cour, en adoptant les conclusions du rapporteur par son arrêt du 14 janvier 1873 (S. 1873. 1re part. p. 134), a consacré la théorie développée par lui. Voici en deux mots en quoi elle consiste. Si le vendeur a manifesté, par acte d'huissier, dans le délai, son intention de rembourser, le droit d'exercer le réméré est conservé. La condition résolutoire sera réalisée seulement après le paiement du prix. Et celui-ci sera désormais permis, même après l'expiration du temps fixé, tant que sur la demande de l'acquéreur, le tribunal

(1) V. dans ce sens M. Colmet de Santerre dans le t. 7. récemment paru de son Cours de Code civil, sous l'art. 1673, p. 154 et suiv.

n'aura pas mis le vendeur en demeure de le faire dans tel temps. Ce qu'il y a de singulier, c'est que M. Guillemard affirme énergiquement que l'arrêt de la Cour de Nîmes du 20 février 1872, objet du pourvoi, n'est pas en contradiction avec la solution formulée en 1840 par la même Cour et en 1856 par la Cour de Cassation. En effet, dit-il, l'arrêt de la Cour de Nîmes de 1872 reconnaît, comme la jurisprudence antérieure, que la veuve de Damas a conservé son droit au réméré, en manifestant, dans le délai, son intention de l'exercer.

51. — Mais cette coïncidence des deux doctrines n'est qu'apparente. En effet, d'après les arrêts de 1840 et de 1856, le réméré est exercé, c'est-à-dire que la propriété repasse sur la tête du vendeur, dès que l'offre du prix a été faite « et que, dès lors, dit l'arrêt de 1840, il doit lui suffire, pour faire sortir à effet l'acte de réméré, de faire connaître à son acquéreur la volonté de l'exercer, sous les conditions de la loi. » Au contraire, suivant la doctrine de M. Guillemard, la condition résolutoire n'est accomplie qu'après le remboursement du prix. D'ailleurs ce remboursement peut être effectué, même après l'expiration du délai conventionnel ou légal. La contradiction est si réelle que M. Guillemard réfute tour à tour tous les arguments de la jurisprudencee ancienne. Et c'était là un travail absolument indispensable. Car de quel droit, si la propriété se trouve déjà sur la tête du vendeur à réméré, les tribunaux pourraient-ils déclarer que, faute par lui d'exécuter ses obligations dans un délai déterminé, l'acquéreur à réméré sera propriétaire irrévocable? Je constate donc, malgré l'autorité de M. le conseiller Guillemard et de l'arrêtiste du Recueil Sirey, un changement de jurisprudence.

52. — Il est vrai que la Cour de Cassation n'abandonne une doctrine fausse que pour donner une solution plus équitable, cela est certain, mais qui me paraît absolument anti-juridique. J'aurai tout à l'heure à le démontrer.

53. — Pour le moment, j'expose les arguments de ceux qui croient que ce qui résoud l'opération, ce n'est pas le rembour-

sement du prix et de ses accessoires, mais la simple volonté du vendeur. Nos adversaires d'ailleurs ne sont pas tous d'accord. Tandis que l'arrêt de Nîmes de 1840 semble admettre que l'intention d'exercer le retrait aura d'une façon définitive et quoiqu'il arrive, l'effet de considérer la vente comme non avenue, la plupart des auteurs et à leur tête MM. Aubry et Rau exigent que l'offre de remboursement soit *sérieuse*. Il faut qu'au moment où il manifeste sa volonté, le vendeur soit en état de remplir les obligations auxquelles il se soumet. Il y aura là une question de fait que les tribunaux apprécieront.

54. — Voici comment on peut argumenter dans cet ordre d'idées. Il est injuste que le vendeur soit tenu d'exécuter son obligation de payer le prix, avant que l'acheteur satisfasse à la sienne et abandonne la possession. Cette inégalité serait choquante. Or les textes de notre code, loin de commander ce résultat fâcheux, ne permettent pas de l'accepter. L'art. 1673 suppose en effet que la destruction de la propriété de l'acheteur et le paiement du prix et des accessoires ne se produisent pas au même moment. Pour comprendre cet article, il est nécessaire d'admettre que le vendeur, bien que déjà redevenu propriétaire, voit son droit de rentrée en possession paralysé par le droit de rétention de l'acheteur. Mais alors il faut donc que la condition résolutoire se soit déjà produite. Il est d'ailleurs, ajoute-t-on, un argument décisif en faveur de cette doctrine. La somme à payer par le vendeur sera rarement connue. Une liquidation sera indispensable. Prendre le temps nécessaire pour la liquidation sur le délai accordé au vendeur pour exercer son droit n'est pas possible. Les intérêts de ce dernier seraient lésés. On se voit donc ramené à se contenter d'une manifestation de volonté du vendeur.

55. — Je ne suis pas touché de ces raisonnements. 1° S'étonner de l'inégalité d'ailleurs peu importante en pratique qui se trouvera entre les deux parties, c'est résoudre la question par la question. Nous soutenons précisément que cette inégalité a été acceptée par elles. Cette inégalité est dans la nature

de la convention. Les deux obligations ne peuvent pas être exécutées au même moment. Le vendeur doit prendre les devants. 2° L'art 1673 demande un examen plus sérieux. M. le conseiller Guillemard l'explique non pas par l'idée de l'existence d'un droit de rétention au profit de l'acquéreur transformé en créancier, mais tout simplement par l'idée que la propriété de l'acquéreur n'a pas disparu, parce que la condition résolutoire ne s'est pas encore réalisée. On pourrait soutenir cette idée en faisant remarquer que Pothier n'admettait pas ici le droit de rétention et que le Code, comme le montrent les Travaux Préparatoires, n'a pas entendu innover sur ce point. Mais il ne me paraît pas indispensable de combattre l'existence du droit de rétention au profit de l'acquéreur à réméré. Il est en effet possible qu'une partie des restitutions à faire par le vendeur ne soient pas liquides. Le vendeur paiera la somme déjà arrêtée. Pendant la liquidation du reste, l'acquéreur gardera l'immeuble non plus comme propriétaire, mais en vertu de son droit de rétention. Le vendeur ne rentrera donc en possession qu'après avoir satisfait à toutes ses obligations. L'art. 1673 sera satisfait. 3° Ceci ne suffit-il pas enfin pour faire tomber le dernier argument de nos adversaires. Le vendeur se conformera à l'art. 1258. 3°. Il consignera la somme déjà déterminée et une somme pour les dettes non liquidées, sauf à la parfaire.

56. — Prenant à mon tour l'offensive, j'observe que le système adverse présente de graves inconvénients. Des droits nombreux peuvent dépendre de l'existence du droit de l'acheteur. Il est indispensable que les ayants-cause de celui-ci sachent si oui ou non la condition résolutoire s'est réalisée. Or, si cette réalisation dépend de la question de savoir si l'offre faite par le vendeur était sérieuse, si celui-ci était à ce moment en état de remplir ses obligations, il en résultera une incertitude préjudiciable aux intérêts des tiers. Cette incertitude n'existe pas dans notre doctrine, surtout si, comme moi, on va jusqu'au bout de ses conséquences logiques et qu'on exige la consignation. Enfin dans la théorie combattue, la propriété peut, en fait, être in-

certaine pendant plus de cinq ans. Et c'est là une violation formelle de l'esprit et du texte de la loi.

57. — B. *Le remboursement doit être effectué dans le délai déterminé. Il ne suffit pas d'aller « à la bourse. » Il faut aller « à la course. »*

58.—Un arrêt récent déjà cité, celui de la Cour de cassation du 14 janvier 1873, n'adopte pas notre proposition. Si le vendeur a eu soin de signifier par acte d'huissier, dans le délai, sa volonté d'user du retrait, les tribunaux saisis par l'acquéreur après l'expiration du laps de temps convenu, peuvent ordonner au vendeur de payer dans un certain délai ; faute de quoi, il sera déchu de son droit, et l'acquéreur déclaré propriétaire irrévocable. Voilà cette nouvelle jurisprudence. M. Guillemard invoque, comme autorité, un arrêt d'Amiens du 6 juillet 1826, et un passage de M. Troplong (Vente, n° 724). Le passage de M. Troplong est obscur. On aurait pu citer, à plus juste titre, un arrêt de la Cour d'Alger du 11 juillet 1860 (1).

59. — M. Guillemard raisonne ainsi. D'après l'article 1662 : « Faute par le vendeur d'avoir exercé son action de réméré, l'acquéreur demeure propriétaire irrévocable. » Donc, si le vendeur a exercé son action de réméré, l'acquéreur ne devient pas propriétaire irrévocable. D'ailleurs l'action s'exerce soit par une demande en justice, soit au moyen d'offres par une sommation. Le droit de retrait est alors conservé; il faut le faire aboutir. Telle était l'ancienne jurisprudence. Pothier, n° 428. « Il est toujours à temps jusqu'à ce que, par jugement, il ait été déclaré déchu, faute d'y avoir satisfait. » Enfin le vendeur à réméré n'a pas à se plaindre. Outre le délai conventionnel, il a

(1) Cet arrêt dispose ainsi, « Faute par les Ben-Schérif d'acquitter le prix intégral du réméré, soit 5,040 fr., entre les mains de la dame Meriouma ou de Zarafa ses ayants-cause, dans les trois jours de la prononciation du présent arrêt, les intimés (Meriouma et Zarafa), sont autorisés à rentrer en possession des terrains, dont s'agit au procès » (Dall. Per. 1870. 1re part. p. 332).

un délai de grâce. C'est plutôt l'acquéreur à réméré qui pourrait se prétendre lésé. Il est impossible que l'acquéreur devenu, par la seule force de la volonté du vendeur, de propriétaire créancier en soit réduit au droit d'expropriation.

60. — Cette jurisprudence sacrifie les droits de l'acquéreur à réméré, comme le pressentait M. Guillemard. Je consens à ne pas tenir compte de la démonstration que j'ai faite tout-à-l'heure. 1° Comment supposer que l'acquéreur à réméré a consenti à laisser au vendeur un délai plus long que le délai convenu, pour opter sérieusement entre les deux partis qu'il peut prendre, et pour se procurer le prix à restituer. Qu'on y fasse attention, en effet, d'après la doctrine combattue par moi dans ce moment, le vendeur n'aura pas à démontrer qu'au moment de son offre il était en état de rembourser l'acquéreur. Non, une offre consignée dans un acte d'huissier sera suffisante. 2° Il y a d'ailleurs une raison décisive qui ne me permet pas d'adopter cette jurisprudence : c'est qu'elle rétablit en fait la doctrine des arrêts de déchéance. Suivant l'arrêt de la Cour de cassation du 14 janvier 1873, comme suivant l'arrêt du Parlement de Paris de 1650, la condition résolutoire peut encore arriver après l'expiration du délai ; et pour que la propriété devienne irrévocable entre les mains de l'acheteur, il faudra que celui-ci prenne les devants, s'adresse à la justice et fasse déclarer le vendeur déchu, s'il ne paie pas dans un certain laps de temps. On pourra encore dire que le délai de réméré n'est pas péremptoire. Je reconnais qu'une manifestation de volonté contenue dans un acte d'huissier sera nécessaire dans le délai. La belle protection accordée là à l'acquéreur à réméré. La différence n'est pas sérieuse au point de vue pratique. 2° Ce rapprochement des deux théories est tellement juste, que je puis faire revivre contre l'arrêt de 1873 tous les arguments donnés jadis contre l'arrêt de 1650. A quoi sert cette intervention nécessaire de la justice pour rendre l'acquéreur à réméré propriétaire irrévocable? « *A rien autre chose qu'à faire des causes et à orner les tribunaux,* » répondrai-je avec Denisart (Faculté de rachat, t. 2, p. 306). J'ajouterai avec le prési-

dent Bouhier (Cout. de Bourgogne, t. 2, p. 670 et suiv.) que l'acquéreur est propriétaire tant que le retrait n'a pas été *exercé*, qu'une exception péremptoire et une fin de non recevoir doivent donc lui suffire, et que lui imposer la voie de l'action est contraire à tous les principes. 4° Que le système adverse ne tienne pas compte de la volonté des parties, cela est certain. Les contractants ont-ils, oui ou non, stipulé que la condition résolutoire devrait se *réaliser* dans un temps rigoureusement déterminé ? Or, ici la propriété repassera peut-être sur la tête du vendeur à réméré trente-quatre ans après la convention, si les parties sont d'accord pour se soustraire aux prohibitions légales. On est en effet contraint d'accorder à l'acquéreur à réméré le droit d'exercer son action pendant un délai de trente ans, à partir de l'expiration du délai conventionnel. La propriété pourrait donc être incertaine pendant trente-cinq ans. Ai-je besoin de faire remarquer que c'est là une violation formelle de l'article 1660 commenté par M. Grenier dans son Exposé de Motifs (Locré, t, 14, p. 251. x n° 32). 5° La réfutation de l'argument tiré de l'article 1662 trouvera sa place plus loin.

§ 2. — *Restriction posée par la loi aux conventions des parties.*

61. — Nous avons exposé la clause-type de réméré. Des conventions accessoires pourront la modifier. La volonté des parties sera-t-elle absolument libre ?

62. — Une restriction est d'abord incontestable. Elle se rapporte au délai. Le Code civil, innovant sur ce point, a, dans son article 1660, interdit aux parties de stipuler la faculté de réméré pour un terme excédant cinq années. Le délai plus long est réduit. J'observe que c'est là une règle spéciale aux ventes sous la condition résolutoire de remboursement du prix. Pour les transferts de propriété faits sous toute autre condition résolutoire, la liberté des conventions est absolue. Cette simple observation détruit le motif tiré de la nécessité de concilier

l'intérêt privé du propriétaire et l'intérêt général, qui s'oppose à une incertitude trop longtemps prolongée de la propriété, seule raison donnée par M. Grenier dans son Exposé de Motifs. Où donc trouver la base de notre article 1660? Est-ce dans le caractère potestatif de notre condition résolutoire? (Demante, t. 7, p. 132). Pourquoi alors n'avoir pas posé une règle générale pour toutes les conditions potestatives? La loi s'est-elle occupée de notre condition résolutoire, parce que c'était elle qui, par suite des illusions fort naturelles du vendeur, eût donné lieu à la stipulation des plus longs délais? Je ne cache pas que cette affirmation me semble un peu problématique. Cependant c'est encore là l'explication la plus spécieuse, à moins qu'on ne voie dans notre article 1660 une mesure de défiance contre la vente à réméré, même sérieuse, par haine de la vente à réméré frauduleuse.

63. — Voilà une première prohibition légale. Il y en a-t-il d'autres? On l'a soutenu. On a prétendu que le vendeur exerçant le retrait ne pouvait pas être contraint à rembourser une somme plus forte que le prix et les accessoires de ce prix énumérés par l'article 1673. L'opinion contraire, dit-on, donnerait lieu à de graves abus. Ces opérations participent toujours, plus ou moins, du prêt d'argent, avec nantissement. Elle favoriserait l'usure. L'article 1659, d'ailleurs, ne parle que de la restitution du prix principal. Enfin, la rétroactivité de la condition commande cette solution.

64. — Je n'adopte pas ce système. Je suppose que la nature de l'opération n'est pas contestée ou que la contestation a été tranchée par la justice. Il y a vente et non prêt. Je ne comprends pas qu'il y ait à la fois vente et prêt. Le vendeur à réméré sera protégé par la loi comme vendeur et non comme emprunteur. Si donc il y a lésion de plus de sept douzièmes, la rescision de la vente sera possible. La loi consacre formellement cette garantie donnée au vendeur (art. 1676, 3°). Par cela même elle en exclut toute autre. Il est évident qu'alors la rétroactivité n'est plus complète, et que nous ne sommes plus, par conséquent,

dans la clause de réméré ordinaire. C'est ce qui explique que la rédaction de l'art. 1659 ne soit pas un argument décisif contre nous.

65. — Selon moi, enfin, cette stipulation d'une somme de remboursement supérieure au véritable prix de la vente sera souvent parfaitement légitime. L'acquéreur veut atténuer le caractère aléatoire de l'opération. Il préfère payer un prix plus fort, mais amoindrir les chances de réméré. Si on lui refuse, comme usuraire, une indemnité très-naturelle, il diminuera le montant de ses offres. Qu'y aura gagné le vendeur? Mais où s'arrêter? L'acquéreur pourra-t-il stipuler une indemnité exorbitante de façon à empêcher l'exercice du réméré? Assurément, selon moi. Seulement, sur l'action en rescision pour lésion, les juges ne tiendront pas compte de la possibilité du retrait et annulleront l'opération, si le prix de la vente à réméré ne représente pas les sept douzièmes de la valeur de l'immeuble.

66. — Je termine en faisant remarquer que cette manière de voir est conforme à la doctrine et à la jurisprudence. Dans l'affaire Hadot c. de Razac, sur laquelle nous avons un arrêt de la Cour de Caen, et un arrêt de la Cour de cassation, qui seront l'objet, dans un § suivant, d'un examen approfondi, l'acquéreur à réméré d'un immeuble, moyennant 400,000 fr., avait stipulé des suppléments de 20, 30, ou 40,000, suivant l'époque où le retrait aurait lieu.

67. — Il nous reste à étudier la question de savoir si les parties peuvent, après coup, prolonger le délai de réméré, et si elles le peuvent, sous qu'elles conditions?

68. — Un arrêt de la Cour de Paris, du 5 juillet 1834 (Sir., 34, 2, 450) admet que, même après l'expiration du délai de réméré, l'acquéreur pourra renoncer à sa propriété incommutable. Le droit de retrait du vendeur renaîtrait, mais pour cinq ans seulement. La considération qui semble avoir déterminé la Cour, c'est que le but visé par l'art. 1660 (diminuer le temps d'incertitude de la propriété) ne peut pas être atteint. En effet, l'ac

quéreur à réméré peut revendre à son tour avec pacte de réméré et ainsi de suite.

69. — Il est évident qu'en cela la Cour a raison. Mais qu'importe? La condition résolutoire ne s'est pas réalisée dans le délai. L'acquéreur est devenu propriétaire irrévocable. Si plus tard la propriété, ferme ou conditionnelle, repasse sur la tête du vendeur, il est bien certain qu'il y a nouvelle translation de propriété. Les effets juridiques des translations de propriété doivent avoir lieu.

70. — La question devient très-délicate, si avant l'expiration du délai l'acquéreur accorde au vendeur une prolongation de celui-ci. Les tiers ne doivent pas se ressentir de cette modification de l'opération primitive. Voilà d'abord un point incontestable. Ils ont, en effet, traité avec l'acquéreur à réméré en prenant pour base de leurs calculs la première clause. Modifier celle-ci, même à leur égard, serait violer leurs droits.

71. — Mais dans les rapports des parties entre elles la volonté de celles-ci sera-t-elle réalisée? Je le crois. La majorité des auteurs modernes voit, au contraire, d'une façon nécessaire dans notre convention de prolongation de délai une promesse de revente.

72.—L'acquisition des droits dépend, dans une large mesure, des parties. Une fois acquis d'une façon définitive, il appartient à la loi d'en déterminer les conséquences. Notre législation attache certains effets juridiques à la présence, même pendant un instant de raison, d'un droit dans un patrimoine. Les parties n'y peuvent rien. C'est pour cela que la clause de réméré n'a pas la puissance de modifier après coup un droit de propriété transmis avec une nature irrévocable ou devenu irrévocable après l'expiration d'un premier délai de réméré. Mais lorsque le droit est sous condition résolutoire, doit-on arriver au même résultat? Je ne le pense pas. Le droit n'est pas encore irrévocablement dans le patrimoine de l'acheteur. En définitive, on ne sait pas qui, de l'acquéreur ou du vendeur, est propriétaire dans l'intervalle. Si les parties ne tiennent pas compte du délai fixé en convenant que dès maintenant le droit deviendra de résoluble ferme, je ne vois pas de bonnes raisons pour leur refuser la faculté d'étendre le délai. Il va de soi, du reste, que celui-ci ainsi augmenté devra cependant encore être légal, c'est-à-dire ne pas dépasser cinq années.

73. — Que ce soient là des idées très-contestables, cela est certain, mais ce qui est pour moi évident, c'est qu'il n'y a pas de milieu entre les adopter ou refuser toute signification à la convention de prorogation. Interpréter, comme le font les auteurs, cette convention comme une promesse conditionnelle de revente faite par l'acquéreur à réméré au vendeur, ce n'est pas l'interpréter, c'est la remplacer par une autre. Les parties ont voulu prolonger l'opération. Ils n'en avaient pas le pouvoir, soit. Prononcez la nullité. Peut-être le vendeur à réméré pourra-t-il rembourser l'acquéreur avant l'expiration du premier délai. Et alors il reprendra son bien franc et quitte de toutes charges réelles générales ou spéciales du chef de l'acquéreur. Mais il a voulu se réserver plus de facilités pour retraire, et vous le traitez comme s'il avait renoncé d'ores et déjà à son droit (V. dans notre sens Poullain du Parc, t. 6, p. 208, qui ne présente pas la question comme controversée).

74. — Il serait intéressant de savoir quelles sont, dans la pratique, les clauses modificatives les plus usitées de la vente à réméré. Je puis signaler, outre la clause en vertu de laquelle une indemnité sera due en cas de retrait, celle par laquelle l'acheteur à réméré s'engage à consentir aux ventes partielles que le vendeur lui proposerait de faire pendant le délai de réméré (Bordeaux, 1er juin 45, et Rej. 22 avril, 46). On peut encore stipuler que la déchéance de la faculté de réméré sera encourue par le seul effet du retard et sans qu'aucun sursis puisse être accordé, si le vendeur, demeuré en possession comme locataire, ne paie pas les loyers aux termes convenus (Orléans, 14 déc. 1843, sous l'Arr. de Cass. du 23 déc. 1845. Dal, P. 1, 422).

CHAPITRE IV

EFFETS DE LA VENTE A RÉMÉRÉ AVANT LE RETRAIT.

§ 1. *Théorie générale.*

75. — Avant l'arrivée de la condition résolutoire, il n'y a pas à tenir compte de sa réalisation possible postérieurement. L'acquéreur à réméré est un acquéreur ordinaire. Il a tous les droits du propriétaire. Le vendeur à réméré est un vendeur ordinaire. Il n'a plus aucun de ces droits. Si plus tard le prix est remboursé, la vente sera en vertu d'une fiction légale, réputée n'avoir jamais été conclue. Les effets déjà produits seront rétroactivement annulés. Voilà la formule du droit romain dans son dernier état. Nos anciens auteurs la reproduisent. Elle est adoptée de nos jours intégralement par les Cours et quelques jurisconsultes, avec une modification par la plupart de ces derniers.

76. — Je me hasarde à la combattre. — Incertitude de la propriété dans l'intervalle. Jouissance réservée à l'acheteur, quoiqu'il arrive. Voilà celle que je lui substitue. Les parties ont voulu que le transfert définitif de la propriété dépendit du non-remboursement du prix dans le délai. En attendant l'acheteur est mis en possession. Suivant l'événement il aura détenu le bien comme propriétaire ou comme simple possesseur. La réalisation de la condition aura eu pour résultat d'après la convention même de faire cesser l'incertitude dans un sens ou dans l'autre, de terminer l'opération. Il est inutile de recourir à une fiction, de parler de rétroactivité. La théorie de la condition résolutoire diffère de la condition suspensive uniquement en ceci, que dans la première, l'administrateur temporaire du droit de propriété, celui qui en a provisoirement l'exercice, est l'acheteur au lieu du vendeur.

77. — Ces affirmations sembleront paradoxales, je le crains. Je ne puis cependant admettre que le pouvoir de l'acquéreur à réméré soit identique à celui d'un acheteur ordinaire. Celui-ci peut conférer des droits réels *irrévocables*. L'autre ne peut pas. Donc la faculté de disposer du bien n'est pas la même dans les deux hypothèses. Donc, il faut tenir compte de notre clause de réméré, même avant la réalisation de la condition. Notre acquéreur n'a d'une façon certaine que l'exercice temporaire du droit de propriété. Nous nous mettons ainsi en contradiction avec la tradition historique. Mais nous croyons avoir le droit de le faire. L'intention des parties est actuellement prédominante. Or nous croyons l'avoir fidèlement interprétée. Nous n'avons pas à tenir compte de la façon dont la théorie de la condition résolutoire s'est formée. Le code du reste ne nous impose en aucune manière le point de vue adverse. L'art. 1751 qui restreint l'exercice même du droit entre les mains de l'acquéreur, en prévision de l'arrivée postérieure de la condition favorise au contraire notre manière de voir.

78. — Ainsi la propriété de l'acquéreur est incertaine. On ignore si oui ou non elle lui a été transférée (1). Il en résulte, par une conséquence forcée, que le vendeur est peut-être encore propriétaire. Si dès lors il est permis à l'acquéreur d'escompter l'avenir, de constituer des droits réels qui ne seront définitifs qu'en cas de défaillance de la condition, la même autorisation doit être accordée au vendeur.

79. — Egalité des situations du vendeur et de l'acquéreur pendant le délai *relativement à la disposition de la propriété*. Voilà la proposition importante à laquelle nous arrivons. Elle va dominer toute notre doctrine.

(1) Comp. M. Léveillé. De la Résolution pour inexécution des Charges, p. 2 et suiv. p. 90.

§ 2. *Droit de l'acquéreur.*

80. — Il a l'exercice du droit de propriété. Une seule exception. Il usera du droit d'expulser le preneur, droit reconnu dans le bail aux acquéreurs, seulement après la défaillance de la condition (Cp. art. 1744 et 1751).

81. — Le locataire jouit en vertu d'un bail qui n'a pas date certaine. L'acquéreur à réméré a-t-il la faculté de ne pas tenir compte de ce bail? Non, selon moi. L'art. 1751 traite l'acquéreur à réméré dans ses rapports avec le locataire pendant le délai comme un *représentant* du *vendeur*. Pourquoi? Parce qu'en expulsant capricieusement le locataire, l'acquéreur à réméré mettrait le plus souvent des dommages-intérêts à la charge du vendeur à réméré et diminuerait ainsi les chances d'exercice du réméré ; mais surtout parce que l'incertitude de propriété devant être nécessairement courte, la charge imposée à l'acheteur quand la condition résolutoire est celle que nous étudions, est beaucoup moins onéreuse. Les auteurs expliquent autrement notre art. 1751, il aurait pour base cette idée que la propriété sous la condition résolutoire du remboursement du prix est la plus fragile de toutes les propriétés sous condition résolutoire. C'est une supposition gratuite à mon sens. Il est impossible en tous cas de ne pas donner à l'art 1751 un motif qui ne commande pas l'extension de sa disposition à notre hypothèse. Si en outre, l'on compare les art. 1750 et 1751 on sera, je l'espère, de notre avis.

82. — Je n'étends pas d'ailleurs notre règle à toutes les conditions résolutoires. Cette restriction m'est commandée par ce que je viens de dire.

§ 3. *Droits du vendeur*

83. — La détermination des droits du vendeur dans l'intervalle est beaucoup moins facile. Peut-il constituer des droits

réels, qui ne deviendront d'ailleurs définitifs que si le remboursement a lieu dans le délai ?

84. Il y a là-dessus divergence. L'affirmative est enseignée par la majorité des auteurs; la négative par l'unanimité des arrêts et la minorité de la doctrine.

85. — A. *Théorie de la majorité des auteurs.* Elle a pour base cette idée que le droit de propriété a, par suite de la vente à réméré, été démembré en un droit de propriété sous condition résolutoire au profit de l'acheteur, et en un droit de propriété sous condition suspensive au profit du vendeur.

86. — Notre opinion est identique dans ses résultats à celle de la majorité des auteurs. J'emploierai même, pour plus de commodité, les expressions usitées. Je dirai propriété sous condition résolutoire de l'acquéreur, bien que dans notre doctrine il ait, comme le vendeur, un droit sous condition suspensive.

87. — Or, ces résultats, voici comment on peut les justifier : 1° La convention même des parties implique qu'il a été entendu que le vendeur serait autorisé, pendant l'intervalle, à constituer des droits réels éventuels sur le bien. En effet, sans cela, après le retrait, le vendeur serait bien considéré comme ayant été propriétaire dans le délai, vis-à-vis des ayants cause de l'acquéreur, mais non vis-à-vis de ses propres ayants cause. Le contrat serait violé. En outre, ne serait-il pas étrange que le vendeur eût consenti à se dépouiller plus qu'il n'était nécessaire, à faire une renonciation qui ne dût pas profiter à l'acquéreur à réméré. Or, remarquons-le bien, l'autorisation que nous réclamons pour le vendeur ne nuit en rien à ce dernier. 2° La loi ne contredit pas notre solution. Elle considère, en effet, le droit de l'acheteur sous condition résolutoire comme assez solide pour être grevé de droits réels (art. 2125). Celui du vendeur sous condition résolutoire l'est évidemment autant. L'argument *a simili* que nous tirons de l'article 2125 est très sérieux.

88. — B. *Opinion de la jurisprudence et de la minorité de la doctrine.* Dans l'intervalle, l'acquéreur sous condition résolutoire est propriétaire. Il a tous les droits d'un acheteur or-

dinaire. Le vendeur a simplement un droit de créance conditionnel.

89. — L'arrêt le plus ancien est celui de la Cour de cass. du 21 déc. 1825 (Dall. Alph., 37, p. 347). Le plus récent est celui de la Cour de Paris du 12 août 1871 (Dall. Pér., 1873, 2, 133). Il y en a un très grand nombre d'autres. On les retrouvera facilement. MM. Aubry et Rau (§ 209 B, et note 68. § 266, n° 13) apportent à cette jurisprudence le concours de leur grande autorité. Et tout récemment M. Cazalenz, à propos de l'arrêt Hadot c. de Razac déjà cité, en a présenté un exposé systématique et dogmatique, un peu trop dogmatique peut-être (Dall. Pér., 1873, 1re part., p. 321).

90. — Je résume l'argumentation qui sert à justifier ce point de vue. 1° Si l'acquéreur est propriétaire, le vendeur ne l'est pas. Deux droits de propriété sur une même chose ne se peuvent concevoir. « La doctrine adverse est une singularité monstrueuse », s'écriait avec indignation la Cour d'Angers (Docum. hypothéc. publiés par M. Martin du Nord, t, 3, p. 240 à 243). Or, c'est l'acheteur qui, dans l'intervalle, est propriétaire. Il l'est pleinement, absolument. La tradition historique en est un garant. La théorie de la rétroactivité est professée par tous nos anciens auteurs (Poth., Int. gén. aux Cout., nos 118 et 121). 2° Chacune des deux variétés de conditions a son but particulier et immédiat. C'est ce but, qui doit servir à caractériser chacune d'elles. On ne doit, au contraire, tenir aucun compte des effets, qui ne sont qu'une conséquence du deuxième degré, qu'une conséquence médiate. Or, le but des parties, dans notre hypothèse, est de faire détruire rétroactivement le droit de l'acquéreur. Cette destruction aura pour résultat de faire renaître celui du vendeur; mais cet effet est purement indirect. Des droits sous condition résolutoire auront seuls été créés. Il ne peut être question de droits sous condition suspensive. Les articles 1168 et 1183 justifient cette affirmation.

91. — *Réfutation.* 1° Le vendeur a la propriété sous condition suspensive; l'acheteur la propriété sous condition résolu-

toire. Voilà la réponse de la doctrine au premier argument. On ne sait qui est propriétaire. Voilà la nôtre. Ce premier argument, on le voit, ne porte pas. 2° Nous sommes en contradiction avec la tradition. Soit. Mais nos adversaires ne prennent pas garde à l'innovation suivante introduite par le Code civil. Autrefois, à une obligation de restituer la propriété correspondait un droit de créance pour obtenir cette restitution. Aujourd'hui le droit repasse de plein droit sur la tête du vendeur, si l'événement prévu se réalise. S'il n'y a plus d'obligation de retransférer, il n'y a plus de créance tendant à obtenir cette translation en sens inverse. L'article 1583 du Code civil est une objection décisive contre la jurisprudence. 3° M. Cazalenz, enfin, me semble se faire des illusions sur la portée de sa doctrine des conséquences médiates ou immédiates. Nous ne nions pas qu'elle soit correcte. Mais qu'en résulte-t-il ? Que dans une classification scientifique le droit du vendeur à réméré ne doit pas être rangé parmi les droits sous condition suspensive, mais parmi les droits suspendus par l'effet d'une condition résolutoire. Notre assimilation de la stabilité de ceux-ci et de ceux de l'acquéreur à réméré, en est-elle le moins du monde atteinte ?

92. — J'examine maintenant les conséquences du principe important admis par moi. Le vendeur à réméré a un droit réel, avons-nous dit. Il a le droit de constituer, même avant l'exercice du retrait, des droits réels. Il pourra céder son droit. Ce sera une vente d'un droit de propriété et non pas d'une cession de créance. Donc pas de signification nécessaire. Au contraire, l'acte de transcription de l'acte de cession sera indispensable, pour que le cessionnaire n'ait rien à craindre des tiers, ayants cause du vendeur et qui ont conservé leurs droits.

93. — On fait en général une place à part aux hypothèques parmi les droits qui peuvent être constitués par le vendeur dans l'intervalle.

94. — Tarrible (Rép. de Merlin, Priv., sect. 2, § 3, art. 3, n. 6), pense que dans les deux systèmes le vendeur peut toujours constituer des hypothèques sur le bien. En effet, le bien acquis à

réméré n'est pas un bien à venir dans le sens de l'art. 2129 C. civ. Car le vendeur y a déjà un droit personnel ou réel.

95. — En sens inverse, on a soutenu qu'un droit réel étant reconnu au vendeur à réméré, ce droit réel n'est pas susceptible d'être hypothéqué dans l'intervalle. En effet, dit-on, l'article 2125 prévoit uniquement le cas où c'est l'acquéreur d'un immeuble qui a le droit de propriété résoluble ou le droit de propriété sous condition suspensive. On n'est pas autorisé à étendre ce texte à notre hypothèse. Or, le droit réel n'entraîne pas par lui-même la possibilité de l'hypothèque. Il faut une disposition légale.

96. — Je réponds à Tarrible que bien à venir dans le sens de l'art. 2129, signifie évidemment bien sur lequel on n'a pas, dès à présent, un droit de propriété, au moins conditionnel, susceptible d'être hypothéqué. Dans la doctrine de la jurisprudence, je permettrais la constitution d'hypothèques par le vendeur sur le bien soumis au réméré uniquement dans le cas exceptionnel de l'article 2130. On sait quelles sont les deux conditions auxquelles ces hypothèques sur biens à venir sont valables. C'est : 1° que les biens présents et libres du débiteur seront insuffisants pour le paiement de la créance ; 2° que cette insuffisance soit exprimée dans l'acte. J'accorde cependant que la possibilité de constituer des hypothèques n'est pas la conséquence type de la propriété reconnue au vendeur même avant le retrait.

97. — Mais je n'adopte pas pour cela le système exposé en second lieu. Je fais remarquer que l'art. 2125 s'aplique à tous les droits « suspendus par une condition ou sujets à rescision. » Or, le droit du vendeur à réméré rentre parfaitement dans cette formule. D'ailleurs, veut-on que nous ne tenions pas compte de l'art. 2125, nous aurions l'art. 2118. Ce droit réel est-il immobilier ? est-il dans le commerce ? Oui. Donc il peut être hypothéqué. Quel a été le but de cet art. 2125, inutile au surplus ? Ce n'a pas été de permettre d'hypothéquer des droits de propriété conditionnels. L'art. 2118 aurait suffi. La forme même du texte nous donne raison. Non, constater que la condition rétroagissant sur

le droit entier réagirait sur les démembrements, voilà le but de cet article dans la pensée de son rédacteur. Si l'on veut écarter l'art. 2125 du règlement de notre hypothèse, la conséquence de l'interprétation judaïque proposée serait, non pas que le droit de propriété du vendeur à réméré serait non susceptible d'être hypothéqué, mais que l'hypothèque consentie sur ce droit ne tomberait pas, même si le réméré n'était pas exercé. Au point de vue du crédit hypothécaire, il est enfin évident qu'il n'y a pas à distinguer entre le droit conditionnel d'un vendeur à réméré et le droit d'un acquéreur sous condition suspensive A ce point de vue, en effet, qu'importe l'origine différente de ces droits?

§ 4. — *Des droits des ayants-cause du vendeur à réméré avant le retrait.*

98. — Un débiteur a aliéné un de ses biens à réméré. Les ayants-cause peuvent être : ou ses créanciers, ou le cessionnaire de sa propriété éventuelle. Je dirai quelques mots, en passant, de la situation de ce dernier dans l'intervalle. Je vais examiner surtout les conséquences du pacte de rachat vis-à-vis des créanciers.

99. — 1. *Droits des créanciers même chirographaires.* J'en compte trois. Demander la révocation du contrat comme fait en fraude de leurs droits. Intenter l'action en rescision pour lésion appartenant à leur débiteur. Se substituer à celui-ci et retraire à sa place. Je n'ai rien à dire des deux premiers. Ils sont incontestables. C'est une application des principes ordinaires.

100. — Quant à l'exercice du droit de retrait, sera-t-il soumis ici à des règles spéciales? On l'a soutenu. L'art. 1166 ne s'appliquerait que dans le cas où les autres biens du débiteur constitueraient, pour le créancier, un gage insuffisant. En d'autres termes, l'exception de discussion pourrait être opposée à tous les créanciers sans distinction. On se contente, pour motiver

cette doctrine, d'un article de notre section, l'art. 1666 ainsi conçu : « Il peut opposer le bénéfice de discussion aux créanciers de son vendeur. » Comment, dit-on, donner à cet article une raison d'être, comment même ne pas violer son texte, qui ne distingue pas entre les créanciers du vendeur, et qui semble exclure tous les créanciers, même à hypothèque générale, qui ne sont pas créanciers du vendenr, sans accepter cette interprétation? Cette innovation ne serait pas absolument inexplicable. Les rédacteurs du Code auraient été conduits par l'intérêt de la stabilité de la propriété entre les mains de l'acquéreur, propriété, qui, grâce à notre article, ne disparaîtra pas par un simple caprice des créanciers.

101. — Pour moi, l'art. 1666 est une application anticipée de l'art. 2171. Le Code n'avait aucune bonne raison de consacrer la doctrine adverse. Aussi ne l'a-t-il pas fait. L'innovation n'eût pas été raisonnable, disons-nous d'abord : 1° Il y a, en effet, une grande différence entre limiter le droit subsidiaire de garantie d'un créancier, droit lui appartenant personnellement, lorsque la garantie est beaucoup plus étendue que la somme à garantir, et amoindrir par voie d'autorité, en entravant sa transmission aux ayants-cause du titulaire, un droit résultant de la libre convention des parties ; 2° l'intérêt des créanciers chirographaires est sérieux. Qu'on le remarque en effet : ils sont à la merci de leur créancier. Ce gage, qui paraît suffisant aujourd'hui, peut être absolument insuffisant demain. Les avances que nécessitera pour eux l'exercice du retrait protégent l'acquéreur contre un caprice ; 3° l'art. 1666 pris à la lettre mènerait trop loin. La théorie adverse devrait logiquement s'appliquer aux créanciers à hypothèque spéciale. C'est là une conséquence tellement grave que quelques-uns de nos adversaires n'osent pas l'adopter. C'est se condamner soi-même ; 4° Enfin, l'histoire vient confirmer tous ces raisonnements. L'art. 1666 se trouve déjà textuellement dans le projet rédigé en l'an VIII par la commission du gouvernement. Il porte le n° 87 du t. XI de la vente. Or, l'art. 14 du même projet donne au droit du ven-

deur à réméré un caractère personnel. Les créanciers chirographaires ne pourront jamais user de cette faculté de réméré (Fenet, t. 2, p. 315 et 316). Contestera-t-on dès-lors le sens de l'art. 87 de ce projet? Qu'importe que plus tard l'art. 94 ait été supprimé. L'intention des premiers rédacteurs de notre art. 1666 est parfaitement éclaircie. Je maintiens donc fermement mon opinion, et je ne pense même pas, comme je l'ai entendu soutenir, qu'on doive, non plus en vertu de l'art. 1666, mais *bono* et *æquo*, refuser aux créanciers chirographaires d'un vendeur solvable le droit d'exercer le réméré.

102. — II. *Droits des créanciers hypothécaires antérieurs à la vente.* Les principes conduisent, selon moi, à leur accorder l'option suivante ; ou réaliser leur gage, comme si la vente à réméré n'avait pas eu lieu, ou exécuter, l'une après l'autre, la propriété sous condition suspensive du vendeur et la propriété sous condition résolutoire de l'acquéreur, pour employer les termes consacrés.

103. — A. *Je suppose d'abord qu'ils préfèrent le premier parti.* Ce sera de beaucoup le cas le plus fréquent.

104. — On reconnait en général qu'ils auront la faculté de saisir l'immeuble, comme si la clause de réméré n'existait pas, d'exproprier, par conséquent, à la fois le vendeur et l'acquéreur de leurs droits conventionnels de propriété, si ce dernier ne fait point de notifications à fin de purge. En fait-il, au contraire, on considère les créanciers hypothécaires comme tenus d'accepter le prix ou de surenchérir. La purge sera, du reste, suivant les uns définitive, suivant les autres sous condition résolutoire. Nous reviendrons sur ce dernier point.

105. — Je signale la contradiction contenue dans cette manière de voir. Oui ou non, le démembrement de propriété est-il opposable aux créanciers hypothécaires du vendeur ? Si oui, même si l'acquéreur ne fait pas de notifications à fin de purge, sa propriété sous condition résolutoire pourra seule être saisie. Le vendeur ne pourra pas être exproprié ainsi, d'une manière indirecte, de sa propriété sous condition suspensive.

Si non, il n'y a pas à distinguer suivant qu'il y a adjudication sur saisie ou sur surenchère volontaire.

106. — Un auteur, M. Petit, président de Chambre à la Cour de Douai (Traité des surenchères, 1843, livre 10, p. 290 et 291), et un arrêt de la Cour de Grenoble du 7 avril 1824 (Dal. Al. t. 41, p. 658) ont seuls soutenu que la faculté, pour les créanciers hypoth. du vendeur, de mettre aux enchères la propriété incommutable, existe encore, si l'adjudication a lieu, à la suite d'une surenchère sur aliénation volontaire. On peut donner à l'appui de cette décision les motifs suivants : 1° L'offre du créancier surenchérisseur de supporter les charges insérées dans la vente ne peut se rapporter qu'aux charges supportées par l'acquéreur et dont il doit être remboursé, mais ne forme pas un acquiescement aux conditions insérées dans la dite vente. 2° L'art. 837 du Code de procédure ordonne que l'acte d'aliénation tiendra lieu de minute d'enchères. Mais il n'exclut pas par là la formation supplémentaire d'un cahier des charges. En effet le principe général de l'art. 2187 est, qu'en cas de revente sur surenchère, l'adjudication aura lieu, suivant les formes établies pour les expropriations forcées. Il est donc possible en pratique de faire mettre aux enchères, non pas la propriété sous condition résolutoire, mais la propriété incommutable. 3° Enfin on peut terminer en insistant sur ce point que cette faculté de faire mettre aux enchères la propriété incommutable cadre suffisamment avec la nature de la surenchère sur aliénation volontaire. Quel est en effet le but du créancier surenchérisseur? Protester contre la vileté du prix. Mais alors il aura également le droit de protester contre toute clause qui tend à diminuer celui-ci. Le pacte de rachat n'est-il pas dans ce cas?

107. — Je ne me range pas à cette idée qui m'a séduit un moment. Je lui reproche une contradiction. La surenchère suppose l'acceptation de la vente. Or faire mettre en adjudication la propriété intégrale, c'est repousser le démembrement de la propriété, c'est faire tomber toute l'opération.

108. — J'irai jusqu'au bout des principes. Je reconnaîtrai aux créanciers hypothécaires la faculté de demander la nullité des notifications à fin de purge ou plutôt de procéder à l'expropriation sans tenir compte de celles-ci. Je crois en un mot que le démembrement de propriété n'est pas opposable aux créanciers hypothécaires. J'ai déjà démontré qu'il n'y a pas à distinguer suivant que l'adjudication est faite à la suite d'une saisie ou d'une surenchère sur aliénation volontaire. L'examen rapide des conséquences de la théorie qui maintiendrait dans tous les cas la vente à réméré même vis-à-vis des créanciers hypothécaires achèvera notre preuve. La vente à réméré imposerait en effet aux créanciers deux procédures coûteuses au lieu d'une. Elle entraînerait donc en premier lieu une diminution de la somme à partager. En second lieu, il est bien évident que l'adjudication successive du droit de propriété sous condition suspensive et du droit de propriété sous condition résolutoire ne donnerait pas une somme aussi forte que l'adjudication du droit incommutable de propriété. Enfin les créanciers hypothécaires seraient privés des intérêts qu'auraient produits, dans l'intervalle entre l'aliénation et la distribution des deniers, la différence entre le prix de la vente à réméré et le prix de la vente pure et simple. Il serait très-facile dans une hypothèse donnée de calculer arithmétiquement le préjudice que le débiteur aurait causé à ses créanciers hypothécaires, en consentant à la clause de réméré. Il y aurait-il là oui ou non une violation du contrat? Les créanciers hypothécaires ne doivent-ils pas être protégés contre elle?

109. — Une objection spécieuse me sera faite. Il résulte de la doctrine exposée, dira-t-on, qu'un acquéreur ne pourra pas purger son droit en offrant son prix. Or le Code ne fait aucune distinction et accorde la faculté de purger à tous les acquéreurs.

110. — Cet argument paraissait décisif à la Faculté de Caen, dans ses observations sur le régime hypothécaire (Docum. Hypoth. Introd. p. 177). Elle croyait nécessaire l'intervention

du législateur pour interdire la ressource de la purge à l'acquéreur sous condition résolutoire. Et cependant elle signalait avec force les inconvénients de cette purge.

111. — La seule violation du contrat consacrée par la loi est que si la différence entre la valeur réelle de l'immeuble et le prix est inférieure à un dixième, les créanciers hypothécaires devront se contenter du prix. Ici la lésion résulterait pour ceux-ci du démembrement de la propriété Il n'est pas démontré que les rédacteurs du Code aient songé à notre hypothèse. Voilà ma réponse.

112. — B. *Les créanciers hypothécaires pourront à mon sens, suivre une autre voie et accepter la vente à réméré. Ils exécuteront alors l'un après l'autre le droit du vendeur et celui de l'acheteur.* — La valeur de chacun d'eux sera réalisée.

113. — Parlons d'abord du premier. — Je crois que la propriété sous condition suspensive du vendeur pourra être saisie et que son acheteur, le cessionnaire du vendeur, aura la faculté de la purger dans l'intervalle.

114. — La première affirmation a été défendue jadis par M. Pigeau (Procéd. civ. t. 2. p. 196), et M. Duranton (Dr. civ. t. 16, nº 409, t. 21, nº 7). Leur doctrine est aujourd'hui unanimement repoussée. Je suis cependant frappé, quant à moi, de ce fait que la doctrine commune annule par sa solution actuelle l'autorisation accordée par elle au vendeur de concéder valablement des hypothèques sur sa proposition sous condition suspensive. Singulière situation en effet, que celle de ces créanciers hypothécaires. Ils ont un droit réel; et non seulement, s'ils ne sont pas payés à l'échéance, ils ne pourront pas réaliser leur gage (en supposant bien entendu, que la condition résolutoire ne soit pas encore arrivée); mais encore leur débiteur aura la faculté de vendre le droit engagé et de distribuer à ses créanciers chirographaires, à leur détriment, ou de garder pour lui le prix payé comptant. Est-il possible d'admettre pareille anomalie? Or, je ne vois aucun obstacle absolu à ce que ces créanciers hypothécaires saisissent cette propriété sous condition

suspensive, et la fasse mettre aux enchères. Je ne crois pas qu'ils aient jamais eu recours à ce moyen jusqu'ici. Et il est certainement peu pratique. Mais nous faisons une théorie ; et il est nécessaire d'en lier entre elles toutes les parties.

115. — On nous oppose deux objections. L'une est tirée de l'art. 2204, l'autre de l'art. 2205. L'art. 2204, nous dit-on, énumère les biens qui peuvent être saisis. Or, parmi les immeubles par l'objet auquel il s'appliquent l'usufruit seul est cité. N'y a-t-il pas là un argument *à contrario* décisif, surtout si l'on remarque que les immeubles par nature et les immeubles par destination peuvent seuls avoir des accessoires. L'art. 2205 d'ailleurs refuse aux créanciers des cohéritiers le droit de saisir et de faire vendre les parts indivises de leurs auteurs. Ils attendront le partage. L'esprit de la loi n'est-il pas par là clairement révélé ?

116. — La première objection tombe si l'on se souvient de notre opinion sur la nature du droit du vendeur à réméré et si l'on remarque que le texte de l'art. 2204 est *identique* à celui de l'art. 2118 relatif aux hypothèques. L'art. 2205 enfin s'explique par l'idée que le cohéritier a un droit certain d'une valeur invariable mais dont l'objet est encore indéterminé. On ne sait en quoi il consiste. Les créanciers saisiraient à l'aveugle. Et comme le partage sera nécessairement proche, qu'ils peuvent même le provoquer, il est bien plus simple qu'ils attendent les résultats de celui-ci. L'espèce de l'art. 2205 est donc toute spéciale.

117. — La seconde de nos affirmations est la possibilité pour le cessionnaire du vendeur de dégrever dans l'intervalle son droit éventuel des hypothèques qui le diminuent. Si plus tard il rembourse le prix à l'acquéreur, il aura l'immeuble franc et quitte. Ce que nous allons dire relativement à la purge de la propriété de l'acquéreur sous condition résolutoire justifiera ce point de vue. Le vendeur et par suite son ayant cause et l'acquéreur peuvent en effet escompter l'avenir de la même façon.

118. — Passons aux droits de nos créanciers hypothécaires contre l'acheteur à réméré dans l'intervalle. — Faculté pour eux de mettre aux enchères la propriété *résoluble* de celui-ci à la suite d'une saisie ou d'une surenchère sur notifications à fin de purge. Voilà notre formule. Je laisse de côté la question de la saisie. La démonstration faite plus haut suffit.

119. — L'acceptation des offres de l'acquéreur à réméré par les créanciers hypothécaires du vendeur aura pour résultat de purger le droit de cet acquéreur mais lui seul. Si donc la condition se réalise, si le droit du vendeur à réméré devient de conditionnel incommutable, si le germe se développe, les droits réels qui n'ont pas cessé de grever le droit du vendeur continueront à le grever. Si le retrait n'est pas exercé, les droits réels, dont l'ensemble forme ce droit du vendeur à réméré éminemment fragile, disparaîtront tous ensemble et par suite l'acquéreur à réméré ne devra aux créanciers hypothécaires aucun supplément de prix.

120. — Ces deux propositions sont très-contestées. La jurisprudence toute entière nie d'abord la première. Selon tous les arrêts au moins à ma connaissance, la purge est définitive. Les hypothèques ne renaîtront pas sur la propriété, après sa rentrée dans les mains du vendeur à réméré. C'est une conséquence du principe que celui-ci n'a avant le retrait qu'un droit purement personnel. Voici comment je résume l'argumentation des cours. 1° La vente à réméré transfère à l'acheteur la propriété intégrale. Or, d'après l'art. 2181, un des attributs de la propriété est le droit de purger. 2° D'après l'art. 2180, les priviléges et hypothèques disparaissent par la purge, comme si les créanciers avaient renoncé. Cette renonciation eût été définitive. La purge doit produire également un effet absolu. Les hypothèques sont pour toujours effacées. 3° Qu'il y a-t-il enfin d'étrange à cette portée donnée à la purge opérée par l'acquéreur à réméré. Par la prescription celui-ci peut dégrèver l'immeuble des droits réels qui existent sur lui. L'art. 1665 le dé-

montre. Et ce dégrèvement ne dépendra pas le moins du monde de la non-réalisation de la condition résolutoire.

121 — Les arrêts dans ce sens sont nombreux. Je me borne à citer celui qui, à mon avis, traite le mieux la question dans ses motifs. C'est un arrêt de la cour de Montpellier du 4 mars 1841 (Dal. Per. 47. 1. 217). On peut encore consulter avec fruit les conclusions de M. l'avocat général Rieff, devant la cour de Rouen, dans l'aff. Laisné, c. Demiannay (Journ du Palais, 46, II).

122. — L'utilité de cette jurisprudence pour les créanciers chirographaires, lorsque le prix est remboursé et la vente résolue, a à peine besoin d'être indiquée. Deux arrêts l'un de la Cour de Caen, du 20 juin 1870, reproduisant un jugement soigneusement motivé du tribunal de Bayeux, l'autre de la Chambre des Requêtes du 23 août 1871, confirmatif du premier (Sir. 1871, 2, p. 29, et 1, p. 378 et Dal. 1873, déjà cité) ont fait sentir la gravité du résultat pratique de notre discussion. Ils ont décidé que la somme payée au vendeur par un acquéreur à réméré, qui a purgé antérieurement, est le gage commun de tous les créanciers du vendeur, et non pas comme un accroissement du prix, au profit des créanciers hypothécaires inscrits. Ces derniers arrêts ont appelé l'attention sur notre difficulté. C'est à leur occasion que M. Cazalenz a publié l'article déjà discuté par nous (1).

(1) Depuis, M. Paradan, conseiller à la Cour de Nimes, a approuvé, comme l'avait déjà fait M. Cazalenz, l'arrêt de rejet du 23 août 1871. (Rev. Crit. Nouv. Série t. 3, p. 129, livr. de févr. 1874). Il a apporté au débat un seul argument nouveau. Le voici : Pour atteindre l'indemnité payée par l'acquéreur à réméré et en faire leur gage, les créanciers sont obligés de procéder par voie de saisie-arrêt entre les mains de l'acheteur. Les créanciers hypothécaires n'ont pas de garanties spéciales. Et la procédure même, à laquelle il faut recourir, établit manifestement qu'il y a simplement à faire une distribution par contribution. Dans la doctrine de la majorité des auteurs, il est difficile de répondre à cet argument Il n'en est pas de même pour nous, qui autorisons les créanciers hypothécaires à saisir la propriété sous condition suspensive du vendeur, entre les mains des ayants-cause de celui-ci.

C'est également, sous ce point de vue particulier, que la conférence des avocats stagiaires de notre Barreau a examiné notre question générale dans sa séance du 15 février 1873. La grande majorité des membres présents s'est prononcée contre la doctrine de la chambre des requêtes, et pour ma part, l'étude plus approfondie de la question ne m'a pas amené à désavouer mon vote d'alors.

123. — 1° J'ai démontré qu'après la vente à réméré le droit de propriété unique du vendeur s'analysait en deux droits de propriété soumis à des chances en sens inverse. J'ai reconnu entre les mains du vendeur à réméré l'existence d'un droit de propriété sous condition suspensive. L'acquéreur à réméré n'a pu dégrever d'hypothèques un droit dont il n'a en aucune façon la disposition. 2° L'art 1665 n'est pas un argument suffisant. Car les charges dont la prescription débarrasse l'acheteur grevaient son droit lui-même. Il avait intérêt à affermir ou à rendre libre sa propriété sous condition résolutoire, de manière à ce qu'il eût entre les mains, si la condition ne se réalisait pas, une propriété non grevée d'hypothèques. 3° J'accepte l'assimilation entre l'acceptation des offres contenues dans les notifications à fin de purge et la renonciation au droit réel d'hypothèque. Mais la question est la même pour cette dernière. La renonciation du droit hypothécaire contre l'acquéreur n'entraine pas, selon moi, la renonciation au droit hypothécaire contre le vendeur. 4° Enfin, la jurisprudence autorise la violation d'un contrat de la manière la plus manifeste. Le vendeur peut soustraire au gage par lui consenti une portion de la valeur du bien, et cela à son profit ou a celui des créanciers chirographaires. (Dans le même sens. M. Labbé, Rev. crit. 1856, p. 224.

124. — Je ne soutiens pas du reste, je l'ai déjà dit, que si la condition résolution ne se réalise pas, l'acquéreur à réméré devra payer aux créanciers un supplément de prix représentant l'avantage que lui procure la substitution dans son patrimoine d'une propriété incommutable à une propriété sous

condition résolutoire. C'est là une idée équitable : mais il me paraît difficile de lui donner une base juridique. Où trouver la cause de cette obligation de l'acquéreur à réméré ? Ce n'est pas dans une acquisition se produisant au moment de l'expiration du délai. L'acquéreur à réméré ne succède pas le moins du monde au droit de propriété sous condition suspensive du vendeur. Le droit de celui-ci a disparu. L'acquéreur à réméré est réputé avoir été propriétaire incommutable depuis le jour de la vente. Du moment que les créanciers hypothécaires respectent la clause de réméré, ils ne doivent pas avoir plus de droits que leur auteur le vendeur. Après la purge de la propriété sous condition résolutoire, ils n'ont conservé d'hypothèques que sur la propriété sous condition suspensive du vendeur. Cette dernière est réputée n'avoir jamais existé. L'hypothèque n'a donc pas eu de base. Je comprendrais difficilement que les créanciers hypothécaires invoquassent d'abord la clause de réméré, pour arriver à ce que la propriété sous condition résolutoire seule fût purgée et en suite protestassent contre elle afin d'avoir, quoiqu'il arrive, un droit sur la valeur intégrale de l'immeuble (En sens contraire, M. Labbé, art. cité).

125. — III. *Droits des créanciers hypothécaires postérieurs à la vente.* Ils n'ont bien entendu dans l'intervalle aucun droit contre l'acquéreur sous condition résolutoire. Contre le vendeur ils ont ceux déjà attribués par nous aux créanciers hypothécaires antérieurs.

126. — Telle est la doctrine que nous croyons devoir enseigner sur cette difficile matière. C'est elle qui nous paraît se concilier le mieux avec l'intention des parties, sans être en contradiction au moins directe avec la loi.

CHAPITRE V

DU RETRAIT.

127. — Le délai n'est pas encore expiré. Le vendeur ou un de ses ayants cause, veut rembourser l'acquéreur et rentrer dans la propriété du bien. Comment devra-t-il procéder?

128. — J'ai déjà dit que la condition résolutoire est le paiement du prix et des accessoires. Une action sera en principe inutile. Il me semble qu'il en était de même, dans l'ancien droit et même dans le ressort du Parlement de Paris. Car Pothier, dont la théorie est à la vérité très obscure, exige seulement la consignation. Mais en fait, par suite de la théorie des arrêts de déchéance, il devait y avoir le plus souvent une action. Car le vendeur attendait probablement que l'acheteur prit les devants. Coquille exprimait très bien l'inutilité de recourir aux tribunaux dans notre hypothèse. « Ains est question d'exécuter un fait de bourse, qui est de présenter les deniers à découvert et les payer. Ce qui peut et doit être expédié hors jugement. Car le juge n'y a que faire, sinon quand il y a débat incident, dont les parties ne peuvent s'accorder » (Quest. et Répons., ch. 261). Notre conclusion actuelle était du reste indiquée d'après la doctrine développée par nous au chapitre 3. A la vérité, quelques-uns de nos textes contiennent le mot « action. » Mais si l'on compare ensemble les articles 1664 et 1667, 1668 et 1669. 2°, 1672 et 1673, on sera convaincu que la loi veut dire tout simplement dans l'article 1662 « Faute d'avoir usé du pacte de réméré dans le délai fixé. » Dès lors, l'argument tiré par M. Guillemard de cet article 1662, et dont nous avions renvoyé la réfutation à cet endroit, tombe de lui-même.

129. — Ainsi pas d'action. Une offre purement verbale ou une offre réelle irrégulière ou incomplète, voilà ce dont se contente la jurisprudence et la plus grande partie de la doctrine.

C'est du reste là une conséquence logique du système combattu par nous. Pour les deux auteurs au contraire qui, comme nous, admettent que c'est le paiement seul qui résoud l'opération, quelles sont les formalités qui équivaudront au paiement, si celui-ci est impossible par suite du refus de l'acquéreur de l'accepter? Duvergier avait gravement compromis la vérité, qu'il avait le premier démontrée, en exigeant des *offres réelles*, et en repoussant la nécessité de la consignation. Il y avait là une contradiction tellement choquante, que MM. Aubry et Rau eux-mêmes, après l'avoir relevée, s'étaient crus dispensés de rechercher ce qu'il y avait de bon dans une pareille théorie.

130. — M. Colmet de Santerre (loc. cit.) adoptant, comme nous l'avons dit, le principe de la doctrine de Duvergier, a évité la contradiction, sur laquelle ce dernier était venu échouer, en présentant un aperçu nouveau et très ingénieux. Il emploie pour cela fort à propos l'article 1178 du Code, en vertu duquel la condition est réputée accomplie, lorsque c'est le débiteur obligé sous cette condition qui en empêche l'accomplissement. Or, l'acquéreur à réméré est débiteur de l'immeuble sous la condition de la restitution du prix. Il met obstacle à ce paiement. Le paiement doit être réputé avoir eu lieu. Mais comment prouver que l'acquéreur à réméré a mis obstacle à l'arrivée de la condition? Cette preuve se fera sans difficultés ou par témoins au-dessous de 150 fr. (art. 1341) ou par l'aveu, ou par le serment décisoire, ou par le *refus* de prêter le serment. Comment se tirer d'affaire quand, d'après les articles 1347 et 1348, un écrit sera nécessaire? Il est certain que l'acquéreur ne voudra pas donner d'arme contre lui. Et alors il n'y a pas d'autre ressource que de faire constater par un procès-verbal d'officier public, huissier ou notaire, que les deniers ont bien été offerts à l'acquéreur dans le délai.

131. — Il me paraît impossible d'admettre que la simple présentation des deniers puisse équivaloir à un paiement. Cette simple présentation sans désaisissement ne peut pas produire les effets qu'entraîne seulement la consignation dans

les paiements ordinaires. Comment concevoir, par exemple, que le cours des intérêts soit interrompu, alors cependant que le vendeur a le maniement de la somme prêtée (1). Dire que le vendeur à réméré a accompli toutes ses obligations lorsqu'il a présenté les deniers, et que, par conséquent, si la condition résolutoire n'arrive pas, c'est la faute de l'acquéreur, est évidemment une affirmation purement gratuite. Il faudrait démontrer que celui-ci est en faute de ne pas s'être trouvé chez lui lorsque la présentation a été faite, ou de ne pas avoir accepté la somme qu'on lui présentait. Nous retomberions dans l'appréciation en fait par le juge, de la question de savoir si la condition résolutoire s'est réalisée ou non. Il me semble, du reste, que le vendeur devrait être toujours autorisé à démontrer par témoins que la présentation a eu lieu. N'y a-t-il pas là, en effet, un pur fait? N'est-ce pas là un cas tout à fait étranger à la section II du t. 3 du l. 3 du Code civil? L'incertitude renaît alors et les droits des tiers sont lésés comme dans la doctrine qui exige simplement une volonté sérieuse chez le vendeur d'user de la clause de réméré

132. — Je crois donc que la consignation sera ici nécessaire, si l'acheteur n'accepte pas le paiement, qu'elle seule opérera la résolution de la vente, et que, par conséquent, elle devra se produire dans le délai. Telle était la tradition. Je renvoie d'abord aux nombreuses autorités citées dans ce sens par M. Duvergier (t. 2, p, 52 en note). J'ajoute Pothier(Vente, n° 426), Basnage (sur la Cout. de Normandie, t, 2, p. 388), et Poullain du Parc (Pr. du Dr. Fr., suiv. les max. de Bret., t. 6, p. 217). Ces deux derniers sont on ne peut plus explicites, et ne présentent

(1) Duvergier t. 11 n° 59 exige la consignation pour arrêter l'acquisition des fruits par l'acquéreur et le cours des intérêts du vendeur. Il rend par là la contradiction plus choquante Car voilà des offres réelles qui à la fois équivaudront et n'équivaudront pas au paiement. (Conf. Dalloz. Vente n° 1549. t. 43 p. 490 et Delvincourt t. 3 p. 80 note 6.

pas la question comme controversée. Je me crois donc autorisé à dire que cette doctrine était unanimement acceptée en France. Pourquoi le législateur moderne aurait-il fait une innovation sur ce point ? D'après tout ce que nous avons dit, il n'avait aucune bonne raison pour cela. La consignation est indispensable pour protéger tous les droits; et elle n'en lèse aucun. Or, les formalités des articles 1257 et suivants s'expliquent par le seul fait du paiement, quelle que soit sa cause, quelque soit son but. Pourquoi, en raison du silence du Code, ne pas étendre ces dispositions à notre hypothèse et à celles des articles 661 et 682 C. civ. ? Notre solution n'est-elle pas évidemment conforme à l'esprit du législateur ? Décider au contraire que, lorsqu'il s'agira d'éteindre par le paiement non plus une obligation, mais un droit de propriété, ou d'acquérir soit la mitoyenneté d'un mur, soit un passage pour un fonds enclavé, une simple présentation des écus sans consignation suffira, c'est faciliter la fraude et donner lieu à des complications à peu près insolubles.

133. — Il est évident qu'en droit commun le vendeur ne retire que le bien par lui vendu, moyennant la restitution du prix et des accessoires. L'art. 1667 d'une part, les art. 1668, 1669, 1670, 1671 et 1672 d'autre part, étudient deux hypothèses spéciales et donnent pour elles des solutions particulières que nous allons étudier.

134. — L'art. 1667, en première ligne, prévoit le cas où c'est une portion indivise d'un fonds qui a été vendue. Si l'acquéreur à pacte de réméré d'une partie indivise d'un héritage s'est rendu adjudicataire de la totalité sur la licitation provoquée contre lui, il peut obliger le vendeur à retirer le tout, lorsque celui-ci veut user du pacte. Voici comment je justifie cette solution. Le vendeur n'a pas à se plaindre de cette disposition du code civil. En se portant adjudicataire, l'acquéreur a usé de son droit de préserver sa propriété résoluble contre l'arrivée de la condition résolutoire légale, consistant dans l'adjudication au copropriétaire ou à un tiers. Il a conservé, du reste, en même temps la propriété sous condition suspensive du vendeur. Il y

a donc eu là une dépense nécessaire. L'art. 1673 et les principes généraux exigent le remboursement du prix d'adjudication. Si, au surplus, le vendeur à réméré s'exécute, l'acquéreur sera tenu de restituer l'intégralité de l'immeuble. En effet, il le possède désormais tout entier en vertu de l'adjudication. Or, ce titre unique, la loi le considère avec raison comme sous condition résolutoire. Les motifs que je viens de donner m'amènent à restreindre l'application de l'art 1667 au cas où : 1° le bien n'était pas partageable, et où 2° la licitation a été provoquée par le communiste.

135. — Les cinq articles qui suivent l'art. 1667 ne demandent, eux aussi, qu'un commentaire sommaire. Le droit d'exercer le réméré appartient conjointement à plusieurs personnes, soit que la vente ait eu lieu, elle aussi, conjointement, soit que le vendeur ait laissé plusieurs héritiers. L'opération a été unique. L'intention des parties a été qu'elle fût maintenue ou annulée, suivant l'arrivée ou la non-arrivée de la condition, et non qu'elle fût consolidée pour une partie et tenue comme non-avenue pour une autre partie. L'art. 1670 a donc eu raison, à mon sens, de faire fléchir ici le caractère de divisibilité du droit d'exercer le réméré. L'acquéreur peut exiger « que tous les covendeurs ou tous les cohéritiers soient mis en cause, afin de se concilier entre eux pour la reprise de l'héritage entier ; et s'ils ne se concilient pas, il (le cohéritier demandeur) sera renvoyé de la demande. »

136. — La doctrine de la loi est la suivante, au moins suivant mon opinion. Un des cohéritiers se présente en son nom et comme cessionnaire des droits de ses cohéritiers. La condition résolutoire est réalisée. Elle ne l'est pas, au contraire, s'il offre en son nom le remboursement intégral. Il ne peut pas, en effet, exproprier ainsi ses cohéritiers, se subroger d'autorité à leurs droits. L'acquéreur à réméré qui consentirait à lui faire la livraison du bien et qui liquiderait avec lui, s'exposerait à des recours de la part des autres ayants-droit. Tant que le délai n'est pas expiré, on ignore si ceux-ci n'useront pas, eux aussi, de la

faculté de retraire. Ont-ils, au contraire, renoncé, l'acquéreur à réméré est parfaitement libre de ne pas invoquer l'art. 1670 et de refuser le paiement du prix entier. Le demandeur sera réduit à sa portion. Mais le droit de réméré ne peut être à la fois divisible et indivisible. L'acquéreur ne peut pas s'appuyer sur l'unité de l'opération et repousser le cohéritier qui s'offre à remplir toutes les obligations de son auteur. De quoi se plaindrait-il? Les divers ayants-cause ont fait un choix définitif entre les deux termes de l'option qui leur était réservée. Il n'a aucune poursuite postérieure à redouter. L'esprit et les termes de l'article 1670 sont respectés. Une collusion sera à craindre, je le reconnais, entre l'acquéreur à réméré et un des cohéritiers. Ce n'est pourtant pas là une considération qui doive faire regretter la consécration par la loi de l'indivisibilité facultative du droit d'exercer le réméré. Que les covendeurs prennent leurs précautions en contractant. Que les cohéritiers mettent, autant que possible, la propriété sous condition suspensive du remboursement, dans le lot d'un d'entre eux.

CHAPITRE VI

DES EFFETS DU RETRAIT

§ 1. — *Théorie générale.*

137. — Nous avons analysé la convention des parties en trois clauses secondaires. « Nous voulons que la propriété ait été transférée immédiatement après la vente, si tel événement arrive plus tard. Nous voulons qu'elle ne l'ait pas été si celui-ci ne se réalise pas. Nous voulons que l'acquéreur ait possédé dans l'intervalle, soit comme simple possesseur, soit comme propriétaire. » Voilà, avons-nous dit, la formule développée de la condition résolutoire en général et de la nôtre en particulier.

138. — Si donc, dans notre espèce, le remboursement du

prix est opéré dans le délai, on sait désormais que le vendeur n'a jamais cessé d'être propriétaire. Il a eu, pendant l'intervalle, la puissance de conférer des droits réels sur l'immeuble, et seul il a eu cette puissance. Tous les droits conférés par lui sont valables. Tous ceux conférés par l'acquéreur sont anéantis. Au point de vue du droit de disposition, cela ne souffre aucune exception. L'art. 1664 fait, d'ailleurs, remarquer qu'il n'est pas nécessaire que dans les contrats constitutifs de droits réels, consentis par l'acquéreur à réméré, le caractère résoluble du droit de celui-ci n'ait pas été indiqué. Aux tiers à vérifier les droits de leur cocontractant. Si ce droit réel est un démembrement du droit de propriété, le vendeur se contentera d'une exception pour les paralyser. Si, au contraire, l'ayant-cause de l'acheteur est un sous-acquéreur, le vendeur revendiquera le bien contre lui. Un jugement préalable prononçant la résolution de la vente, ne sera pas requis. Il en est de même, en cas de pacte commissoire, si la résolution de plein droit, à la suite de la simple sommation, a été convenue (art. 1656), si la sentence est déclarative. Il en est autrement, au contraire, si la sentence est attributive. Dans cette dernière hypothèse, l'acquéreur primitif est le premier intéressé à faire valoir les meilleures raisons, pour obtenir la concession d'un nouveau délai, s'il y a lieu. La résolution devra d'abord être prononcée contre lui.

139. — Ainsi différence entre le réméré et ce second genre de pacte commissoire. Dans le premier la propriété, par le seul fait de la consignation, repasse rétroactivement sur la tête du vendeur. Pour le second, il faut un jugement. C'est là le vrai motif de notre différence. Et celui-ci a lui-même son origine dans ce fait que la tentative célèbre faite en 1650 par le Parlement de Paris pour étendre, sous le nom de théorie des arrêts de déchéance, la *purgatio moræ* au réméré, condamnée déjà, je l'ai dit, par la plupart de nos anciens auteurs, l'a été définitivement par le Code.

140. — On justifie en général notre distinction, d'une autre façon, par cette considération que dans le cas de pacte com-

missoire il y a à interpréter l'exécution du contrat, que l'acquéreur prétend peut-être avoir rempli ses obligations et qu'il peut seul par conséquent défendre à l'action du vendeur, tandis qu'il n'en serait pas de même dans l'hypothèse du réméré. Mauvaise raison. Le vendeur à réméré n'a peut-être pas lui aussi fait toutes les prestations convenues ou ne les a pas faites en temps utile.

141. — Terminons cette première partie de notre examen en étudiant la question suivante. Le vendeur et l'acquéreur à réméré étaient propriétaires de deux fonds voisins. Une servitude existait entre ces deux fonds, au profit de l'un ou de l'autre, peu importe. Elle était en train de se prescrire par non-usage, lorsque la vente à réméré a été consentie. Le délai de prescription s'est terminé avant le retrait. Après la réalisation de la condition, la rétroactivité doit-elle être telle que l'on fasse abstraction de l'opération et de la réunion des deux fonds entre les mains de l'acquéreur pendant tout l'intervalle, et que l'on considère la servitude comme prescrite ? De même, en comptant notre délai, il y a trente ans que telle servitude continue et apparente est exercée. Devons-nous dire : les deux fonds ont toujours eu deux propriétaires différents. Donc la servitude est acquise. Art. 690 ?

142. — Le principe de la rétroactivité ne peut s'appliquer ici. 1° Les parties ont voulu que leurs rapports fussent réglés en cas d'arrivée de la condition résolutoire, comme s'il n'y avait pas eu de vente. Or il est impossible de déterminer dans notre hypothèse, si oui ou non la servitude eût été pendant l'intervalle exercée ou non. 2° La loi ne répute renonçant ou indigne le titulaire de la servitude, que si, pouvant exercer son droit, il a omis de le faire pendant trente ans. Ici la négligence du titulaire n'a duré que vingt-huit ans par exemple. Car s'il est devenu propriétaire des deux fonds, il est bien évident qu'il ne pouvait user de son droit ni en nature, ni par équivalent. Si au contraire il a joué le rôle de vendeur à réméré, il lui était également impossible de faire reconnaître *l'existence* ACTUELLE de

la servitude. Donc le priver de son droit serait substituer à une prescription de 30 ans une prescription de 28. Le même raisonnement est tout aussi juste, si nous l'appliquons à l'acquisition de la servitude par prescription. Une solution commande l'autre.

143. — Nous avons ainsi exposé complètement l'effet de la condition résolutoire relativement à la propriété.

144. — L'acquéreur n'en a pas moins, malgré la réalisation de l'évènement incertain, possédé le bien dans l'intervalle non pour le compte du vendeur, mais pour le sien propre. La seule conséquence de l'arrivée de la condition résolutoire c'est qu'il n'a pas possédé comme propriétaire. Tel est notre point de vue. Nous le croyons théoriquement préférable à la doctrine commune qui pose comme principe la rétroactivité et lui fait ensuite subir des exceptions si considérables que pour ce qui concerne la posession elles absorbent la règle.

145. — L'idée exposée rend compte de l'art. 1673 2°. Les baux faits sans fraude par l'acquéreur à réméré avant le retrait lient le vendeur, même après la réalisation de la condition. Ils devront être exécutés. Ils ont été en effet consentis par l'administrateur régulier du bien, au moment de leur confection. Aux tribunaux à apprécier si les limites de l'administration n'ont pas été dépassées. Les art. 1429 et 1430 ne les lient en aucune façon.

146. — Les fruits recueillis dans l'intervalle appartiendront à l'acquéreur à moins de clause contraire. Le vendeur gardera bien entendu les intérêts. Cette compensation est un élément constitutif de la clause traditionnelle de réméré. Il est raisonnable de déduire du silence des parties sur ce point leur intention de ne déroger en rien à cette clause. Cette intention du reste n'est-elle pas vraisemblable? Il est tout naturel que le vendeur et l'acheteur ayant chacun la disposition d'un capital pendant un certain laps de temps, aient entendu acquérir pour eux d'une façon définitive les produits que leur activité et leur esprit d'initiative obtiendront de ce capital, d'autant plus qu'il serait très-difficile de déterminer les créances des deux par-

ties pour les compenser entre elles ou fixer le reliquat restant à la charge de l'une ou de l'autre. Comment savoir à plusieurs années d'intervalle quel a été le revenu de l'immeuble ou de la somme d'argent? Pour le revenu de cette dernière il y aura souvent une impossibilité complète. Poser la présomption qu'elle n'a produit que 5 ou 6 0/0, c'est en effet se mettre en opposition avec l'idée de la rétroactivité et violer la convention des parties. Enfin rien dans les textes ne contredit notre solution. Au contraire l'art. 1673 ne parle aucunement de restitution de jouissance.

147. — Ainsi, même après le remboursement du prix, l'acheteur reste possesseur pendant l'intervalle. Il ne sera même pas, ai-je dit, réputé avoir détenu pour le compte du vendeur. Car, s'il a fait des améliorations sur le fonds, il n'aura pas droit au remboursement de toutes ses impenses, mais seulement de la plus-value. Et c'est là une décision significative.

148. — Au point de vue de la possession, le vendeur à réméré est un ayant cause de l'acquéreur, après la réalisation de la condition. Et c'est pour cette raison que le premier pourra, pour prescrire, se prévaloir de la possession du second.

§ 2. — *Liquidation, après le retrait, des droits des parties et de leurs ayants-cause.*

149. — Je mets en pratique, dans ce paragraphe, les solutions théoriques, auxquelles je suis arrivé dans le paragraphe précédent. Après le paiement ou la consignation de la portion liquide de la somme à rembourser, la condition résolutoire est réalisée. L'incertitude n'existe plus. Le vendeur seul a été propriétaire. Mais enfin une opération a eu lieu. Des obligations réciproques ont pu naître. Il faut les constater, les apprécier en argent, les compenser l'une avec l'autre. Une liquidation est indispensable.

150. — A. *Obligations* de *l'acquéreur à réméré.* Il est tenu

d'indemniser le vendeur de toutes les détériorations commises par sa faute. Il ne devra pas, avons-nous dit, lui restituer tous les fruits par lui perçus. Ceux qui étaient pendants au moment de la vente lui appartiendront-ils eux-mêmes? Ne sera-t-il pas plutôt contraint de tenir compte de leur valeur au vendeur? Je maintiens ma solution sans distinction, et je réponds, par conséquent, à la première de nos questions par l'affirmative, et à la seconde par la négative. La condition résolutoire s'est réalisée; mais il n'en est pas moins vrai que l'acquéreur a eu la jouissance et l'administration du bien pendant l'incertitude de la propriété. Ce droit de jouissance entraîne acquisition de tous les fruits perçus dans l'intervalle, à moins de convention contraire qu'il faudrait démontrer. Il est, du reste, peu probable que les parties aient voulu s'exposer aux risques et aux frais d'une estimation aussi délicate que celle du revenu produit par l'immeuble, et surtout des avantages procurés au vendeur par la possession de la somme d'argent.

151. — Notre opinion est combattue par deux classes d'adversaires. Les uns font restituer la valeur des fruits pendant au moment de la vente pour des motifs spéciaux à ces fruits; les autres pour des raisons qui s'appliquent aussi bien au cas où c'est au moment du retrait que les fruits sont pendants.

152. — Les premiers considèrent les fruits, dont il s'agit, comme une fraction du capital. Ils ne représentent pas, à leur avis, une jouissance. Le prix de vente a été augmenté en raison de leur existence. Si l'acheteur récupérait le prix sans déduction, il profiterait d'abord des fruits en nature, puis de leur valeur. C'est une remarque ingénieuse faite pour la première fois par Pothier (Vente, n° 407 et 408). Soit. L'acquéreur profitera de la valeur des fruits et des fruits eux-mêmes. Mais où trouvez-vous que ceci soit contraire à l'intention des parties. La condition résolutoire consiste dans le remboursement d'une somme fixée, dans un certain délai. Voilà ce qui est certain. Si vous tenez à constater que le prix de l'immeuble est moindre que cette somme, le résultat sera seulement que le retrait ne pourra

avoir lieu que moyennant une somme plus forte que le prix. J'ai démontré que c'était là une convention licite.

153. — On nous combat encore, ai-je dit, d'une autre façon. Des jurisconsultes éminents (V. entr'autres Duvergier, nos 58 et 59) estiment que les fruits recueillis dans l'année du retrait, doivent être partagés de la même façon, qu'ils soient naturels ou civils. Cette doctrine est la seule, dit-on, qui soit équitable. Elle seule maintient l'égalité entre les parties. Or, aucun texte ne met obstacle à son adoption. L'article 585 du Code civil, en effet, est relatif aux rapports entre l'usufruitier et le nu-propriétaire. L'étendre à notre hypothèse serait un non-sens. Car comment peut se justifier cet article 585 ? Par cette considération que les chances de gain et de perte sont les mêmes pour l'usufruitier et pour le nu-propriétaire. Or, ici, le vendeur est libre dans une certaine mesure, d'avancer ou de retarder la réalisation de la condition résolutoire. Si les fruits naturels encore pendant au moment du retrait doivent lui appartenir, l'acheteur à réméré est à sa merci. Il est évident, du reste, que la même décision est à appliquer aux fruits existant au moment de la vente.

154. — Cette argumentation est pressante. Voici pourquoi je ne m'y rends pourtant pas. 1° Nous avons à interpréter une convention. L'inégalité n'est donc pas une raison décisive. Comment sait-on, au surplus, qu'il y a inégalité. La liberté complète laissée au vendeur d'exercer le réméré quand bon lui semble, a peut-être été compensée par une diminution du prix de la vente. 2° L'égalité, du reste, ne peut pas être complétement rétablie. Car le vendeur ou l'acquéreur, suivant les cas, aura toujours eu l'usage de l'immeuble pendant la fraction d'année en question. 3° Enfin, dans le projet de l'an VIII, l'article 95 du chapitre 11 (Fenet, t. 2, p. 346) sanctionnait formellement notre opinion. Je reconnais que le tribunal de Montpellier (Fen., t. 4, p. 485) s'éleva vivement contre cet article 95. Est-ce cette protestation qui causa la suppression de celui-ci ? Ne jugea-t-on pas plutôt que l'énumération restrictive contenue dans

l'article 1673 des prestations dues par le vendeur, après le retrait, suffisait pour exclure toute restitution quelconque d'intérêts ? Le doute est tout au moins permis.

155. — B. *Obligations du vendeur à réméré.* Il devra indemniser l'acheteur de la plus-value produite par ses travaux sur l'immeuble. Nous avons ainsi déterminé les éléments de la liquidation.

156. — Je suppose que l'acquéreur à réméré a été reconnu créancier, ce qui aura lieu le plus souvent. Quelle protection est accordée à son droit ? Il usera d'abord du droit de détention. Cela est incontestable. L'article 1673, tranchant une controverse des anciens auteurs, le lui accorde expressément. Sera-ce tout ? Si l'acquéreur à réméré se désaisit de l'immeuble, avant d'être totalement remboursé, sera-t-il réduit à venir au marc le franc avec les autres créanciers du vendeur ?

157. — Dès les premiers temps du Code, on lui a accordé pour cette hypothèse un privilége. Cette doctrine réfutée avec une grande vigueur par Tarrible (Rep de Merlin, privil. sect. IV, § 5, n°s 4 et 5), était oubliée, lorsqu'elle a été récemment reproduite par M. Labbé dans deux articles publiés, l'un dans le Journal du Palais, 1871, p. 637, l'autre dans la Rev. crit. 1871-1872, p. 504. Voici comment il raisonne. L'acheteur à réméré a un privilége analogue à celui du vendeur, afin de se faire rembourser le prix. En effet l'acheteur à réméré n'est pas un vendeur, mais il y a entre les deux situations une grande analogie. Et l'on peut appliquer ici les raisons juridiques et d'équité, qui servent de base au privilége du vendeur. Si l'acquéreur à réméré n'avait pas de son plein gré renoncé à son droit de rétention, le bien ne serait pas retourné dans le patrimoine du vendeur. Les créanciers ne l'auraient pas eu dans leur gage. Il serait absolument injuste que l'acquéreur fût dépouillé à leur profit. On peut ajouter que celui-ci n'a entendu laisser l'immeuble rentrer dans le patrimoine du vendeur que déduction faite de ses droits. Cette solution d'ailleurs, sera utile à ce dernier et à ses créanciers. Car l'acquéreur à réméré étant suffisamment garanti con-

sentira à laisser vendre le bien, avant d'être rendu indemne, pour permettre au vendeur à réméré de profiter d'une bonne occasion. En outre si cette théorie était admise, le vendeur pourrait subroger des prêteurs de deniers dans le privilége de l'acquéreur à réméré. Il en trouverait plus facilement. Les créanciers hypothécaires auraient plus de chances de voir vivifier leurs droits éventuels.

158. — Je n'ai pas besoin d'insister sur la hardiesse de ce système. Il ne s'appuie sur aucun texte, et l'assimilation qu'il établit entre les rapports du vendeur et ceux de l'acquéreur à réméré avec les créanciers ayant un droit sur l'immeuble du chef de l'acheteur ou du vendeur à réméré, n'est exacte, à mon avis, ni dans la doctrine de la majorité des auteurs et de la jurisprudence sur la nature de notre condition résolutoire, ni dans la mienne. Si la manifestation de la volonté du vendeur a suffi pour rendre non avenue la propriété de l'acquéreur, on ne conçoit pas comment celui-ci, abandonnant plus tard la possession, pourrait retenir un droit réel. Si le retrait n'est accompli qu'après le paiement, un privilége n'est admissible ni avant l'exercice du réméré (car l'acquéreur est propriétaire), ni après (car le droit de rétention serait alors inutile). Si on me permet de dire toute ma pensée, la doctrine que je viens de combattre est née du désir de résoudre d'une facon équitable un conflit d'intérêts très-délicat, que je vais maintenant étudier.

159. — Le vendeur à réméré a cédé à un tiers sa propriété sous condition suspensive. Celui-ci rembourse le prix. Plus tard il est poursuivi par des créanciers hypothécaires du vendeur. Il délaisse le bien. Devra-t-il être indemnisé des sommes par lui payées à l'acquéreur à pacte de rachat? Comment le sera-t-il?

160. — Pour les cours il n'y a pas de difficulté. Aucune hypothèque n'a pu se maintenir après la vente à réméré sur le droit du vendeur. Aucune n'a pu être constituée depuis. Le concours est donc impossible.

161. — Même parmi les écrivains, qui reconnaissent la réalité du droit du vendeur, des dissidences se sont manifestées.

Quelques-uns et des plus autorisés, ont soutenu que la condition qui suspendait les droits des créanciers hypothécaires ne s'étant pas réalisée, on n'a pas à en tenir compte. En effet, dit-on, le bien n'est pas rentré dans le patrimoine du vendeur. On est arrivé au même résultat en raisonnant d'une autre façon. Si le vendeur à réméré avait renoncé à la faculté qu'il s'était réservée, cette renonciation aurait donné tout son effet à la vente et l'aurait rendue irrévocable de résolutoire qu'elle était dans son principe. Eh bien! la cession du droit doit entraîner vis-à-vis du vendeur la même conséquence. Et alors le cessionnaire devenu acquéreur par l'exercice de la faculté de réméré est censé sans doute tenir son droit du vendeur; mais ce droit remonte à la vente même, puisque l'acquéreur à faculté de réméré a mis le cessionnaire en son lieu et place (En ce sens M. Demolombe, t. 25, p. 394. V. aussi entre autres arr. cass. 21 déc. 1825. Dal. Al. 37. p. 347).

162. — Ce dernier argument ne vaudrait, en tous cas, dans le système de la rétention par le vendeur à réméré d'un droit de propriété suspensive, que pour les créanciers hypothécaires postérieurs à la vente, mais non pour les créanciers hypothécaires antérieurs. Il est, en outre, à peine nécessaire de signaler la différence entre une renonciation même au profit d'un tiers et une cession. La renonciation fait disparaître d'une façon complète le droit du renonçant, pour rendre efficace celui du bénéficiaire. La cession transfère au cessionnaire le droit du cédant dans l'état où il se trouve, et à compter seulement de la cession. Si la propriété suspensive du vendeur à réméré est grevée de droits réels, celle du cessionnaire le sera également. L'événement a, du reste, démontré qu'au moment de la constitution de ces hypothèques le vendeur était propriétaire purement et simplement. Je n'insiste pas. Ma solution me paraît certaine. C'est une conséquence nécessaire de la nature par nous reconnue au droit du vendeur à réméré.

163. — Ainsi, on ne doit pas sacrifier les créanciers hypothécaires. Il faut pourtant que le cessionnaire ne supporte pas un

préjudice. On ne peut résoudre notre conflit en en supprimant un des termes. Quel principe utiliser pour ne léser aucun des deux droits en présence ?

164. — M. Labbé, dans les deux articles déjà cités, considère le cessionnaire comme subrogé légalement au privilége, qu'il reconnait à l'acquéreur à réméré. Cette subrogation légale aurait lieu, suivant M. Labbé, soit en vertu de l'art. 1251 1°, soit en vertu de l'art. 1251 2°. Le cessionnaire serait un acquéreur qui emploie le prix de son acquisition au paiement des créanciers auxquels cet héritage était hypothéqué, ou un créancier qui paie un autre créancier à lui préférable, à raison de ses priviléges ou hypothèques.

165. — La première idée est exacte, selon moi, étant admis le point de départ de M. Labbé. Mais, dans ma doctrine, toutes les garanties que possède l'acquéreur à réméré, dérivent uniquement de ceci : que la propriété n'est résolue qu'après remboursement du prix et des accessoires. Or, le cessionnaire est propriétaire incommutable et non pas propriétaire sous condition résolutoire. Je crois donc que, s'il est possible de trouver une garantie au droit incontestable du cessionnaire, cette garantie doit lui être exclusivement personnelle. Il peut la tirer, à mon avis, de l'article 2175 C. civ. Elle doit consister dans le droit de rétention de l'immeuble, donné au tiers détenteur évincé par les créanciers hypothécaires, pour rentrer dans ses déboursés, au moins jusqu'à concurrence de la plus-value résultant de ses améliorations. Après l'exercice du retrait, le cessionnaire est, je l'ai dit, absolument dans la situation d'un acquéreur ordinaire. Ceci est certain. Mais l'art. 2175 doit-il être restreint aux réparations purement matérielles ? Voilà le point délicat. J'ai déjà considéré, mais sans le démontrer, les dépenses du retrait comme des dépenses nécessaires. Plus je l'examine, plus ce point de vue me parait acceptable. Ne sommes-nous pas, en effet, précisément dans l'hypothèse de l'art. 2175 ? Un acquéreur de l'immeuble hypothéqué voyant que son droit de propriété va devenir sans valeur, fait des dépenses

pour le conserver. Il n'a pas outrepassé ses pouvoirs. Et il a, en même temps, servi les intérêts des créanciers hypothécaires. Car, sans ces dépenses, ceux-ci auraient vu leur gage disparaître. Ils n'ont donc pas à se plaindre. Le motif de l'art. 2175 se concilie très-bien avec notre solution. Car il consiste, à mon sens, dans le principe d'équité, que nul ne doit s'enrichir aux dépens d'autrui.

166. — On a dit que l'art. 2175 s'explique par cette idée que le tiers détenteur aurait le droit d'enlever ses améliorations, de remettre les choses en l'état combiné avec la maxime « *malitiis non est indulgendum* », et que cet article ne peut donc pas être étendu à notre hypothèse, puisque le cessionnaire ne saurait évidemment pratiquer le *jus tollendi*.

167. — Ce n'est pas là, je crois, la base de notre art. 2175. Il me semble que les créanciers hypothécaires pourraient défendre au tiers détenteur d'enlever. D'après l'art. 2133, en effet, l'hypothèque acquise s'étend à toutes les améliorations survenues à l'immeuble hypothéqué. Et cet article ne distingue pas, suivant que l'amélioration a été faite par le débiteur lui-même ou par un tiers. Je crois donc que notre cessionnaire aura, pour le recouvrement de ses frais de retrait, les mêmes garanties que pour le recouvrement de ses autres dépenses nécessaires ou utiles (En ce sens, M. Valette. Priv. et Hyp., p. 203, et M. Bufnoir, à son cours). Quelles sont ces garanties? On sait qu'il y a encore là une question délicate. La doctrine générale est qu'il aura un droit de distraction sur le prix d'adjudication. Après hésitation, je crois qu'il vaut mieux lui donner simplement un droit de rétention.

CHAPITRE VII

DE LA VENTE A RÉMÉRÉ AU POINT DE VUE FISCAL

168. — M. Troplong (Revue de Législat., t. 10, p. 148) constate « la nécessité, pour le fisc, de s'élever jusqu'aux régions les

plus abstraites du droit civil et de contracter avec lui une intime et honorable association. »

Il est certain que pour percevoir les droits d'enregistrement, l'administration est contrainte d'apprécier scientifiquement la nature juridique du droit transmis ou éteint, la nature juridique de l'opération intervenue. Elle procède, en outre, le plus souvent, par instructions générales plutôt que par solutions d'espèces. A ces deux points de vue, il est intéressant de connaître la théorie de la vente à réméré en législation financière. J'aurai, en outre, l'occasion de tirer quelques arguments nouveaux en faveur de mes idées.

169. — L'administration de l'enregistrement perçoit d'abord un droit de mutation sur la vente à réméré. Les parties ne pourraient pas s'y soustraire en soutenant qu'il n'y a eu que contrat pignoratif. L'administration a le droit de rechercher si la qualification donnée aux actes, en déguisant une autre nature de convention, n'a pas eu pour but de faire fraude à la loi fiscale. Les parties ne peuvent pas, en sens inverse, opposer la simulation à l'administration (En ce sens, Délibér. du 17 déc. 1833, et Arr. Cass. 9 juillet 1839. Sir, 39, 1, 686).

170. — Je repousse cette solution. C'est l'intention des parties qui détermine la nature de l'acte juridique intervenu. Si, avant la perception, il est constaté qu'un prêt et non une vente a été conclu, le droit d'enregistrement de 2 fr. par. 100 fr. comme engagement est seul dû.

171. — La régie a, d'ailleurs, toujours soutenu qu'elle avait le droit de requérir expertise pour les ventes à réméré comme pour les ventes pures et simples.

172. — Lorsqu'une vente à pacte de rachat est consentie sous la condition, par l'acquéreur, de payer un supplément de prix, dans le cas où le rachat ne serait pas exercé, ce supplément devient une addition au prix stipulé, et les droits sont exigibles immédiatement sur la totalité (Décis. du Min. des fin. du 7 juin 1808. Instruct. génér. du 27 du même mois). Si le prix du réméré est différent du prix de vente, le droit doit être perçu sur la

somme la plus élevée. Celle-ci représente, en effet, la valeur vénale de l'immeuble.

173. — Suivant la régie, le délai de réméré peut être prorogé, cependant la durée totale de celui-ci ne doit pas dépasser cinq ans. Cette question, on s'en souvient, est très-controversée. Je suis arrivé à la même solution que la régie et je crois que l'autorité de celle-ci doit être spécialement puissante. Elle est en effet défavorable aux prétentions fiscales. La délibération du comité des finances du 13 janvier 1830, qui a formulé cette décision, contient une discussion sérieuse de la difficulté. Les conséquences de cette doctrine sont les suivantes. L'acte de prorogation considéré comme acte de complément encourt le droit fixe de deux francs. L'acte qui constate l'exercice du réméré dans le délai légal et non pas seulement dans le délai stipulé par le premier contrat, n'encourt pas le droit de mutation de 5, 50 0/0.

174. — Sur la nature du droit du vendeur, la doctrine de l'administration semble bien concorder avec la nôtre. Si la cession a lieu, au profit de l'acheteur, le prix de la cession est considéré comme un supplément de prix. Si elle a lieu au profit d'un tiers, l'administration perçoit le droit de vente immobilière : 1° Immédiatement sur le prix de la cession, 2° à l'époque de l'exercice du réméré sur le montant des sommes remboursées.

175. — Au contraire, quant au retrait, je dois reconnaître que mon opinion sur la nécessité de la consignation a été formellement condamnée par l'administration le 4 mai 1830. Des offres suffisent : mais il semble que des offres réelles ou tout au moins des offres par écrit soient exigées.

176. — A mon avis cependant, le n° 11, § 2 de l'art. 69 de la loi du 22 frimaire an VII aurait parfaitement autorisé l'administration à réclamer le droit de mutation, si le paiement n'a pas eu lieu dans le délai, même si une manifestation de volonté de la part du vendeur a eu lieu à temps. En effet, ce n° 11, § 2 de l'art. 69 suppose bien que l'acte constatant le retrait est

toujours une quittance. Sa décision et sa construction le démontrent; sa décision : car il taxe sans distinction le droit de retrait au droit de quittance de cinquante centimes pour cent francs : sa construction ; car après avoir énuméré les quittances, remboursements ou rachats de rentes et redevances et les retraits exercés en faveur du réméré, il ajoute « et tous *autres* actes et écrits portant libération de sommes et valeurs mobilières. »

177. — Pour que la régie admette la réalisation de la condition résolutoire et consente à ne pas percevoir un nouveau droit de mutation, il faut cependant que le retrait soit exercé par actes publics ou faits sous signature privée et présentés à l'enregistrement avant l'expiration des délais stipulés. Art. 69, § 2, nº 11 de la loi de frimaire an VII. Sinon le droit de mutation de 5 1/2 0/0 devra être versé. Art. 69, § 7, nº 6 de la loi.

178. — Je termine par quelques mots sur la rétroactivité de la condition résolutoire. L'administration ne l'admet pas contre elle. L'art. 60 de la loi de frimaire la protége en effet. Si le droit de mutation a été perçu, en raison de la vente à réméré, il ne sera pas rendu. Elle tient compte au contraire de cette rétroactivité en sa faveur. Si ce sont des héritiers du vendeur à réméré, qui exercent le retrait, l'immeuble sera réputé n'avoir pas quitté le patrimoine du vendeur. Un droit de mutation par décès sur la valeur de cet immeuble sera dû. Je dois dire cependant que l'administration impute, sur la somme à payer, à raison de l'immeuble, le droit déjà payé sur les sommes employées pour le rachat, et ce n'est que justice. Restera encore une iniquité, si la succession ne contient que la faculté de rachat et si l'héritier a exercé le réméré de ses deniers. Dans ce cas, en en effet, celui-ci n'a pas hérité intégralement de l'immeuble. Il a recueilli, à cause de mort seulement la différence entre la valeur de l'immeuble et le montant des sommes par lui déboursées pour le retrait.

CHAPITRE VIII

CONCLUSION.

179. — Je ne puis entrer dans la discussion approfondie de la valeur rationnelle du réméré. Cela nous entraînerait trop loin. Constatons seulement que notre clause a été vivement attaquée. Il est curieux de compter parmi ses adversaires à la fois un vieux magistrat comme Chardon (Traité du Dol et de la Fraude, t. 3, p. 229), qui en est resté exactement, au point de vue des parlementaires, et s'indigne contre les facilités données par elle à l'usure, et un éminent économiste comme M. Courcelle Seneuil (Traité d'économie politique, t. 2, p. 68), touché surtout de la diminution de production résultant de l'incertitude de la propriété.

180. — La question a été examinée sous toutes ses faces, en 1866, au Parlement italien. La discussion a été fort complète. En rendre compte en quelques mots ne sera pas sans utilité. La commission du Sénat proposa formellement la prohibition de la vente à réméré. Et cette idée fut défendue avec vivacité, devant la chambre des députés, par MM. Chiesi et de Foresta. Obstacles apportés au progrès de l'agriculture. Caractère élémentaire de cet instrument de crédit. Possibilité, dans le cas de son maintien, d'éluder la précaution prise par le projet d'exiger la publicité du contrat de prêt, comme compensation à la liberté de l'intérêt. Tels furent les arguments invoqués par eux.

181. — MM. Precerutti et Nicetta répondirent par le principe de la liberté des conventions, l'affection du vendeur pour sa terre, et l'inconséquence de ne pas appliquer à toutes les conditions résolutoires la même décision.

182. — Le premier motif n'était pas suffisant. M. Chiesi le fit bien voir dans sa réplique. Il observa, en effet, avec raison, qu'il faudrait alors autoriser de nouveau les substitutions, et laisser

aux parties la faculté de grever la terre de charges perpétuelles.

183. — Ce fut M. Pisanelli qui, par quelques considérations pleines de bon sens pratique, enleva le vote de la Chambre dans le sens du maintien de notre clause (1).

184. — Ma conclusion sera la même. L'emploi du réméré comme instrument de crédit, tient aux vices de notre système hypothécaire et à la limitation du taux de l'intérêt due à l'influence des idées canoniques. Si nous nous décidons un jour à suivre l'Italie dans la voie des réformes, sur ces deux points, il est hors de doute que l'on cessera d'user de notre convention, pour déguiser des prêts. Aller plus loin et interdire, dans tous les cas, notre clause aux parties, alors même qu'elles ont voulu, sans conteste, faire une vente résoluble, serait dangereux à mon sens. Je ne considère pas comme définitivement trouvée encore la théorie des limites légales à fixer au droit de l'individu sur la terre. En attendant qu'elle le soit, il ne faut pas, en supprimant dans le Code la section de la faculté de rachat, créer un précédent fâcheux. Qu'on y fasse, en effet, bien attention. La prohibition de la clause de réméré n'entraîne pas seulement celle de toutes les autres conditions résolutoires, comme le disaient MM. Precerutti et Nicotta. Elle conduit logiquement, en outre, à défendre toutes les conditions suspensives, et même certains démembrements très usités du droit de propriété, comme par exemple la constitution d'un usufruit. L'intérêt social est en effet identique dans tous ces cas. Est-on décidé à aller jusque là ?

185. — Je souhaite donc que si jamais nos législateurs ont à s'occuper de cette question, ils ne se laissent pas aveugler par

(1) Nous devons ces renseignements à l'obligeance de M. Huc, professeur à la Faculté de Toulouse et auteur d'un livre universellement connu et apprécié sur le Code civil italien.

les anciens préjugés contre notre institution, et qu'ils aient la sagesse d'imiter les députés italiens de 1866.

186. — J'ai épuisé mon sujet. La tâche que je m'étais imposée est accomplie. Elle présentait, assurément, de sérieuses difficultés. Je me suis efforcé de les résoudre dans la mesure de mes faibles forces. J'ai la conscience d'avoir suivi, de mon mieux, les conseils de Descartes, « d'avoir évité soigneusement la précipitation et la prévention, » et de n'avoir reçu mes opinions, « ni pour ce qu'elles avaient été dites par d'autres, ni pour ce qu'elles ne l'avaient point été. »

PROPOSITIONS

DROIT ROMAIN.

1. — La condition résolutoire consentie, lors de la constitution d'une servitude prédiale sur un fonds provincial, ne produit pas d'effet direct.

2. — La décision de la loi 44, § 2, D. *de Oblig. et Action.*, 44, 7, s'explique par l'idée que la convention de résolution, si tel événement se réalise, forme un pacte adjoint à la stipulation.

3. — L'action *venditi* résolutoire est arbitraire.

4. — Si la condition se réalise, les risques, quels qu'ils soient, sont à la charge du vendeur sous condition résolutoire.

5. — Le *pactum displicentiæ* peut encore être invoqué par l'acheteur, même lorsque l'objet de la vente a péri.

6. — Le legs sous condition résolutoire n'est pas nul, même dans le droit classique.

7. — La tentative doctrinale, qui a pour but de donner à la condition résolutoire des effets plus énergiques, est certaine. On peut reconnaître en elle deux phases.

8. — Sous Justinien, la propriété repasse immédiatement, à l'arrivée de la condition, sur la tête de l'ancien propriétaire.

9. — Le transfert de la propriété est réputé n'avoir pas eu lieu.

HISTOIRE DU DROIT PRIVÉ.

10. — Le retrait lignager est le résultat de la combinaison de la règle que l'aliénation des biens patrimoniaux est légale, seulement si tous les membres de la famille y ont consenti, avec la règle que l'acquéreur d'un immeuble, quand les solennités

prescrites pour l'entrée en possession ont été accomplies, ne peut plus être expulsé, après une possession d'an et jour.

11. — Ces deux principes se retrouvent dans le droit germanique. Il n'y a aucune trace suffisamment précise de leur existence chez les Gaulois.

12. — La l. 14, C. IV. 38, abroge une constitution antérieure. Celle-ci ne fut qu'une décision d'espèce applicable seulement à l'Illyrie.

13. — Les chapitres 30 et 31 de l'Assise de la Cour des Bourgeois du royaume de Jérusalem ne sanctionnent pas le véritable retrait lignager. Il y a là obligation pour le vendeur d'offrir d'abord la vente à son plus proche parent.

14. — Sous l'Ancienne Coutume de Paris, le bien retiré par retrait lignager est propre même de succession. Il n'en est pas de même de l'ancien bien patrimonial acquis par un lignager.

15. — L'art 139 de la Nouvelle Coutume n'a modifié cette législation que sur un point. Le bien retiré par retrait lignager est dans la succession du retrayant pour partie propre et pour partie acquêt.

16. — Relativement à notre institution, l'expression « coutumes de simple côté » est impropre.

DROIT CIVIL MODERNE.

17. — Si une vente à réméré a été annulée comme dissimulant un contrat de prêt, le faux acheteur à réméré doit avoir au moins les droits d'un créancier antichrésiste.

18. — La condition résolutoire consiste dans le remboursement effectif du prix dela vente et des sommes accessoires dont parle l'art. 1673.

19. — Si l'acheteur refuse le paiement, une consignation des deniers, précédée d'offres réelles, est indispensable.

20. — Même si une notification de volonté, par acte d'huissier, a été faite par le vendeur dans le délai conventionnel, le tribunal n'a pas le pouvoir d'accorder à celui-ci un nouveau délai,

en prononçant la déchéance de son droit faute de paiement dans ce dernier.

21. — Les parties ont la faculté de convenir que la somme à rembourser par le vendeur sera supérieure au prix d'achat.

22. — Elles peuvent, avant son expiration, augmenter, dans les limites légales, le délai primitivement fixé par elles.

23. — L'acheteur à réméré ne peut, tant que la condition est en suspens, expulser le locataire dont le bail n'a pas date certaine.

24. — Le vendeur à réméré a, dans l'intervalle, un droit de propriété sous condition suspensive.

25. — L'art. 1666 est une application pure et simple des principes de l'art. 2171. Le bénéfice de discussion n'est opposable, ni aux créanciers chirographaires, ni aux créanciers à hypothèques spéciales.

26. — Les créanciers du vendeur à réméré peuvent saisir le droit de propriété sous condition suspensive de leur auteur.

27. — La propriété sous condition résolutoire peut, en principe, être purgée.

28. — Mais les créanciers hypothécaires du vendeur sous condition résolutoire, du vendeur à réméré, par exemple, ont la faculté d'exercer leurs droits sur l'immeuble, comme si le démembrement de propriété n'avait pas eu lieu et de demander la nullité des notifications à fin de purge.

29. — La prescription acquisitive ou extinctive d'une servitude prédiale au profit du fonds vendu à réméré et au détriment d'un autre immeuble de l'acquéreur, est interrompue tant que la condition résolutoire est en suspens.

30. — Les fruits naturels non recueillis au moment de la vente et au moment de l'exercice du réméré appartiennent, dans le premier cas, à l'acquéreur, dans le second, au vendeur, sans aucune indemnité.

31. — Après l'arrivée de la condition résolutoire, la sûreté de l'acquéreur à réméré consiste, non pas dans un privilége, mais dans un simple droit de rétention.

32. — Le cessionnaire du droit d'exercer le réméré, qui a remboursé l'acquéreur, a, pour rentrer dans ses déboursés, vis-à-vis des créanciers hypothécaires du vendeur, le droit de rétention de l'immeuble accordé par l'art. 2175 du C. civ. au tiers détenteur évincé.

DROIT CRIMINEL.

33. — La tentative d'avortement commise, même par une personne autre que la femme enceinte, n'est pas punissable.

34. — L'individu déclaré non coupable par le jury ne doit pas, à raison du même fait qualifié autrement, être renvoyé devant le tribunal de police correctionnelle.

DROIT INTERNATIONAL.

35. — Un Français créancier d'un gouvernement étranger ayant agi comme personne privée, ayant contracté un emprunt, par exemple, peut saisir-arrêter en France les sommes dues à ce gouvernement.

36. — Pour juger si une créance est prescrite, il faut s'en rapporter aux lois du pays où le débiteur est poursuivi.

Vu par le Président de la Thèse,

GIDE.

Vu par le Doyen de la Faculté,

G. COLMET.

VU ET PERMIS D'IMPRIMER :

Le Vice-Recteur de l'Académie de Paris,

A. MOURIER.

TABLE DES MATIÈRES

DEUXIÈME PARTIE.

HISTOIRE DU RETRAIT LIGNAGER.

TROISIÈME PARTIE.

De la Vente a Réméré.

Langres, Imp. Firmin Dangien.

ERRATA.

P. 8, ligne 28, lire : *Arg (ument)*, au lieu de : *Aug.*

P. 22, ligne 29, ajouter *pour* entre les mots *voie* et *que*.

P. 23, ligne 23, lire : *contrats*, au lieu de : *contracts*.

P. 32, ligne 19, lire : l. 9. D. *de aqua* 39. 3.

P. 33, ligne 10, lire : *petitio usurarum*.

P. 33, ligne 29, lire : *si l'acheteur*, au lieu de : *l'acheteur*.

P. 42, ligne 19, lire : *quod*, au lieu de : *quad*.

P. 54, ligne 34, lire : *Nestorienne*, au lieu de : *Vestorienne*.

P. 54, ligne 35, lire : *Sineus*, au lieu de : *Sinens*.

P. 58, ligne 13, lire : *leurs pères*, au lieu de : *leur père*.

P. 60, ligne 23, lire : notre notion moderne *de la propriété*.

P. 62, ligne 30, lire : *mon bien paternel*.

P. 71, ligne 34, lire : *Corpus Juris Germanici*, t. 1, p. 709.

P. 79, ligne 17, lire : *tout*, au lieu de : *tous*.

P. 89, ligne 35, lire : *Stadtrecht*, au lieu de : *Stradrecht*.

P. 90, ligne 9, lire : *Miroir de Saxe*, l. 1, art. 52, § 1, au lieu de : l. 1, art. 25.

P. 92, lignes 34 et 35, supprimer : *Voir le texte de la Novelle*.

P. 96, ligne 21, lire : *incertaine*, au lieu de : *certaine*.

P. 99, ligne 17, lire : *treizième siècle*, au lieu de : *seizième*.

P. 106, ligne 10, lire : *peu à peu*, au lieu de : *à peu près*.

P. 111, ligne 26, lire : *loi de Vervins ou de la Bassée*.

P. 122, ligne 20, lire : *un jugement de 1309*, au lieu de : *1409*.

www.ingramcontent.com/pod-product-compliance
Ingram Content Group UK Ltd.
Pitfield, Milton Keynes, MK11 3LW, UK
UKHW020317230726
13925UKWH00002B/479

9 782013 595957